国学解读丛书◎第二辑

高宏存
李正堂 总主编

《龙文鞭影》解读

张海良 著

天津古籍出版社

图书在版编目（C I P）数据

《龙文鞭影》解读 / 张海良著. —天津：天津古籍出版社，2011.1
（国学解读丛书 / 高宏存，李正堂主编. 第2辑）
ISBN 978-7-80696-877-2

Ⅰ.①龙…　Ⅱ.①张…　Ⅲ.①汉语—古代—启蒙读物
Ⅳ.①H194.1

中国版本图书馆CIP数据核字（2010）第231447号

《龙文鞭影》解读
张海良/著
出版人/刘文君
*
天津古籍出版社出版
（天津市西康路35号　邮编300051）
http://www.tjabc.net
E-mail:tjgj@tjabc.net
山东新华印刷厂印刷
全国新华书店发行
开本787×1092毫米　1/16　印张25.75
2011年 1 月第 1 版　2011年 1 月第 1 次印刷
ISBN 978-7-80696-877-2
定　价：36.00元

序言

取其精华　去其糟粕

《龙文鞭影》，原名《蒙养故事》，明代万历年间萧良有编撰，夏广文作注后杨臣铮认为萧良有所著《蒙养故事》"有裨幼学"，但太过简略，夏注也有不少错误，于是大加补充修正，并改书名为《龙文鞭影》。

何谓"龙文鞭影"？很多人不解其意。"龙文"，指古代良马，见到鞭影就会疾驰，无须鞭打，即是说，读这本书能收到"逸而功倍"的效果。

萧良有，字以占，号汉冲，汉阳人，自幼聪颖异常，有神童之美誉。明万历八年（公元1508年）会试第一，官至国子监祭酒，声望极高，著有《王堂遗稿》。国子监是中国隋朝后的中央官学，是中国古代教育体系中的最高学府，而祭酒则是国子监的主管官员，以如此高的地位，亲自撰写蒙学丛书，也就是小学生所读之书，当时国家对蒙学教育的重视程度可见一斑。

《易经》中《序卦》曰："蒙者，蒙止，物之稚也。"因此，古人常称幼童为"童蒙"。《辞海》对"蒙学"的解释为："中国封建时代对儿童进行启蒙教育的学校。教育内容主要是识字、写字和封建道德教育。教材一般为《蒙求》、《千字文》、《三字经》、《百家姓》、《四书》等。没有固定年限，采用个别教学，注重背诵、练习。"《辞源》中的释义则比较简单："启蒙之学，犹今之小学。"

中国古代蒙书，上至周秦两汉，下迄民国初年，漫长的数千年间，蒙学相传相袭，书目不断增多，内容也日渐丰富完善，至汉唐基本趋于成熟。蒙学教育开始多在宫廷内部和达官显贵之家推行，宋元之后，呈现普及之势，庶民子弟也多可受其教化，从此，蒙学教育开始了大规模的普及，为中华民族千百年来吸取知识营养、规范道德行为、取得文明进步奠定了坚实的基础。

古代蒙学教育的基本目标是对儿童传授文化知识，进行思想品德教育，即所谓的“蒙以养正”，使儿童树立一种符合社会要求的道德规范，从而维护封建统治和封建宗法制度。蒙学蒙书随着社会的进步与发展，不断批判扬弃，总结提高，成为人类文化宝库中的珍贵财富。不少蒙书拥有博大精深的历史知识和思想内容，已远远超出童蒙教育的藩篱，因此说，古代蒙书不仅是儿童的教科书，也是更多人丰富知识、修身励志、完善自我的重要读物。

中国的蒙学教育内容主要为识字、识物、明理、明德，古代蒙学课本是从字书发轫的，早在周代就有了供学童识字、习字用的字书。历代蒙学文献累世迭出，蔚为大观，且版本相当芜杂，难以确切计数，据张志公先生《蒙学书目稿》统计有 580 种之多，徐梓先生的《中国传统蒙学书目》在此基础上作了增补，达到 1300 余种，实际数量，定远在此数之上。

按照教育的作用，中国古代蒙学教育丛书大致可分为以下五类：

一、以文字和基础知识教授为主的丛书，有《开蒙要训》、《百家姓》、《三字经》、《千字文》、《文字蒙求》和“杂字”书。

二、以伦理道德和为人处世哲学教育为主的丛书，有《弟子规》、《朱子家训》、《性理字训》、《小儿语》、《续小儿语》、《女儿经》等。

三、以历史、社会、自然常识为主要内容的丛书，有《蒙求》、《兔园册》、《幼学琼林》等。

四、以传授语词知识、典故知识和声律知识为主的丛书，有《增广贤文》、《书言故事》、《声律启蒙》、《龙文鞭影》、《蒙养图说》等。

五、以优秀诗文选本为范例，陶冶初学者性情、培养其诗文读写兴趣的系列丛书，有《神童诗》、《千家诗》、《唐诗三百首》、《文章正宗》、《文章轨范》、《古文观止》等。

《龙文鞭影》是专门介绍典故的蒙学韵文，全文四字一句，上下两句对偶，各讲一个典故，以“平水韵”的平声 30 部为序，共分四部。书中内容上自三皇五帝，下至唐宋各代，内容广博，文辞雅致，取材于二十四史人物典故，又从《庄子》和古代神话、小说、笔记，如《搜神记》、

《列仙传》、《世说新语》等书中广泛收集故事，辑录了历史上许多著名人物，如孔子、诸葛亮、司马迁、李白、杜甫、朱熹等人的逸闻趣事。全书共收录了包括孟母断机、毛遂自荐、荆轲刺秦、鹬蚌相争、董永卖身、门庭若市等两千多个典故，文字简练扼要，又能阐明故事梗概，称其为一本典故大全毫不夸张。

《龙文鞭影》在传统蒙学中起着承前启后、由浅入深的作用，在完成集中识字两千余个后，为进一步诵读"四书"、"五经"和写作打下牢固的基础。它和初读的"三、百、千"（即《三字经》、《百家姓》、《千字文》）几种蒙书比较起来，显著特点就是广泛地汲取了前人的若干蒙书资料，是一部集自然知识、历史掌故于一体的骈文读物，这对后来的《幼学琼林》起了催生作用。

国学是一个文化共生矿，既有精华，亦有糟粕，作为国学基础环节的蒙学也不例外，诚然它是中华民族千百年来积淀下来文化成果，是列祖列宗留给子孙后代的一笔丰厚遗产，但其中确实存在着一些错误观念与陈腐说教，如男尊女卑思想、封建等级观念、听天由命的宿命论、因果报应的唯心论以及明哲保身的人生态度等等，这是时代的局限，是封建社会的必然产物。但蒙学读物中所主要承载的，乃是中国传统文化中的优良元素，如积极进取的人生观，就是一种非常珍贵的蒙学传统，今人应发扬光大。另外，古人编写蒙学读物，普遍十分重视文字、词句的简明性、趣味性以适应少年儿童和文化程度较低的社会群体的接受能力和接受习惯，如比较普遍地以偶句、韵语的形式成文，句短而音谐，富于视觉、听觉美感，便于诵记，这种做法，很值得提倡。望读者在阅读时以正确、健康、鉴别的态度，舍其糟粕，取其精华，使中国传统蒙学这一传统文化古为今用，更好地为现实服务，并在批判扬弃中不断发扬光大！

书中内容庞杂，又多有孤僻生字且文辞艰涩，加之历史久远和时代的隔膜，造成了阅读和理解中的一定困难，也给编注工作带来了很大的难度。在这方面，笔者付出了许多心血进行佐证与资料的搜集，工作态度是严肃、谨慎的，尽管如此，由于笔者水平有限，疏漏、舛误之处仍在所难免，望有关专家及广大读者批评指正。

目录

contents

卷　一

【导读】

全书四言成句，各成典故，目的就在于“教”。教，从孝，上施下受，以道诲人，以德服人，教化人顺应天理，去除私欲，以启发良知本性。百行孝为先，无论是“大孝”的虞舜，“止雹”的五崇，还是为母“埋儿”的郭臣，不忍先人遗体受苦而折返的王阳，无不体现出古人对于孝道的尊崇与重视。

身体发肤，受之父母，不敢毁伤，孝之始也；立身行道，扬名于后世，以显父母，孝之终也。孝，首先要爱惜自己的身体，保护自己的生命，此为父母所授，不得毁伤，使父母痛心；孝子侍亲，在于孝由心生，敬亲，顺亲，慰亲，而后方能心怀苍生，忠君爱国；继而，修身养性，立身行道，扬名于后世。故孔子言孝，自小而大，由己推人，克尽子女职责为始，建功立业为中，德化天下为终，即所谓的“夫孝，始于事亲，中于事君，终于立身”。

既然孝为德之本，教之源，学知习德，就以“孝”作为起始吧。

一　东

【原文】

粗①成四字，诲②尔③童蒙④。

【注释】

①粗：粗略，粗浅，这是作者表示自谦的词。

②诲：教诲。

③尔：你，你的。

④童蒙：无知的儿童。蒙，《序卦》“蒙者，蒙也，物之稚也”，引申为蒙昧无知。

【经典原意】

本书每四个字组成一句，粗浅成文，用来教导无知的孩童。

【原文】

经书①暇②日，子史③须通。

【注释】

①经书：儒家经典著作。

②暇：闲暇，空闲。

③子史：我国古代将书籍划分为经、史、子、集四大部类，其中，子部收集《老子》、《庄子》等诸子百家的论著；史部收集《史记》、《汉书》等历代史书。

【经典原意】

在阅读儒家经书的闲暇时间，也要多看一些诸子百家的著作和各种历史书籍，以拓宽知识面。

【文化常识】

经史子集

“四库”的名称起源于初唐,初唐将官方藏书分为“经史子集”四个书库,号称“四部库书”或者“四库全书”。“经史子集”是我国古代图书的主要分类方法,基本上囊括了所有书籍种类,因此,称为“全书”。“经”,指古代社会中的政教、纲常伦理、道德规范的教条,主要是儒家的典籍。

“史”,是各种体裁的历史著作,包括正史、编年、纪事本末、别史杂史、诏令奏议、传记、史钞、载记、时令、地理、职官、政书、目录、史评等十五类。

“子”,是诸子百家及释、道的宗教著作,分为儒家、兵家、法家、农家、医家、天文算法、术数、艺术、谱录、杂家、类书、小说家、释家、道家等十四类。

“集”中收录了历代作家一人或多人的散文、骈文、诗、词、散曲等的集子和文学评论、戏曲等著作,分为楚辞、别集、诗文评、诗、词等五类。

【当代阐释】

如何读书?

儿时,父母就教导我们要“多读书,读好书”,其中包含了两层意思:一是“多读书”,博览群书,拓宽知识面;二是“读好书”,去粗取精,精读好书。

“多读书”强调了量的积累。由量变才能到质变,读书也一样,书要多读,才能博大精深。鲸类是海洋里的庞然大物,它们大口大口地将整吨的小鱼小虾吞入体内。读书也应学习鲸的吃法,鲁迅就对青年提出读书应广泛的建议。他认为,爱读书的青年,大可以读读本分以外的书,即使和本业毫不相干,也要有所泛览。譬如学理科的,看看文学书,学文科的,看看理科书,互通有无,相互借鉴,融会贯通,才能博大精深。

但“多读书”还有个必要的前提条件——“读好书”。朱樵曾说过,“低级趣味的书不读,故作深奥实际上没什么花头的书不读,有关邪教和教人歪门邪道的书不读,还有,内容潮湿阴冷的书也不读。”其实,读书再多,也仅是书海一粟,读书在于读好书,在于选择正确的有用的书精读,精读在于琢磨,琢磨在于思考。朱熹曾说“大抵读书,需先熟读,使其言皆若出于吾之口;继以精思,使其言皆若出于吾之心,然后可以省得尔。”这里的“熟读而精思”,即是精读的意思。也就是说,要细读多思,反复琢磨,反复推敲,边分析边评价,务求明白透彻,了然于心,以便吸取精华。也只有精心研究,细细咀嚼,文章的“微言精义”,才能“愈挖愈出,愈言愈精”。

【原文】

重华①大孝,武穆②精忠。

【注释】

①重华:传说中的虞舜,即舜帝,我国传说中父系氏族社会后期部落联盟的领袖,名重华,历来与尧帝并称为古代圣王。

②武穆:南宋著名爱国将领岳飞(公元1103年—公元1142年),字鹏举,北宋相州汤阴(今河南安阳汤阴县)人,我国历史上著名的战略家、军事家。

【经典原意】

舜帝年幼时,母亲去世,父亲另娶一妻,并育有一子,取名为象。舜帝的父亲、继母和象合谋,数次设计加害于舜帝,舜帝逃生后仍孝敬父母,亲爱兄弟。《史记》记载,舜“盲者子,父顽,母嚚,弟傲,能和以孝,烝烝治,不至奸”。因此,孔子、孟子都称舜帝为“大孝”。

岳飞从小便立下鸿鹄之志,抗金爱国,母亲在他背上刺下“精忠报国”四个字,以激励他的志向。岳飞骁勇善战,在抗金南侵战役中屡建奇功,但遭到奸相秦桧嫉恨,被以“莫须有”的罪名杀害。二十一年后,才平反昭雪,谥号“武穆”。

【国学故事】

娥皇女英

聪明美丽的娥皇、女英，是上古时部落酋长尧帝的两个女儿，也称“皇英”。尧帝晚年，想物色一个满意的继承人。他看到舜是个德才超群的贤人，就把帝位传给了舜，并让娥皇和女英作了舜的妻子。舜封娥皇为后，女英为妃，二女与全家和睦相处，共同辅佐舜帝。

【原文】

尧[①]眉八彩，舜[②]目重瞳[③]。

【注释】

①尧：尧帝，传说中的上古五帝之一。

②舜：虞舜，即舜帝，也是上古五帝之一，与尧帝并称“尧舜”。

③重瞳：两个瞳仁，古人认为这种面貌特征异于常人。瞳，瞳仁。

【经典原意】

传说尧帝的眉毛有八彩之色。《尚书·大传略》中记载道：“尧目八眉。”《论衡·骨相》中也写道：“尧眉八彩。”

据古书记载，舜帝的眼睛有两个瞳仁，《史记正义》中有记载，舜帝“目重瞳子，故曰重华”。

【原文】

商王[①]祷[②]雨，汉祖[③]歌风[④]。

【注释】

①商王：商朝（约公元前16世纪—公元前11世纪）开国君主成汤，姓子，名履，字天乙，谥号汤。

②祷：祈祷，祈愿。

③汉祖：汉高祖刘邦（公元前256年—公元前195年），原名季，沛（今江苏沛县）人，西汉开国皇帝。

④风:《大风歌》。

【经典原意】

商汤在位时,连逢七年大旱,太史占卜说须用活人祭天祈雨。商汤勤政爱民,宽厚仁慈,不忍以百姓祭天,便自愿作为祭品求雨。祭祀当天,商汤剪掉头发和指甲,在桑林(今安徽亳州)祈雨,并责问自己:"难道我施行的措施不当,政策不好吗?我不懂得体恤臣民,失职了吗?我贪图享受,建造的宫室殿堂过多了吗?我贪恋女色,妻妾侍女太多了吗?我聚敛财富,接受别人的贿赂了吗?我接近奸佞谗贪的人,让正直无私的臣民受到压制了吗?如果是我做得不对,那是我个人的过错,请不要残害我的百姓。我愿以身为祭,请求上天降雨,解除臣民们的干渴之苦。"最终,成汤的诚心感动上苍,刹那间,电闪雷鸣,倾盆大雨自天而降。

刘邦夺得天下,建立西汉政权后,衣锦还乡,回到沛县,宴请家乡父老,酒意正酣时,刘邦一边击筑,一边吟唱道:"大风起兮云飞扬,威加海内兮归故乡,安得猛士兮守四方!"这就是著名的《大风歌》。

【文化常识】

商的来历

商,部落名和朝代名。始祖名契,居于商(今河南商丘南),传到孙相士时,势力扩张达到今渤海一带。相士三世孙冥,善于治水,冥的儿子王亥,发展畜牧业,自契传到汤共十四代。公元前十六世纪,汤灭夏桀建立奴隶制国家商王朝,建都亳(今河南商丘县北,又名北亳)后多次迁移,公元前十四世纪中叶盘庚迁都殷,故商亦称殷。传至殷纣王时,被周武王攻灭。共历十七代,三十一王(约公元前17世纪至前11世纪)。

【原文】

秀①巡河北,策②据③江东。

【注释】

①秀:汉光武帝刘秀(公元前6年—公元57年),字文叙,东汉王朝建立者。

②策:三国时期孙策(公元175年—公元200年)字伯符,孙坚之子。

③据:占据,占领。

【经典原意】

更始年(公元23年)末,刘玄(两汉之际绿林军建立的更始政权的皇帝)派刘秀以大司马的身份,巡行河北各地。刘秀以恢复汉制为号召一路废除王莽施行的繁苛法令并乘机发展势力,镇压农民起义,削除割据军阀,建立了东汉政权(公元前25年—公元220年)。

起初,孙策投靠袁术,足智多谋,骁勇善战,曾与周瑜并肩作战,后定计渡江,占据了江东六郡的大片土地,定都建业(今江苏南京),建立了东吴孙氏政权的基础。

【国学故事】

大乔小乔

大乔(乔字古作"桥")、小乔并称"江东二乔",庐江皖县(今安徽潜山)人,国色天香,聪慧过人。乔家故宅后院中有一口古井,水清且深。相传二乔姐妹常在此梳妆打扮,可谓"修眉细细写春山,松竹箫佩环"。每次妆罢,便将残脂剩粉丢弃到井中,经年累月,井中竟泛起了胭脂色,水也有了胭脂香,这口井也便有了胭脂井的雅称。有诗道:"乔公二女秀色钟,秋水并蒂开芙蓉。"

后大乔嫁于孙策,小乔嫁于周瑜,正可谓才子佳人,天作之合。作为艳名倾动一时的美女,江东二乔自然成了文学艺术中的主角,最早最著名的作品当推唐代诗人杜牧那首脍炙人口的《赤壁》诗:"折戟沉沙铁未销,自将磨洗认前朝。东风不与周郎便,铜雀春深锁二乔。"

【原文】

太宗①怀鹞②,桓典③乘骢④。

【注释】

①太宗：唐太宗李世民（公元598年—公元649年），谥号文，庙号太宗，著名的政治家、军事家、书法家、诗人。

②鹞（yào 要）：鹞鹰，形状似鹰，比鹰小，性凶猛，捕食小鸟。

③桓典：字公雅，东汉谯郡龙亢安徽怀远人。

④骢（cōng 聪）：青骢马，青白杂毛的马，即现在的菊花青马。

【经典原意】

一次，唐太宗李世民得到一只鹞鹰，很是喜欢，放在手臂上逗玩，魏征远远走来，太宗连忙把鹞鹰藏进怀里。魏征早已看出端倪，为使皇帝不为声色犬马所迷惑，一心向政，故意长时间禀奏公事，结果鹞鹰竟闷死在太宗怀中。

桓典在东汉灵帝时曾任御史，执法严明，刚正不阿，京城人都很惧怕桓典，因他常乘青骢马，人们都相互告诫说："行行且止，避骢马御史。"

【原文】

嘉宾赋①雪，圣祖②吟③虹④。

【注释】

①赋：动词，作赋。

②圣祖：帝王的先祖，多指开国皇帝。此处指明太祖朱元璋（公元1328年—公元1398年），字国瑞，原名朱重八，后改为朱元璋，濠州钟离（今安徽凤阳县）人，明朝开国皇帝，年号洪武。

③吟：动词，吟诵。

④虹：《虹霓》诗。

【经典原意】

年末西汉梁孝王刘武宴请宾客，当时，彤云密布，寒风凛冽，大雪飘扬而至，司马相如、邹阳等人借景吟诗作赋，即为《白雪歌》。

彭友信在路上偶遇微服出行的明太祖朱元璋，太祖随口吟出《虹霓》诗："谁把青红线两条，和云和雨系天腰。"彭友信应声对道："玉皇昨夜銮舆出，万里长空架玉桥。"太祖龙颜大悦，第二天便封他为布政使。

【原文】

邺仙①秋水，宣圣②春风。

【注释】

①邺（yè 叶）仙：唐朝李泌（公元722年—公元789年），字长源，唐代宗时官居京兆尹。李泌出生于官宦之家，家资殷实，七岁便能作文赋诗，被誉为神童，张九龄称他为"小友"。

②宣圣：孔子。

【经典原意】

贺知章见到李泌时，说："这个孩子眼睛像秋水一样明净空灵，日后定是将相之才。"后来，李泌官至宰相，被封为邺侯，因喜好仙术，世人尊称其为邺仙。

汉武帝问东方朔："孔子和颜渊谁的德行更高尚？"东方朔答："颜渊就好比桂树，只能使一座山坡得其馨香；孔子就像春风，所到之处万物逢生。"

【文化常识】

孔子的尊称

孔子（公元前551年—公元前479年），名丘，字仲尼，春秋时期鲁国人。孔子是我国春秋末期的政治家、思想家、教育家，儒家学派的创始人，世界十大思想家之一。西汉平帝元始元年（公元元年）追尊孔子为"褒成宣尼公"，后来人们才尊称孔子为宣圣、宣尼、宣父等。

孔子对后世影响深远，在世时已被誉为"天纵之圣"、"天之木铎”、“千古圣人”，是当时社会上最博学学者之一，并被后世尊称为至圣、万世师表。

【国学故事】

最后的歌声

鲁哀公16年，也即公元前479年，这年春天，孔子病重。

一天清晨，子贡来看孔子。孔子拄着拐杖，背着手，站在门口，像是在等待着什么。一见到子贡，孔子便说：“赐啊，你怎么来得这么晚？”说罢，唱起歌来：“泰山要倒了，梁柱要断了，哲人要像草木那样枯了烂了！”这是孔子最后的歌声，“哲人”也是孔子对自己最后的定位。

【原文】

恺①崇②斗富，浑③濬④争功。

【注释】

①恺（kǎi 凯）：王恺，字君夫，晋代东海郡郯地（今山东郯城）人，名儒王肃的儿子，晋武帝司马炎的母舅，官至龙骧将军、骁骑将军、散骑长侍。

②崇：石崇（公元249年—公元300年），字季伦，小名齐奴，祖籍渤海南皮（今属河北），西晋文学家。

③浑：王浑（公元223年—公元297年），字玄冲，晋武帝女婿，出生官宦世家，曾辅佐晋朝武帝司马炎和惠帝司马衷两代君主。

④濬（jùn 俊）：王濬（公元206年—公元286年），字士治，小字阿童，弘农湖县（今河南灵宝西南）人，官益州制史，后为抚军大将军。西晋军事家。

【经典原意】

石崇常与王恺攀比富有奢侈。王恺家中饭后用糖水洗锅，石崇便用蜡烛当柴火烧；王恺用紫丝编成四十里紫丝屏障，石崇用比紫丝还贵重的彩缎，铺设五十里锦障；晋武帝暗中帮助王恺，赐给他一株珊瑚树，有二尺多高，世间罕见。王恺以此向石崇炫耀，不料石崇挥起铁如意将珊瑚树打碎，又命人取来六七株三四尺高的珊瑚树。

公元279年，王浑、王濬二人一同率军攻打吴王孙皓。王濬作战英勇果断，从武昌顺流而下，一举收复吴国都城建康（今江苏南京），吴主孙皓归降。第二天，王浑才渡江抵达，却反告王濬不受节制，王濬深感不平，晋武帝偏袒女婿，赏赐了王濬，王浑、王濬二人争功不止。

【原文】

王伦使[①]虏[②]，魏绛[③]和[④]戎。

【注释】

①使：出使。

②虏：古时对少数民族的卑称。

③魏绛：魏庄子，春秋时期晋国大夫。

④和：使……和睦。

【经典原意】

南宋绍兴七年（公元1137年）二月王伦被派往金国议和，往来数次，曾议成收回河南、接回二帝的合约，但因金国兀术政变废止，王伦被囚，九年后被勒死。

鲁襄公四年（公元前569年），戎狄攻打晋国，晋悼公欲出兵讨伐，魏绛据理力争，主张采取和戎政策，并恳切地提出了和戎的“五利”——第一，可利用游牧民族轻视土地，重视财货的习俗，发展贸易；第二，没有战争，人民便可安居乐业，利于发展农业生产；第三，戎狄与晋和睦相处，晋国在诸侯争霸中便会有威慑力；第四，维持和平局面，军队可以得到休息，军备物资也不需消耗，可保存晋国实力；第五，借鉴历史经验，只有以德服人，才能维持长久的和睦与安宁。经过他的详细阐释，晋侯采纳了他的建议。

【原文】

恂[①]留河内，何[②]守关中[③]。

【注释】

①恂:汉代寇恂,字子翼,上谷昌平(今属北京市)人,东汉名将,"云台二十八将"之一。

②何:萧何(公元前257年—公元前193年),西汉沛(今江苏沛县)人,西汉初期政治家,汉初三杰之一,辅佐刘邦建立西汉的功臣,官至丞相。

③关中:古代一般指函谷关以西秦国故地或今陕西省一带。

【经典原意】

汉光武帝刘秀欲北征,邓禹推荐寇恂留守,以稳固后方。刘秀便任命寇恂为河内太守。寇恂一面筹措军饷支援前线,一面防御敌国入侵,为东汉创建立下大功。

楚汉相争时,萧何留守关中,补兵馈饷,军需从未缺乏,西汉得以建立,萧何功不可没。

【文化常识】

春秋战国时期钱币

自春秋时期起,我国就进入了金属铸币阶段,到战国时期已确立布币,刀货,蚁鼻钱,环钱四大货币体系:

中原地区,即韩、赵、魏三国和周王室等地,主要流行"布币"。布币脱胎于青铜铲形农具,和"布"同音假借。春秋时期的布币主要是空首布,即有装柄的空心銎,而战国时期的布币主要是平首布,相对于"空首布"而言,已无装柄中空的銎,而形似铲状铜片,布币形制大致分平肩、耸肩、圆肩和方足、尖足、圆足等类别,由平肩平底布或平肩方足向耸肩尖足布、圆肩圆足布演化,地区后扩大到楚国、燕国等地。

东方的齐国和北方的燕国主要使用"刀币"。刀币分"燕明刀"和"齐刀化"两大类型。刀币形状取于山戎、北狄等北方游牧民族渔猎用的刀类工具。由于齐刀面有"化"字文而称"刀化",刀背按照形状刀背分弧背、折背、直背,刀首有平首、尖首之分,也是我国早期一种青铜铸币。

西北方的秦国独用环币,由纺轮或玉璧演化而来。环币分圆形圆孔和方孔两种，战国时期即较早铸造的是圆形圆孔，后秦始皇铸圆形方孔"半两"钱，圆形环钱是方孔钱的原始状态。

南方楚国铸币铜贝称"蚁鼻钱"，由贝币演化而来。铜贝钱形似鬼脸，为"贝化"二字组合，蚁鼻喻小，即小钱。楚国有文铜贝铸币俗称"鬼脸钱"、"蚁鼻钱"。楚国除蚁鼻钱外，还有黄金称量货币，是战国时期唯一以黄金为流通货币的国家。

总之，春秋战国时期出现的四大货币体系分别由刀、铲、纺轮等劳动生产工具演化而来，由此可见当时各地征战、渔猎、制陶、纺织与贸易往来等经济生活地区特色与社会风貌，同时形成的四大货币区也是诸侯割据的产物。

【原文】

曾①除丁谓②，皓③折④贾充⑤。

【注释】

①曾：北宋大臣王曾（公元978年—公元1038年），字孝先，青州（今山东青州市）人，王曾官居宰相多年，以直言敢谏著称。

②丁谓（公元966年—公元1037年），字谓之，苏州长洲（今江苏吴县）人，北宋大臣，机敏有智谋，奸猾诡诈。

③皓：孙皓（公元242年—公元284年），字元宗，三国时期东吴末代皇帝。

④折：折服。

⑤贾充：（公元217年—公元282年）字公闾，初事曹魏，后事西晋。

【经典原意】

宋仁宗时，京城传民谣："欲得天下好，莫如召寇老；欲得天下宁，拔去眼中丁。"王曾则指出："权柄归宦官，祸端兆矣！"丁谓与雷宦，私自移动皇陵，隐情不报，王曾查明真相后，随即将雷宦处死，并将丁谓定罪，力贬崖州，丁谓大为失势。

公元280年晋国灭东吴后，孙皓降晋，贾充责问孙皓："尔凿人目，剥人面皮，此何等刑？"孙皓回答说那是对待"弑君不忠"人的刑罚。

贾充自惭形秽，无言以对，他在魏为官时曾依附司马氏父子，谋弑魏帝，正是“弑君不忠者”。

【原文】

田①骄②贫贱③，赵④别雌雄。

【注释】

①田：田子方，战国时魏文侯（公元前446年—公元前396年）谋士，曾做过魏文侯的老师。

②骄：傲慢、怠慢。

③贫贱：贫困，地位低下。

④赵：东汉（公元25年—公元220年）赵温，字子柔。

【经典原意】

一天，太子击出行，遇到田子方，魏击连忙下车行礼，可田子方却十分傲慢，不予还礼。魏击气愤地质问田子方：“是富贵的人傲慢呢？还是贫贱的人傲慢？”田子方回答道：“当然是贫贱的人待人傲慢。富贵的人怎么敢傲慢呢？国君傲慢，就会失去国君之位；大夫傲慢，便会失去他的家业；而贫贱的谋士，如果在一个国家得不到重用，还可以到别的国家寻求发展，到哪里还不是一样的贫贱？”魏击随即谢罪。

东汉末年赵温为京兆郡丞，胸怀大志，曾感慨道：“大丈夫当雄飞，安能雌伏！”于是，弃官而去。

【文化常识】

尊称

古人讲究礼仪，在相互交往中，一般都不直呼其名，而是有礼貌地称呼尊称，大致有三种方式：

一是，称字称号，以此视为对对方的尊重；二是，在一般称谓前加一个“尊”、“贤”、“令”字；三是，用一些专用，但又通用的尊称，也即“礼貌式”称呼，如“父”、“公”、“子”、“先生”、“君”等。

【国学故事】

杀笑躄者

一次，有个跛子经过平原君楼下，平原君的小妾看到，大笑起来。第二天，跛子来到平原君面前，跪求他杀掉这个小妾。平原君答应后，却认为这个要求太过分而未理会，随后，他的门客因此走了一半。经查问，才知道原来门客们认为平原君重女色，轻士人，于是平原君杀了这个小妾，并亲自登门向跛子道歉，门客才陆续回来。

【原文】

王戎简要①，裴楷③清通④。

【注释】

①王戎（公元234年—公元305年）：字浚冲，琅琊临沂（今山东临沂北）人，西晋大臣，官至司徒、封安丰县侯，"竹林七贤"之一。

②裴楷（公元237年—公元291年）：字叔则，河东闻喜（今山西闻喜县）人，西晋重臣，当时名士之一。

③清通：清简而通达。

【经典原意】

晋武帝选拔吏部尚书时，询问钟会："谁可主持吏部事务？"钟会道："王戎办事利落，裴楷豁达开朗，都可担当此任。"武帝便任命二人为吏部郎。

【原文】

子尼①名士，少逸②神童。

【注释】

①子尼：蔡充，字子尼，西晋陈留考城人，名士。

②少逸：北宋刘少逸，苏州（今江苏）人，北宋诗人。

【经典原意】

王澄行经陈留时,询问此郡名人志士都有哪些,官吏答道:"有蔡子尼、江应元。"王澄问道:"怎么只有这两个人?"官吏说:"您刚才问的是有哪些人才,而不是询问有哪些位高权重的人。"

刘少逸自幼聪颖过人,才思敏捷,十一岁时,便能行文作赋。他的老师潘阆带着他去拜见王元之、罗思纯,二人用对联来考查他,罗思纯出上联:"无风烟焰直。"少逸对答:"有月竹阴寒。"又出一题:"日移竹影侵棋局。"少逸答道:"风送花香入酒卮。"王元之出上联:"风雨江城暮。"少逸对:"波涛海寺秋。"又:"一回酒渴思吞海。"少逸对:"几度诗狂欲上天。"于是,二人将刘少逸的聪颖过人上报,朝廷赐进士及第。

【文化常识】

古代趣味对联赏析

两舟并进,橹速(鲁肃)不如帆快(樊哙);

八音齐鸣,笛清(狄青)难比箫和(萧何)。

上联隐藏着"鲁肃不如樊哙"的意思,说的是"文不如武"。鲁肃是三国时期东吴的谋士,凡事小心翼翼,谨慎有余而魄力不足,难成大事。樊哙是西汉开国元勋,徐州沛县人,早年以屠狗为业,后随刘邦起兵,屡立战功,入关灭秦。

下联是大学仕纪晓岚的对句,隐藏着"狄青难比萧何"的含义,说的是"武不如文"。狄青,北宋名将,与南宋岳飞抗金齐名。萧何,西汉初政治家,对刘邦战胜项羽、建立汉朝起了重要作用。

【原文】

巨伯①高②谊③,许叔④阴功⑤。

【注释】

①巨伯:东汉荀巨伯。

②高:认为……非常重要。

③谊:情谊,情感。

④许叔:宋代许叔微(公元1079年—公元1154年),字知可,号近泉,真州(今江苏仪征县)人,著名医学家。

⑤阴功:阴德,不为名利,不图回报地做好事。

【经典原意】

荀巨伯讲义气,重情谊。一次,他去探望生病的朋友,正好遇到贼兵攻城,朋友劝他说:“我就要死了,你赶快离开这儿。”巨伯答道:“我从远方赶来探视你,却因为动乱回去,背信弃义,苟活于世,我荀巨伯哪能做出这种事啊!”结果贼兵抓到了荀巨伯,问他:“我们大军已到,这里已成了空城,你为什么还留在城里?”巨伯答道:“我的朋友病了,卧床不起,我不忍心离开,请让我代他去死吧。”贼兵深感惭愧,退兵而去,郡城免遭一场浩劫。

许叔微熟读诗书,精通医术。建炎元年(公元1127年),瘟疫流行,许叔微走街串巷,医治好不少病人。传说,一日夜晚,许叔微梦到神人对他说:“上天因为你医治百姓,救死扶伤的阴德,将赐官给你。”接着留下了一段话:“药市收功,陈楼间阻。堂上呼卢,喝六作五。”许叔微百思不得其解。第二年,他再次参加考试,这次他本以第六名考中进士,由于上一名突然亡故,他升为第五名。他的上一名是陈祖言,下一名是楼村。许叔微这才恍然大悟,原来梦中神人所留下的诗句讲的正是此事。

【国学故事】

管鲍之交

春秋时期齐国管仲,博古通今,有治世安邦的才能,但家中十分贫困,又要赡养母亲。鲍叔牙知道后,就找管仲一起做生意,鲍叔牙投资,分得的钱,管仲拿的却比他多,鲍叔牙的仆人十分不满,但鲍叔牙却说:“管仲家里穷,又要赡养母亲,他多拿一点没关系。”

后来,二人一同参军,每次进攻,管仲都躲在后面,大家都骂管仲贪生怕死,鲍叔牙马上替管仲开脱:“他不是怕死,而是要保住性命回家去照顾年迈的母亲啊!”管仲知道后,十分感动,慨叹道:“生我者父母,知我者鲍叔牙啊!”从此,二人成了生死之交。

不久,齐国内乱,鲍叔牙带着公子小白逃到莒国,管仲则带着公子纠逃到鲁国。管仲为了让纠能顺利继位,便暗中射杀小白,可惜箭射偏了,鲍叔牙和小白先回到齐国,小白继承王位,即齐桓公。齐桓公决定任命鲍叔牙为宰相,鲍叔牙却说:“管仲各方面都比我强,您该请他来当宰相才对。当初他射杀您,也是为了拥护公子纠。”齐桓公听从鲍叔牙的话,接见了管仲,和他谈起治国之策,一直谈了三天三夜,齐桓公十分高兴,就把所有国家大小事情交给管仲去处理,称他为“仲文”。鲍叔牙甘愿做下属,天下的人无不赞叹鲍叔牙的宽厚与胸怀。

后来,在称赞朋友间友谊深厚时,人们便以“管鲍之交”来形容。

【原文】

代雨①李靖②,止雹王崇。

【注释】

①代雨:代为降雨。

②李靖(公元571年—公元649年):字药师,京兆府三原(今属陕西)人,唐初杰出的军事家将领、军事理论家,凌烟阁二十四功臣之一。

【经典原意】

李靖曾在山中打猎为生,一日黄昏,投宿到一户富贵人家。半夜,听到一阵急促的叫门声,敲门的老妇人对李靖说:“这里是龙宫,天符命令下雨,可二位龙子都不在宫中,你能帮我这个忙吗?”李靖应允,老妇人便命人备好青骢马,同时告诉李靖,一旦马开始嘶鸣,就从瓶中取出一滴水,滴在马的鬃毛上,地面便会涨起三尺深的水。李靖看到本乡干旱,接连滴了三十多滴。老妇人知道后,说道:“你家一定已被水淹没,你无家可归了。”

汉代王崇以孝著称，因父母双亡极度悲哀，致使羸弱异常。传说，这年夏天，下起了巨大的冰雹，飞禽走兽和花草树木都被冰雹摧毁，可冰雹下到王崇的田边，却突然停止了，王崇的十顷菽麦，没有一丝一毫的损失，人们都说，这是王崇的孝道感动了上苍。

【文化常识】

龙图腾

古时以龙象征帝王，故对帝王的子孙或者皇族的后代称为龙种，杜甫《哀王孙》中有“高帝子孙尽隆准，龙种自与常人殊”的诗句。

龙是我们中华民族的图腾，是中华文化的象征，中国的大地被称为“龙的土地”，中国人被称为“龙的传人”。龙的传说历史久远，龙的概念在新石器时代，经过商、周至战国时期的长足发展，到秦汉时期已基本成形。由于远古华夏氏族、部落不断与其他氏族、部落混战、融合，形成华夏大氏族。华夏族原本的蛇图腾就吞并了其他氏族、部落的图腾，拼合成了中华民族共同崇拜的形象——龙，一种虚拟的综合性神灵。“龙”体现着华夏各氏族、部落的大融合、大团结，“龙”具有无限强大的生命力，上可腾云驾雾，下可遁地入海，无坚不摧，不可战胜，正是我们中华民族无可估量的创造力的象征。

【原文】

和凝①衣钵②，仁杰③药笼④。

【注释】

①和凝：（公元898年—公元955年）字成绩，五代郓州须昌（今山东东平）人。

②衣钵：佛教僧尼的三衣（袈裟）和钵（食器），一般引用于学艺上的继承。

③仁杰：狄仁杰（公元630年—公元700年），字怀英，唐代并州太原（今太原南郊）人，武则天时宰相，被封为梁国公，谥号文慧，唐朝杰出的政治家。

④药笼：存放药材的箱、柜之类的器具，以“药笼中物”比喻留备使用的人才。

【经典原意】

和凝自幼十分聪颖好学，后考中进士，居第十三位，官至翰林院学士、中书侍郎平章事、太子太傅。和凝在任主考官时，范质考中进士，排名也是第十三位。和凝对范质说："以传老夫衣钵"。更巧的是后来范质做官的履历与和凝都十分相像，也是官至太子太傅。

门客元行冲劝说狄仁杰："门客谋士类似于家中储备的药物，存放的种类齐全数量众多，将来得病的时候用起来就很方便，脯腊、膎胰是用来滋补的药膳，参术、芝桂用来防治疾病。您门下各式各样的门客已经都差不多了，您还需要我这一剂药吗？"狄仁杰笑道："你正是我药笼里关键的一味药，一天也离不开你啊。"

【原文】

义伦①清节②，展获③和风④。

【注释】

①义伦：沈义伦（公元909年—公元987年），字顺义，开封太康（今属河南）人，北宋的开国功臣之一，在太祖和太宗两朝执掌财政大权，后官至宰相。

②清节：清正廉明的节操。

③展获：字季禽，春秋时鲁国大夫柳下惠。

④和风：温和的风，在这里指情意温厚，永惠于人。

【经典原意】

宋太祖（公元960年—公元976年）时期，沈义伦跟随军队进入蜀州，时常独居，以蔬菜为食，为官清正廉明。等到东归的时候，他的箧里也只有几本书而已。皇帝询问曹彬，才知他清正廉明，提升为枢密副史。

展获待人温和有礼，为政清明贤能，体恤民情，犹如和煦的春风。

【文化常识】

柳姓始祖

柳氏为春秋时期鲁国大夫展禽之后，以封地为姓氏。

唐《元和姓纂》记载，周公旦后人鲁孝公有个儿子“展”，公子展的孙子无骇用祖父的字作为姓氏，因此有了“展”姓；后来展禽以柳下为食邑，展禽的后人开始以“柳”为姓氏。柳氏在秦国兼并鲁国后，迁居河东(今山西黄河以东地区)，然后从河东分散到其他地方。可见唐朝时柳姓族人就认为柳下惠是他们的得姓始祖，后来河东成为柳姓的郡望，唐朝文学家柳宗元是河东人，因此人称“柳河东”。

【国学故事】

坐怀不乱

“坐怀不乱”的故事在中国历代广为人知，柳下惠也因此被认为是遵守传统道德的典范。元朝胡炳文的《纯正蒙求》中记载道：“鲁国人柳下惠，姓展名禽，一次出远门的晚上住在都城门外。当时天气严寒，忽有一位女子前来投宿，柳下惠恐怕她冻死，就让她坐在他怀中，用衣服盖住她，一直到第二天天亮也没有发生越礼的事。”现在，人们还用“柳下惠”或“坐怀不乱”来形容男子在两性问题上的作风正派。

【原文】

占风①令尹②，辩③日儿童。

【注释】

①占风：观察空中云气颜色、形状及动向而定吉凶祸福。

②令尹：尹喜，字文公，号文始先生，甘肃天水人，周朝楚康王大夫，自幼博览古籍，精通天文历法、占星之术。守函谷关的官吏。

③辩：争辩，争论。

【经典原意】

尹喜担任函谷关令时，曾望见紫气东来，遂知有神人将路过，不久，果然见老子骑乘青牛。老子向他传授了练气吐纳内修的方法和五千字的《道德经》，然后飘然西去。

孔子东游，见两个孩子在不停地争辩。孔子上前去询问缘由，一个孩子说道："日出时太阳离人最近，正午离人最远。"另一个孩子则说："日出时离人远，正午离人最近。"第一个孩子解释道："太阳刚出来的时候，像车盖一样大，而正午太阳升到最高，就像盘盂一样小了，这不就是所谓的近大远小吗？"另一个孩子又争辩道："太阳刚出来的时候，苍苍凉凉的，等到正午像热汤一样，这难道不是近热远凉吗？"孔子也不知该如何决断。

【文化常识】

道德经

《道德经》，也即《老子》，分为《道经》、《德经》两篇，共五千字。《道经》主要讲的是自然，也即宇宙论、本体论等内容，《德经》主要讲述人生，即社会论、军事论、政治论等内容。

从方法论角度来看，《老子》认为一切事物都有正反两方面，且二者是相互转化的，提出了"反者道之动"，"祸兮福之所倚，福兮祸之所伏"等思想。政治上，《老子》主张"无为而治"，认为理想的统治者应该是没有私心、具有完美道德的圣人、君子。

《老子》一书论述的核心思想是"道"，构建了自然无为的天道观，认为"道"是世界的本源，万物的基础，是世界运转的客观规律，是一切事物运动的根本法则。

【原文】

敝履①东郭，粗服张融。

【注释】

①敝履：破烂不堪的鞋子。敝，破旧的。履，鞋。

【经典原意】

《史记·滑稽列传》中记载，汉武帝时有一位东郭先生，非常贫苦，衣服破旧，鞋子也只有鞋面而没有鞋底，只能赤脚踩在雪地上。路上的行人纷纷取笑他，可他却不以为然，依然逍遥自若。

南朝齐高帝下诏赏赐衣物给张融（公元444年—公元497年），并说："见卿衣服粗敝，诚乃素怀有本。过尔褴褛，亦亏朝望。今送一通故衣，意谓虽故，乃胜新也。是吾所着，已令裁称卿体。"以表达对他的怜爱和赞赏之情。

【原文】

卢杞[①]除患，彭宠[②]言功。

【注释】

①卢杞：字子良，唐朝大臣。

②彭宠：字伯通，东汉南阳宛（今河南南阳）人，刘秀部将曾担任渔阳太守。

【经典原意】

卢杞担任虢州刺史时，曾启奏德宗："虢州有三千头官猪，已成民间大患。"德宗回复道："把官猪迁徙到沙苑去。"卢杞答道："那里的人也是陛下的百姓，倒不如将官猪宰杀掉分发给虢州人民。"德宗听从了卢杞的建议。

王莽末年天下大乱，彭宠曾为刘秀运粮，自认为劳苦功高，对前途期望很高，但刘秀即位后却并未封他高官，彭宠便造反，后兵败而亡。当时朱浮曾写信给他，说："辽东的猪，自古以来都是黑色，偶产白色的猪，便认为很珍贵，希望把它献给朝廷领功。走到河东时，见到成群的猪都是白色的，心里感到很惭愧，便返回辽东。如果在朝野中评论你的功德，就像辽东的白猪一样平平常常没有什么值得炫耀的。"

【原文】

放歌渔者，鼓①枻②诗翁。

【注释】

①鼓：敲击，敲打。

②枻（yì 易）：船舷，船帮。

【经典原意】

唐朝崔铉任职江陵太守时，看到一人在楚江边钓鱼，钓到了鱼就拿去换酒喝，高兴了，就放声歌唱。崔铉问他："您是钓鱼的隐士吗？"那人答道："人们都以为姜子牙、严子陵是隐者，殊不知他们是在钓取功名。"说完，转身离去。

宋朝卓彦恭在洞庭湖月下泛舟时，看到一位渔翁在划船，卓彦恭问他是否有鱼，老翁答道："没有鱼，但有诗。"随即敲着船舷打着节奏唱起歌来："八十沧浪一老翁，芦花江上水连空。世间多少乘除事，良夜月明收钓筒。"卓彦恭问老翁的姓名，老翁不答，径自驾船离去。

【文化常识】

读万卷书　行万里路——徐霞客

徐霞客名弘祖，字振之，明代南直隶江阴（今江苏江阴）人，我国伟大的旅行家、地理学家、史学家、文学家。

徐霞客游遍明代两京十三布政司，东到珞珈山，西至腾冲，北游盘山，南达广东罗浮山。作为一个没有任何政治和宗教目的自助旅行者，徐霞客仅是出于对祖国山河的强烈热爱以地理研究为己任，不辞劳苦，毕生从事旅游考察。更难能可贵的是，徐霞客一边体察欣赏各地美景，一边思索记录，为后人留下了宝贵的文化遗产——《徐霞客游记》，它不仅为后人导游风景名胜，更进一步提供了有关的历史背景、文物古迹、传说故事、风情习俗等内容，是一部艺术成就极高的文学名著。

【原文】

韦文朱武，阳[①]孝尊[②]忠。

【注释】

①阳：汉代王阳，曾任益州刺史。

②尊：王尊，也曾担任益州刺史。

【经典原意】

《晋书》中记载，前秦苻坚巡视太学，看到《周礼》没有老师讲授，太常博士卢壶推荐韦逞的母亲宋氏讲授《周礼》。苻坚应允，于是就在家中设立学堂，隔纱帐为百余人讲授，号“宣文君”。

晋代朱序镇守襄阳城，遇到前秦苻丕来进攻，朱序的母亲韩氏亲自登城巡视，认为西北角会最先受到敌人的攻击，便率领百余名婢女及城中妇女，在西北角筑新城二十多丈。贼人进攻时，朱序派部队据新城坚守，贼人溃败，保住了城池。从此，襄人便称此新城为“夫人城”。

王阳任益州刺史时，一次带着先人的遗体，走到九折坂险道，因道路艰险，便感慨道：“身体为父母所赐，怎么能让其处于如此危险的境地？”即掉头返回。后来，王尊担任益州刺史，行至九折坂时，说道：“这不是王阳所惧怕的险道吗？”便呵斥车马勇猛地冲过险道。后世人称王阳为孝子，王尊为忠臣。

【原文】

倚闾[①]贾母[②]，投阁扬雄[③]。

【注释】

①闾（lǘ）：里巷的大门。

②贾母：战国时齐国王孙贾的母亲。

③扬雄（公元前53年—公元18年）：字子云，西汉成都人，著名学者、文学家。

【经典原意】

齐国发生淖齿之乱，齐缗王出逃。王孙贾不知道齐缗王去向，贾母说："你早上出门晚上回来，我会倚着门望着外面，盼你归来；你傍晚还没回来，我就会倚靠着里巷的大门望着巷外，希望你能早点回来；现在国君王出逃，不知去向，你怎么能回家呢？"王孙贾听罢，随即率部下杀掉淖齿，立缗王的儿子为王，齐国才得以安定。

王莽时扬雄的门人刘芬因符命（即谶纬之事）而获罪，被流放。当时，扬雄正在天禄阁校书，因此事受到牵连而惧怕，从阁上跳下，几乎摔死。当时人们说他："惟寂寞自投阁。"

【文化常识】

特殊的女性称呼

东汉魏晋时期，有一种很特殊的习俗，就是对有姓名的女性在称呼时，可先名后姓，如《华阳国志》中的助陈、元常、进杨，就是陈助、常元和杨进。这种情况，在男性称谓中是不会出现的。

【原文】

梁姬①值②虎，冯后当③熊。

【注释】

①梁姬：梁红玉（公元1102年—1135年），宋代抗金名将韩世忠的夫人。姬，古时妇人的美称。

②值：相逢，相遇。

③当：通"挡"。

【经典原意】

据传，梁氏未出嫁时，见一只虎蹲卧走廊间，惊恐万分，连忙叫来众人，再一看，竟是睡着的士卒。人们将士卒叫醒，问其姓名，那人答道叫韩世忠，梁氏心中感到十分惊异，回家告诉母亲，梁家便备酒邀请韩世忠赴宴，从此，梁氏便与韩世忠结为夫妇。后来韩世忠果然富贵，梁氏也被封为梁国夫人。

汉傅太后和冯太后在还是婕妤时，一同随汉元帝（公元前48年—公元前32年）游虎圈。突然一头熊从圈中窜出，傅婕妤惊恐万分，连忙惊惶逃走，而冯婕妤则用身体挡住熊，护住了汉元帝。皇帝问她为什么不怕，她回答说："妾恐熊至御座，故以身挡之。"冯由此得宠。

【国学故事】

娘子军

唐朝平阳公主嫁给柴绍后，高祖起兵，平阳公主征召了南山数百名亡命之徒以响应高祖。后高祖渡河，公主率领上万精兵，与秦王李世民在渭北会师。平阳公主和柴绍各置幕府，分定京师，号称"娘子军"。

【原文】

罗敷①陌上，通德②宫中。

【注释】

①罗敷：古乐府《陌上桑》中描述的秦罗敷，或以为罗敷是女子常用的名字，不必实有其人，多用为美丽坚贞的妇女的代称。

②通德：即樊通德，是汉成帝宫人，曾做过赵飞燕的侍女。

【经典原意】

汉代王仁的妻子秦罗敷，是邯郸城有名的美女。一次，她在山上采桑叶，太守登台看见她，即被她的美貌所吸引，便想占有她。罗敷聪明过人，善于弹奏古筝，便做了一篇《陌上桑》来表明自己的立场，回绝了太守的挑逗。

樊通德为江东都尉伶玄的妻子，知道宫中的很多事情，每次和丈夫谈论宫中事情，都感慨颇多，潸然泪下。后来，伶玄根据她的讲述，写成《赵飞燕外传》一书。

二 冬

【原文】

汉称①七制②,唐羡③三宗。

【注释】

①称:称赞,称颂,颂扬。

②制:制度,体制,即治国之道。

③羡:羡慕。

【经典原意】

汉代(公元前202年—公元220年,包括西汉和东汉)前后共有二十五位皇帝,其中有七位颇有作为,值得称颂,分别是:西汉汉高祖刘邦、文帝刘恒、武帝刘彻、宣帝刘询,东汉光武帝刘秀、明帝刘庄、章帝刘炟,故被隋阳大儒王通赞为"七制"。

唐代(公元608年—公元907年)共有二十多位皇帝,其中有三位盛世明君,令人敬仰,分别是唐太宗李世民、唐玄宗李隆基、唐宪宗李纯。唐太宗李世民,平息隋朝战乱,奠定大唐基础,在位期间有贞观之治;唐玄宗李隆基,铲除韦后等人叛乱,励精图治,有开元、天宝盛世;唐宪宗李纯革除积弊,削平藩镇,重振唐朝国威。

【文化常识】

古代汉语中的礼貌称呼

现代汉语中,人称代词"您"是一种礼貌称呼。古代汉语里,由于封建社会等级制度的关系,礼貌称呼规定十分严谨,第一人称用谦词,第二人称和第三人则称用敬称。

第一人称就是说话人的自称,在古代汉语里,第一人称代词有"吾"、"我"、"余"、"予"等,但说话人对尊辈或平辈常用谦称。对君自称为"臣",上古时代,对尊辈或平辈,也可自称为"臣",汉代以后,也自称“鄙人”；对尊卑或平辈自称其名；君对臣，春秋战国时代自称“寡人”，战国以后，则自称“孤”。

第二人称即是说话人称呼对话人，在古代汉语里，有“汝”“尔”等，但在表示尊敬或客气时，第二人称常常改用敬称。臣对君，春秋时代称“君”，春秋以后称“王”、“大王”，又称“陛下”；对一般人表示客气，称“子”，也称“君”，又称“足下”或“公”；对有爵位的人称呼他的爵位；对长者，称“先生”；对朋友，称其字。

第三人称是说话人同对话人说起另一个人或另一些人，古代汉语中，有“其”、“之”等，第三人称的敬称一般就是那人的身份地位。

【原文】

杲卿①断舌，高祖②伤胸。

【注释】

①杲（gǎo 搞）卿：颜杲卿（公元692年—公元756年），字昕之，唐朝长安万年（今陕西西安）人。

②高祖：即汉高祖刘邦。

【经典原意】

唐玄宗天宝年间（公元712年—公元755年），颜杲卿任职常山太守，安史之乱时被贼人所擒，颜杲卿不但不屈服，还大骂贼人，结果被贼人断舌，喷血而死。文天祥的《正气歌》中“为颜常山舌”，指的就是这件事。

楚汉之争中，汉高祖刘邦悉数项羽十几项罪过，项羽大怒，用箭射中了刘邦的胸部，刘邦按住脚说：“箭射中了我的脚趾。”强装镇定，以稳定军心。

【原文】

魏公①切直，师德②宽容。

【注释】

①魏公：韩琦（公元1008年—公元1075年）：字稚圭，自号赣叟，相州安阳（今属河南）人，北宋政治家、名将，官至宰相，被封为魏国公。

②师德：娄师德（公元630年—公元699年），字宗仁，郑州原武（今河南原武西）人，唐朝大臣、名将，武则天时官至宰相。

【经典原意】

韩琦直言敢谏，"每以明得失、正纪纲、亲忠直、远邪佞为急，前后七十余疏。"被誉为"切而不迂"。

唐代名相娄师德，以宽厚仁慈著称，告诫弟弟说："别人当面唾弃你，你可以让其自然风干，而不需擦干。"即告诫他，做人要学会忍让，要宽宏大量。师德曾举荐狄仁杰为宰相，而狄仁杰却排挤他。后来，武则天当着狄仁杰的面念了娄师德的推荐书，狄仁杰对娄师德的盛德赞叹不已，慨叹道："娄公盛德，我为所容久矣。"

【国学故事】

王祥孝母

王祥恭敬侍奉后母朱夫人，家中有一棵李树，结的果实非常甘甜，后母派他守护，狂风暴雨来袭时，王祥常抱着李树痛哭。一天夜里，后母拿刀去杀他，正好碰到王祥起身小便，后母只砍到了被子。王祥回来后，知道后母为这件事十分懊恼，就跪到后母面前请求杀死自己。后母从惊讶中幡然醒悟，从此，像对待亲生儿子一样疼爱王祥。

【原文】

祢衡①一鹗②，路斯九龙。

【注释】

①祢（mí 迷）衡（公元173—公元198年）：字正平，淄川（今山东淄博淄川）人，东汉末年名士，文学家。

②鹗：猛禽，俗称鱼鹰。

【经典原意】

祢衡自幼才华横溢，善于雄辩，性情高傲而不群。孔融向曹操推荐祢衡时说："数百只凶猛的鸟，不如一只鹗。将祢衡纳入朝野，将来必定大有作为。"

相传唐代张路斯有九个儿子，一天张路斯从焦氏台钓鱼回来全身尽湿。夫人问其原因，张路斯答道："我本是一条龙，郑祥远也是，今天，我和他争夺钓台宝殿，明天将展开激战，让九个儿子助我一臂之力。我明天将率绛绡兵，郑祥远会带领青绡兵。"第二天，张路斯率众兵与郑祥远交战，张路斯获胜，九个儿子纷纷化龙而去。

【文化常识】

"四灵"崇拜

四灵，指麟、凤、龟、龙四种动物，古人认为这些动物都是神灵之物，因此称为"四灵"。这四种动物，除了龟以外，其余的都是古代神话传说中的神物，在现实社会中是不存在的。这些动物的形状都十分神奇：凤，由鸡头、蛇颈、燕颔和鱼尾组成；龙，则"耳似牛，项似蛇，腹似蜃，鳞似鲤，爪如鹤，掌似虎"；麒麟像鹿，独角，全身生鳞甲，足如马蹄，尾似牛。

古人对"四灵"的神性都有相当的认识，认为"麟体倍厚，凤知治乱，龟兆吉凶，龙能变化"，随着社会地不断前进，民间对"四灵"的崇拜，已逐渐形成多姿多彩的民俗，同时，还浸透到中国文化的各个领域。

【原文】

纯仁①助麦，丁固②梦松。

【注释】

①纯仁：范仲淹次子范纯仁（公元 1027 年—公元 1101 年），字尧夫，吴县（今江苏苏州）人，北宋大臣。

②丁固：字子贱，三国时期吴山阴（今浙江绍兴）人。

【经典原意】

范仲淹升任开封府知府时，曾让范纯仁押五百斛麦子送还姑苏城（今江苏苏州）。送到丹阳时，巧遇石曼卿，了解到石曼卿家中有三人去世却无力操办丧事，范纯仁便把麦子全部给了石曼卿。

丁固年少时，曾梦到自己腹部长了一棵松树，占卜的人说："松字的笔画结构是十八公，十八年以后，你定能成为公卿。"后来果然应验了这一说法。

【原文】

韩琦芍药，李固芙蓉。

【经典原意】

江都芍药一共有三十二种，其中，红瓣黄腰的"金带围"最为难得，北宋韩琦担任江都太守时，偶然得到四枝"金带围"，便邀请王珪、王安石、陈升之等人一同赏花，四人各得一枝，谓之"花瑞"。后来四人都当了宰相。

《酉阳杂俎》中记载，一天，唐代李固遇到一位老妇人，老妇人说："明年芙蓉镜下，你定能高中状元。"第二年，李固果然高中，卷题中有"人镜芙蓉"之句。

【原文】

乐羊①七载，方朔②三冬。

【注释】

①乐羊：东汉乐羊子。

②方朔：西汉东方朔（公元前154年—公元前93年），字曼倩，平原羌次（今山东陵县神头镇）人，西汉辞赋家。

【经典原意】

乐羊子外出拜师求学，因想家一年而返，妻子剪断织机上的布，恳切地说："你外出拜师求学，现在半途而废，和织机上的断布有什么区别？"乐羊子听后深受感动，立即返回，继续学业，七年都没有回家。

汉武帝即位后，征召各地名士，东方朔曾上书汉武帝自荐："我少年时就失去父母，依靠兄嫂抚养长大。十三岁才开始读书，但勤学刻苦，三个冬天读的书已经够用。十五岁学习剑术，十六岁学《诗》、《书》，读了二十二万字。十九岁接触《孙武兵法》和战阵的摆布，懂得了各种兵器的用法，以及作战时士兵进退的钲鼓。这方面的书也读了二十二万字，总共四十四万字。我十分钦佩子路的豪言，如今我已经二十二岁，身高九尺三寸，双目炯炯有神，像明亮的珠子，牙齿洁白整齐得像贝壳，勇敢像孟贲，敏捷像庆忌，廉俭像鲍叔，信义像尾生。我这样的人，够得上做天子的大臣吧！臣东方朔冒了死罪，再拜向上奏告。"

【文化常识】

太阳年

古人常观察到的天象是太阳的出没和月亮的盈亏，因此，古人以昼夜交替周期为一"日"，以月相盈亏变化周期为一"月"（即现代的朔望月）。"年"的概念，最初是由庄家成熟的周期形成的，《说文解字》中说："年，熟谷也。"如果说禾谷成熟的周期意味着寒来暑往的周期，那就是地球环绕太阳一周的时间，现代称为"太阳年"。

【原文】

郊祁①并第，谭尚②相攻。

【注释】

①郊祁：北宋宋郊（公元 996 年—公元 1066 年）与宋祁（公元 998 年—公元 1061 年）两兄弟。

②谭尚：东汉袁谭与袁尚，两人是同父异母的兄弟。

【经典原意】

宋郊与宋祁两兄弟，同时考中进士。

汉末，袁谭与袁尚两兄弟，在父亲袁绍死后，为争夺冀州而互相攻伐，曹操乘衅举兵，将谭、尚一并歼灭。

【原文】

陶[①]违[②]雾豹[③]，韩[④]比云龙。

【注释】

①陶：陶答子，周朝大夫。

②违：违背，违反。

③雾豹：比喻退隐避害的人。

④韩：唐代韩愈（公元768年—公元824年），字退之，世称韩昌黎，河阳（今河南焦作孟州）人，唐代文学家、哲学家，晚年任吏部侍郎，又称韩吏部，谥号“文”，又称韩文公。

【经典原意】

陶答子治理陶三年，政绩平平，声誉不高，但家产日益丰厚。他的妻子劝告他说：“能力不足但位居高官，是所谓的婴害；没有功劳，家族却日渐昌盛，是所谓的积殃。现在夫君贪图高官厚禄。你听没听说过南山的玄豹，因为浓雾，七天都潜伏在山上，从不下山捕食，这是为什么？是因为人们想用玄豹的皮毛做成衣物，玄豹潜藏起来以防被杀。猪只是一味地知道吃，从不择食，最后因为过肥而死。现在夫君违背了‘君子有所为，有所不为’的原则，处在当下的这种境地，怎么会没有后患呢?”陶答子没有听从妻子的劝说，后来果然被杀害。

韩愈和孟郊（字东野）结为忘年交，韩愈在《醉留东野诗》中写道：“吾愿身为云，东野变为龙。四方上下逐东野，虽有离别无由逢。”

【原文】

洗儿妃子[①]，校[②]士昭容[③]。

【注释】

①妃子：唐玄宗宠姬杨贵妃（公元719年—公元756年），小字玉环，道号太真，陕西华阴人，擅长舞蹈和音律，与西施、王昭君、貂蝉并称为中国古代四大美女。

②校（jiào 叫）：考评、比较士人的高低优劣。

③昭容：上官婉儿（公元664年—公元710年），陕州陕县（今河南三门峡陕县）人，唐高宗时宰相上官仪的孙女，唐代女官、女诗人，唐中宗（公元705年—公元710年）昭容，被称为"巾帼首相"。

【经典原意】

杨贵妃收安禄山为养子，让宫女用锦绣裹住安禄山在宫中行洗儿礼，唐玄宗欣然亲往观看，并赐给贵妃洗儿钱。

上官婉儿为唐中宗时宫中女官昭容，在宴会上常代皇帝、皇后、长宁、安乐公主赋诗作文，又品评裁定大臣所作诗赋文章。

【国学故事】

幽王烽火

《史记·周本纪》中记载，周幽王宠爱褒姒，后竟废掉申后及太子，立褒姒为后。但褒姒不常笑，为博褒姒一笑，周幽王命人点燃烽火，不时，各诸侯率兵赶到京城，到后才发现没有任何军情，褒姒看到这一切，大笑不止，周幽王看到褒姒的笑容，自然喜笑颜开。

后来申后联合西夷犬戎攻打周幽王，幽王再次点燃烽火，征召诸侯大军，兵未至，幽王被杀于骊山之下，褒姒也被犬戎俘虏。

【原文】

彩鸾书韵，琴操参宗。

【经典原意】

唐代吴猛之女吴彩鸾，嫁于文箫，但文箫家境贫寒，生活不能自给，彩鸾便每天写一部韵书，售以度日。这样过了十年后，吴彩鸾和文箫各自骑乘一虎升天。

宋代苏轼在杭州时，常携乐妓琴操同游西湖。一天苏轼戏称："我作长老，尔试参禅。"乐妓问："何谓湖中景？"苏轼回答："落霞与孤鹜齐飞，秋水共长天一色。""何谓景中人？"苏轼答："裙拖六幅潇湘水，髻挽巫山一段云。""何谓人中意？"苏轼道："随他杨学士，鳖杀鲍参军。""如此究竟如何？"苏轼道："门前冷落鞍马稀，老大嫁作商人妇。"琴操大悟，随即削发为尼。

三　江

【原文】

古帝[①]凤阁，刺史[②]鸡窗。

【注释】

①古帝：皇帝，姓公孙，名轩辕。

②刺史：晋代宋宗，字处宗，官至兖州刺史。

【经典原意】

传说凤凰在阿阁筑巢，轩辕黄帝向天老询问关于凤凰的事情，天老详细地描述了凤凰的样子，并说："凤凰生长于东方君子之国，翱翔于四海之外，凤凰现身，则天下太平。"于是，皇帝便在宫殿中斋戒，即日凤凰就飞来了，并在阁中筑巢安家。

宋宗曾得到一只长鸣鸡，甚是喜爱，把它养在窗前，这只鸡忽然开口说话，并和宋宗交谈，非常玄妙，从此，宋宗的玄学有了很大的进步。

【原文】

亡秦胡亥[①]，兴汉刘邦。

【注释】

①胡亥（公元前230年—公元前207年）：秦始皇嬴政次子，始皇死后继位，即为秦二世。

【经典原意】

胡亥暴虐成性，施行暴政，民怨载道，后刘邦、项羽起兵，胡亥被迫自杀，胡亥的侄子子婴继位，也被项羽杀掉，秦朝灭亡。

楚汉战争中，刘邦战胜项羽，建立汉朝，故称“兴汉刘邦”。

【国学故事】

残忍昏暴的秦二世胡亥

秦二世胡亥因担心诸公子及大臣叛乱，便密谋杀害诸公子及先帝故臣，并处死十二位公子和十位公主。对于大臣，凡是秦二世认为“不可者”，均以各种借口杀掉，如曾为秦王朝“将兵三十万众北逐戎狄，收河南、筑长城”立下赫赫战功的蒙恬，其他宗室大臣“相连坐者不可胜数”。

埋葬秦始皇时，秦二世下令，后宫无子嗣者，均须为始皇帝陪葬，成为秦史上规模最大规模的人殉。为防止营造陵墓的工匠泄露机密，残暴无度的秦二世胡亥竟将所有工匠统统埋于墓内，制造了中国历史上罕见的惨剧。

【原文】

戴生①独步，许子②无双。

【注释】

①戴生：东汉戴良，字叔鸾。

②许子：许慎。东汉汝南召陵人，著有《说文解字》和《五经异议》等，因他所著的《说文解字》闻名世界，所以研究《说文解字》的人，皆称许慎为“许君”，称《说文》为“许书”，称传其学“许学”。

【经典原意】

戴良才华横溢，议论高奇，惊世骇俗。曾经说："我若仲尼长东鲁，大禹出西羌，独步天下，无与为偶也。"自视甚高，认为世间无人能与他相提并论。

许慎性格纯笃，自幼聪颖好学，饱读诗书，学富五车，才高八斗。当时，马融对他很是推重，世人都称赞许慎"五经无双许叔重。"

【文化常识】

许慎与《说文解字》

许慎（约公元58年—公元147年），字叔重，东汉汝南召陵（今河南漯河市召陵区）人，性情淳笃，博学经籍，有"五经无双许叔重"之誉。许慎曾任太尉府祭酒，师从经学大师贾逵，有"字圣"之称，我国文字学的开拓者，著名的经学家、文字学家、语言学家。

许慎历时21年著成的《说文解字》一书，是我国第一部说解文字原始形体结构与构造特点，以及考究字源的文字学专著。书中保存了大部分先秦字体及汉代和以前的不少文字训诂，反映了上古汉语词汇的面貌，比较系统地提出了分析文字的理论，是我国语文学史上第一部分析字形、解说字义、辨识声读的字典，也是1800多年来唯一研究汉字的经典著作，是现代社会研究古文字和古汉语必不可少的材料。

《说文解字》将9353个篆文，根据字形分为540部，分别部居，据形系联，首创部首检字法；依据经典，研讨语义，形成了体系完整的字义解说；并创立了一套形声系统。书中保留的丰富古文字资料，时至今日仍是注释古籍、探讨古文化必不可少的参考资料。

【原文】

柳眠汉苑，枫落吴江。

【经典原意】

清代学者张沥的《三辅旧事》中记载："汉苑有柳，状如人形，号曰人柳。一日三眠三起。”

唐崔信明任秦川令时，常以诗文自负。一天，扬州参军郑世翼遇见他，说：“听说您有‘枫落吴江冷’的美文佳句，不知能否拜读其余篇章。”崔信明欣然拿出数篇，郑世翼没有看完，便说：“真是所见不如所闻。”随手将文章丢到水中，转身离去。

【原文】

鱼山警植①，鹿门隐庞②。

【注释】

①植：曹植（公元192年—公元232年），字子建，沛国之焦（今安徽亳州）人，著有《曹子建集》。

②庞：东汉末年庞德公，字山民，汉末襄阳（今湖北襄樊）人，名士。

【经典原意】

曹植登临鱼山时，忽听山崖间有诵经声，轻灵悠远，空谷回响，不觉产生一种对神灵的崇敬、仰慕之情。

荆州刺史刘表数次延请庞德公，但庞一直推辞。后庞德公携妻隐居鹿门山，以采药为生。

【国学故事】

曹植“七步诗”

曹植是曹操的小儿子，自幼聪慧无比，才华出众，曹操对他很是宠爱。曹操死后，曹植的哥哥曹丕当上魏国皇帝，自然将其视为眼中钉。曹植在曹操亡故时，并未前来看望，曹丕便打算严惩曹植，将他押解进朝廷。曹氏四兄弟的母亲卞氏向曹丕求情，曹丕才勉强答应给曹植一个机会，让他在七步之内作一首诗，而颖慧绝伦的曹植未到七步，便念出了流传千古的《七步诗》——“煮豆持作羹，漉豉以为汁。萁在釜下燃，豆在釜中泣。本自同根生，相煎何太急！”曹丕听后，羞愧难当，马上下令释放了弟弟曹植，这首诗也就成了曹植的救命稻草。

其实，这并不是一首简单的诗歌，而是包含了深刻的政治内涵，为了争夺地位、权力、财产，兄弟之间反目成仇，自相残杀，让人免不了欷歔慨叹。

【原文】

浩①从床匿，崧②避杖撞。

【注释】

①浩：唐代著名诗人孟浩然。

②崧：郎药崧。

【经典原意】

孟浩然四十岁时才到京城游学，王维和他私交甚好，便邀他进入内署，恰巧唐明皇李隆基驾临，孟浩然情急之下连忙躲到床底下。王维据实禀明皇上，唐明皇便诏令孟浩然出来，并不加怪罪。

汉明帝刘庄个性偏执，性情急躁，办事轻率，喜欢以耳目的揭发作为事实依据，公卿大臣，都曾被诋毁。一次，汉明帝因事发起怒来，要杖打郎药崧，药崧逃到床底，并说："天子穆穆，诸侯皇皇，未闻人君，自起撞郎。"汉明帝只得罢手。

【文化常识】

清新雅致浩然诗

唐代孟浩然（公元689年—公元740年），本名浩，字浩然，襄州襄阳（今湖北襄樊）人，世称"孟襄阳"，唐代著名诗人，与王维合称"王孟"，以描写田园山水诗为主，因他未曾入仕，又称孟山人。

孟浩然恰逢盛唐，早年有入世为官之志，无奈政治上困顿失意，以隐士终身，但他是个洁身自好的人，不乐于趋承逢迎。孟浩然耿介不随的性格和清白高尚的情操，为人们所倾慕。李白称赞他"红颜弃轩冕，白首卧松云”，王维、王昌龄、杜甫都是他的至交好友。

在世人眼中，孟浩然一副高卧云山的隐士面貌，其实，纵观他的诗篇，可以看出，他的一生都夹在出仕与退隐的矛盾痛苦中。早年，孟浩然苦学秉承儒教，怀有远大的政治抱负和积极入世的思想，“吾与二三子，平生交结深。俱怀鸿鹄志，共有鹡鸰心”，但“三十犹未遇，书剑时将晚……乡曲无知己，朝端乏亲故。谁能为扬雄，一荐甘泉赋”。中年应举落第后，虽再入长安求仕“忠欲事明主”，终因无得力的引荐，彻底破灭了他入世的盼望，只得回归田园。

孟浩然一生经历比较简单，创作的诗歌题材也很狭隘，绝大部分为五言短篇，多描写山水田园和隐居的逸兴及羁旅行役的心情。他善于发掘生活与自然的纯美，即景会心，借景抒情，写出当时的真切感受，浑然天成，而意境清雅，韵致流溢。

【原文】

刘①诗瓿②覆，韩③文鼎扛④。

【注释】

①刘：明代刘基（公元1311年—公元1375年），字伯温，谥号文成，元末明初军事家、政治家、文学家，通经史、晓天文、精兵法，著有诗集《覆瓿集》借以抒发自己不得志的情怀。

②瓿（bù不）：古代器名，青铜或陶制，圆口、深腹圈足，用来盛酒水或酱之类。覆酱瓿即盖酱的瓮，以“覆瓿”作谦词，比喻著述价值不高，只能用来盖酱罐。

③韩：韩愈。

④鼎扛：黄庭坚有诗句：“虎儿笔力能扛鼎。”虎儿，指米友仁。

【经典原意】

明太祖征召刘基入朝，他陈述了有关时事的十八项策略，成就了朱元璋的帝业，著有诗集《覆瓿集》。

韩愈《病中赠张十八》中有自评诗句：“龙文百斛鼎，健笔乃独扛。”

【原文】

愿①归盘谷，杨②忆石淙。

【注释】

①愿：唐代李愿。

②杨：明代杨一清（公元1454年—公元1530年），字应宁，云南安宁人。

【经典原意】

李愿归隐于盘谷（今河南济源县北）。

杨一清曾在镇江府城南建石淙精舍。

【原文】

弩名克敌，城筑受降。

【经典原意】

韩世忠在抗击金人入侵时，创制了名为“克敌”的强弓，射程有百步之远，可射穿厚重的铠甲，能够抵挡敌骑的进攻。

汉代公孙敖建造的受降城，在山西大同府西北。另一说法是，唐朔放总管张仁愿建造了中、东、西三座受降城，用来防御突厥的南侵。

【原文】

韦曲杜曲，梦窗①草窗②。

【注释】

①梦窗：南宋吴文英（约公元1200年—公元1260年），字君特，号梦窗，晚年号觉翁，四明（今浙江宁波）人，著名词人，著有词集《梦窗甲、乙、丙稿》。

②草窗：南宋周密（公元1232年—公元1298年），字公谨，号草窗，又号四水潜夫、弁阳老人、华不注山人，文学家、词人，著有《草窗词》。

【经典原意】

韦曲和杜曲都是古代经典的私家园林,其建筑者韦安石和杜歧公都是当世显贵。

吴文英和周密生在同一时代,又都为当朝著名的文学家,两人齐名,所以世称二人为“二窗”

【原文】

灵[①]征[②]刍狗[③],诗祸花尨[④]。

【注释】

①灵:应验。

②征:征兆,证明。

③刍(chú 除)狗:用草扎成的草狗。

④尨(máng 忙):多毛的狗。

【经典原意】

《魏志》中记载,周宣善于解梦,一次,太史向周宣询问梦到刍狗是何征兆,周宣回答说:“得饮食。”又一天,太史又向周宣询问梦见刍狗的意思,周宣答道:“堕车折脚。”后来,太史再次向周宣询问梦到刍狗是何意,周宣说:“有火灾。”太史又问:“三次询问梦境的征兆,其实并没有梦,只是试探您罢了,为什么都应验了呢?”周宣回答:“这是神灵赐予你的感应,与真梦没有差别。”

元代高启(公元 1336 年—公元 1374 年)博学多才,专攻诗赋,洪武年间,高启先是被招揽修著《元史》,后又擢升户部尚书。后来高启作了一首《宫女》诗:“女奴扶醉踏苍苔,明月西园侍宴回。小尨隔花空吠影,夜深宫静有谁来。”触怒了朱元璋而被处死,年仅三十九岁。

【文化常识】

梦

古人根据梦的不同内容,将其分为以下十五类:

直梦，即梦见什么就发生什么，梦见谁就见到谁。梦都是象征性的，有的含蓄，有的直露，后者就是直梦。与朋友好久不见，夜里梦之，白日见之，就是所谓的直梦。

象梦，即梦意在梦境内容中通过象征手段表现出来。如梦到登天，实际生活中，人是无法登天的，在此，天便以其象征意义，出现在人的梦境中，如天象征阳刚、尊贵、帝王；地象征阴柔、母亲、生育等等。

因梦，由于睡眠时五官的刺激而作的梦。“阴气壮则梦涉大水，阳气壮则梦涉大火，藉带而寝则梦蛇，飞鸟衔发则梦飞”。

想梦，想梦是意想所作的梦，是内在精神活动的产物，即通常所说的“日有所思，夜有所梦”。

精梦，由精神状态导致的梦，是近于想梦的一种梦。

性梦，是由于人的性情和好恶不同而引起的梦。性梦主要不是讲做梦的原因，而是讲对梦的态度。

人梦，人梦是指同样的梦境对于不同人的不同意义。

感梦，由于气候因素造成的梦，即由于外界气候的原因，使人有所感而作的梦。

时梦，时即四时，也即是由于季节因素而造成的梦。“春梦发生，夏梦高明，秋冬梦熟藏，此谓时梦也”。

反梦，反梦就是相反的梦，“阴极则吉，阳极则凶，谓之反梦”。在民间解梦，常有梦中所作与事实相反之说，在历代典籍中，也多有反梦的记载，成语中即有黄粱美梦的典故，唐沈既济《枕中记》：卢生在梦中享尽荣华富贵，醒来时蒸的黄粱米饭尚未熟，只落得一场空。可见反梦在人的梦中占有很大的比重。

籍梦，也就是托梦，此类梦在古代书籍中也有不少记载。人们认为神灵或祖先会通过梦来向我们预告吉凶祸福。

寄梦，就是甲的吉凶祸福在乙的梦中出现，乙的吉凶祸福在甲的梦中出现，或者异地感应做同样的梦。寄梦是由于人们之间的感应而形成的梦。

转梦，转梦是指梦的内容多变，飘忽不定。

病梦，病梦是人体病变的梦兆，从中医角度来讲，是由于人体的阴阳五行失调而造成的梦。

鬼梦，即噩梦，梦境可怕恐怖的梦。鬼梦多是由于睡觉姿势不正确，或由于身体的某些病变造成的。

【原文】

嘉贞[①]丝幔，鲁直彩缸。

【注释】

①嘉贞：唐代宰相张嘉贞（公元666年—公元729年），字嘉贞，蒲州猗氏人。

【经典原意】

张嘉贞想纳郭元振为婿，便让五个女儿各持一条丝带藏在幕帐后面，郭元振用手牵丝带，牵住哪个就把哪个女儿嫁给他。结果，元振牵住了既贤惠又美丽的三女儿。

黄庭坚的儿子向苏迈（苏东坡的长子）的女儿求婚，纳吉时用红彩缠缸来作为彩礼。

【国学故事】

梁鸿孟光

梁鸿，字伯鸾，东汉扶风平陵人。因品德高尚，许多人都想把女儿嫁给他，但梁鸿都一一谢绝。与他同县的孟氏有个女儿，力气极大，但又黑又肥又丑，每次为她择婆家，她都不嫁，已年过三十。父母问她为何不嫁，她说：“我要嫁像梁伯鸾一样贤德的人。”梁鸿听说后，就下聘礼，迎娶她过门。

婚后七日，梁鸿一言不发。孟女来到梁鸿面前跪下，说：“妾早闻夫君贤名，立誓非您莫嫁；夫君也拒绝了许多家的提亲，最后选妾为妻。可不知为何，婚后，夫君默默无语，不知妾有何过失？”梁鸿答道：“我一直希望自己的妻子能穿麻葛衣，和我一起隐居深山，而你却身着锦衣,涂脂抹粉,哪里是我理想中的妻子啊!”

孟女听后,说道:“我这些日子的穿着打扮,只是想验证一下,夫君你是否真是我理想中的贤士。妾早就准备好劳作的服装与用品。”说完,将头发挽成髻,穿上粗布衣,架起织机,动手织布。梁鸿大喜道:“这才是我梁鸿的妻子!”他为妻子取名为孟光,字德曜,意思是她的仁德如同光芒般闪耀。

后来二人隐居霸陵(今西安市东北)山中,以耕织为业,或咏诗书,或弹琴自娱。不久,梁鸿夫妻二人隐居的消息被外人知晓,昔日平静、恰然的日子一去不复返,二人毅然决定向东往关外迁居,经过京师时,梁鸿作《五噫歌》,肃宗知晓后,征召他入朝为官,但梁鸿一口回绝,易姓为“运期”,改名为“耀”,字侯光,与妻迁居齐鲁之间。后梁鸿为避征召他入京的官吏,夫妻二人离开了齐鲁,到了吴地(今苏州)。梁鸿一家住在大族皋伯通家宅的廊下小屋中,靠给人舂米过活。每当丈夫梁鸿回家时,妻子孟光就托着放有饭菜的盘子,恭恭敬敬地送到梁鸿面前。为了表示对丈夫的尊敬,孟光不敢仰视丈夫的脸,总是把盘子托的跟眉毛齐平,梁鸿也总是彬彬有礼地用双手接过盘子。“举案齐眉”这一成语即来源于此。

四　支

【原文】

王良策[①]马,傅说骑箕。

【注释】

①策:星宿名称,在这里作动词用,是驾驭的意思。

【经典原意】

春秋时期王良,善于驭马,传说他死后化为天上的星宿,并被天帝挑选为车夫。《史记·天官书》中记载:“汉中四星,曰天驷。旁一星曰王良。王良策马,车骑满野。”这个星宿主管战事。

殷商王武丁时大宰相(即上三公第一位)傅说(yuè 悦)(公元前

1335 年—公元前 1246 年)，是我国殷商时期杰出的政治家、军事家、思想家及建筑科学家。传说傅说死后成为天上的星宿，在箕、尾二星之间。

【文化常识】

二十八星宿

经长期观测，古人先后选择黄道赤道附近的二十八个星宿作为"坐标"，称为二十八星宿：

东方青龙七宿：角亢氐房心尾箕；

北方玄武七宿：斗牛女虚危室壁；

西方白虎七宿：奎娄胃昴毕觜参；

南方朱雀七宿：井鬼柳星张翼轸。

二十八星宿不仅是观测日月五星位置的坐标，其中有些星宿还是古人测定岁时季节的观测对象。例如在上古时代，人们认为初昏时参宿在正南方就是春季正月，心宿在正南方就是夏季五月等等。

【原文】

伏羲①画卦，宣父②删诗③。

【注释】

①伏羲：传说中上古时代的部落酋长。

②宣父：孔子。

③删诗：编删《诗经》。

【经典原意】

伏羲根据天地间阴阳变化之理，首开画八卦的先河。传说伏羲帝在黄河岸边观察天象时，突然有龙马从山洞中窜出，跃上一块大石头，龙马背部纹路呈现一幅画，伏羲看后随即信照，即成八卦图。

西汉平帝元始元年(公元元年)追尊孔子为"褒成宣尼公"，后被封为至圣文宣王。据传《诗经》是由孔子编删而定的。

【国学故事】

龙的传人——伏羲

相传,伏羲的母亲华胥氏,是一位非常美丽的女子。一天,她去雷泽郊游,在游玩途中发现一个大大的脚印,好奇地踩了一下,于是受感而孕,十二年后生下一个人首蛇身的孩子——伏羲,一个龙身(蛇身)人首的"龙种"。伏羲与其妹女娲成婚,生儿育女,成为人类的始祖,同时,他还是统治一方的帝君,即上古五帝中的东方天帝。

【原文】

高①逢白帝,禹②梦玄彝。

【注释】

①高:汉高祖刘邦。

②禹:禹帝,曾治理天下洪水。

【经典原意】

传说汉高祖刘邦酒醉后走在沼泽中,看到一条大蛇挡在道路中央,便拔剑将蛇斩为两段,继续前行。路上又遇到一位老妇人嘤嘤啜泣,刘邦上前问她为何哭泣,老妇人答道:"我的孩子是白帝的儿子,化身蟒蛇,挡在道路中央,如今却被赤帝的儿子杀死。"

大禹治水到衡山的时候,梦到一男子自称玄彝苍水使者,告诉大禹:"你要想得到我的简书,必须在皇帝宫殿中斋戒。"大禹斋戒三天之后,果然得到金简玉牒,因而得知治水之要。

【原文】

寅①陈②七策,光③进五规。

【注释】

①寅:宋代进士胡寅(公元1098年—公元1156年),字明仲,建宁崇安人。

②陈：陈述。

③光：司马光。

【经典原意】

胡寅曾上书宋高宗（公元1127年—公元1163年），提出罢议和而修战略的七项策略，即：罢和议修战略、置行台，务实效，整饬军队，都荆巢，选宗室，重振朝纲。后来遭到朝中主和派的反对和排挤。

司马光曾在仁宗（公元1023年—公元1064年）时，曾提出“五规”，即：保业、惜时、远谋、谨微、务实。

【文化常识】

司马光与《资治通鉴》

司马光（公元1019年—公元1086年），字君实，号迂叟，世称涑水先生，谥号文正，北宋陕州夏县涑水乡（今山西运城安邑镇东北）人，政治家、史学家、散文家，死后追赠太师、温国公，谥号“文正”，赐碑“忠清粹德”，著有《资治通鉴》一书传世。

《资治通鉴》是我国最大的一部编年体史书，全书共二百九十四卷，贯通古今，上起战国初期韩、赵、魏三家分晋（公元前403年），下至五代（后梁、后唐、后晋、后汉、后周）末年赵匡胤（宋太祖）灭后周以前，共跨越一千三百六十二年。作者把这一千三百六十二年的史实，依时代先后，以年月为经，史实为纬，按顺序记述，对于重大历史事件的前因后果，与各方面的关联都交代得清清楚楚，使读者对史实的发展一目了然。司马光在《进资治通鉴表》中说：“日力不足，继之以夜”，“精力尽于此书”。书名《资治通鉴》的意思即为“鉴于往事，资于治道。”

【原文】

鲁恭①三异，杨震②四知。

【注释】

①鲁恭：字仲康，东汉扶风平陵人。

②杨震（公元59年—公元124年）：字伯起，东汉弘农华阴人，世人称他“关西孔子”。

【经典原意】

鲁恭担任中牟县令时，相邻的县里都发生了严重的蝗灾，唯独中牟县未遭到侵害。鲁恭的上司袁安派人前往察看，到中牟县后，看到小孩身旁有只野鸡，孩子看着野鸡却不去捕，便问小孩原因。孩子回答：“野鸡快要孵小野鸡了。”前来察看的人赞叹道：“虫不入境，化及禽鸟，童子有仁心，三异也。”

杨震清正廉明，从不收受贿赂，曾举荐王密担任昌邑令。后来，杨振路过昌邑时，王密深夜怀揣十金奉送杨振，但他却拒不接受。王密说：“深夜没人知道。”杨震道：“天知、地知、你知、我知，怎么会没人知道呢？”

【原文】

邓攸弃子，郭巨埋儿。

【经典原意】

石勒之乱中，东晋邓攸担着儿子和侄儿逃生，路上遇到贼兵，难以两全，又想到弟弟很早就亡故，看到侄儿觉得分外可怜，便舍弃自己的亲生儿子，背着侄儿逃跑。

郭巨原本家道殷实，但父亲死后，他把家产分作两份，分别给了两个弟弟，自己则独自供养母亲，对母亲十分孝敬。但家境贫寒，无力赡养母亲，每次母亲吃东西时，三岁的儿子又要分母亲的食物，于是郭巨要埋掉儿子，并说：“儿子可以再有，母亲只有一个。”便开始挖地，挖到三尺多的时候，忽然看到一把黄金玉釜，上面写有红色的大字：“天赐孝子郭巨，官不得夺，人不得取。”

【国学故事】

抓周

相传,三国吴主孙权称帝不久,太子孙登得病而亡,孙权只能在其他子嗣中另选太子。西湖布衣景养进言,立嗣传位乃千秋万代的大业,不仅要看皇子是否贤德,还要看皇孙的天赋,并称他有识别皇孙贤愚的办法。他端出一个满置珠贝、象牙、犀角等物的盘子,让小皇孙们任意抓取,众小儿或抓翡翠,或取犀角,惟有孙和之子孙皓,一手抓过简册,一手抓过绶带。孙权大喜,遂立孙和为太子。然而,其他皇子不服,各自交结大臣,明争暗斗,迫使孙权废黜孙和,另立孙亮为嗣。

孙权死后,孙亮仅在位七年,便被政变推翻,孙休继承帝位。孙休死后,大臣们都希望推戴一位年纪稍长的皇子为帝,孙皓刚好年过二十。这时一些老臣回想起先前景养采用的选嗣方式,不由啧啧称奇。其后,许多人也用类似的方法来考校儿孙的未来,由此形成了广泛流传的"抓周"习俗。

【原文】

公瑜①嫁婢,处道②还姬。

【注释】

①公瑜:宋代钟离瑾,字公瑜,时任德化县令。

②处道:南朝杨素(公元546年—公元606年),字处道,弘农华阴(今陕西华阴)人,隋朝名臣、诗人,杰出的军事家、统帅,我国古代十大奸相之一。

【经典原意】

宋代钟离瑾在嫁女儿时买来一名婢女,得知婢女是前任县令女儿后,便把她像自己的亲生女儿一样嫁出去。

南朝陈处于战乱之中,徐德言与其妻子乐昌公主各执一半破镜,作为日后相见的信物。后来,陈灭亡,乐昌公主流落为杨素家姬,徐德言也流落到京城,偶然在市场上买到了乐昌公主的半边破镜,便作诗:

“照与人俱去，照归人不归。无复姮娥影，空留明月辉。”杨素知道这件事后，立即召来徐德言归还妻子，二人破镜重圆。

【原文】

允①诛董卓，玠②杀王夔。

【注释】

①允：汉代司徒王允（公元137年—公元192年），字子师，太原祁县（今山西祁县）人，东汉末年献帝时司徒。

②玠（jiè）：宋朝余玠，字义夫，号樵隐，蕲州（湖北蕲春南）人，南宋末抗蒙名臣。

【经典原意】

王允出身官宦世家，很有才略，因痛恨董卓的恣意专横，暗中与董卓的大将吕布结交，定计诛杀了董卓。

余玠担任四川宣谕司时，利司都统王夔（kuí）极其暴虐，残害百姓，余玠便设计以召王夔议事为借口，将他杀掉。

【原文】

石虔矫捷①，朱亥雄奇。

【注释】

①矫捷：矫健敏捷。

【经典原意】

东晋石虔曾跟随父围猎，看到一只老虎被箭射中倒在地上而未死，众人知道石虔的威猛，便戏称要石虔去拔箭。石虔走上前去，先拔得一支箭，虎跳他也跳，比虎跳得还高，虎伏下身去他又乘机拔得第二支箭，身手十分敏捷。后来，石虔跟随桓温入关，敌人都知道他的勇猛,因而十分恐慌。桓冲被苻坚围住,无法脱身,石虔跳上马,从数万敌军中把桓冲救了出来,纵横沙场,英勇无比,矫捷绝伦。

战国时期大梁朱亥,为人勇猛无比,侠肝义胆,常隐于屠市之中。侯嬴把他推荐给魏公子无忌(即信陵君),无忌派他拿着璧去谢秦,秦王大怒,下令把朱亥关进虎圈,朱亥怒发冲冠,两眼瞪虎,虎不敢动,秦王便以礼将他遣送回去。后来,无忌又派朱亥在袖中藏四十斤铁椎击杀魏国将领晋鄙,拿到兵符,夺了晋鄙的大军,逼退秦国大军救了赵国。

【原文】

平叔①傅粉②,弘治③凝脂④。

【注释】

①平叔:东汉末何晏,字平叔,三国时期魏国南阳宛县(今河南南阳)人,玄学家,官居吏部尚书。

②傅粉:施粉、敷粉。

③弘治:晋朝杜乂(yì),字弘治,官至丹阳丞。

④凝脂:凝固了的油脂,在这里形容杜乂皮肤皎白细嫩。

【经典原意】

何晏面色白,姿仪美,传说魏明帝看见平叔肌肤白皙,怀疑他敷了粉,当时正值夏日,明帝邀他喝汤,平叔大汗淋漓,用手绢擦拭,面色更加白嫩。

杜乂肤色清绝,性情纯和,王羲之见到他,赞叹道:“面若凝脂,眼如点漆,神仙中人也。”

【原文】

伯俞①泣杖,墨翟②悲丝。

【注释】

①伯愈:汉代韩伯俞。

②墨翟(dí 迪):墨子。

【经典原意】

韩伯愈非常孝顺,一次因为做错了事,母亲用棍杖打他,伯愈痛哭,母亲问他原因,他啜泣道:"以前母亲用棍杖打我很疼,知道母亲身体健康;这次不痛了,便知道母亲年老,所以才如此伤心。"

墨子看到有人染丝,悲叹道:"丝线被染成黑色则变黑,被染成黄色则变黄,被染成五色,就变为五色。不光染丝是这样,治理国家也是这样,所以治国一定要小心谨慎。"在这里作"墨翟悲丝",通常称为"悲染"。

【文化常识】

巨子墨子

墨子(公元前468年—公元前376年),名翟,战国时期鲁国(今山东滕州)人,思想家,教育家,军事家,有《墨子》一书传世,墨家学派的创始人。

墨子出生在鲁国一个以木工为谋生手段的手工业者家庭,从小承袭木工制作技术,这为他后来的社会活动奠定了良好的基础。墨子精通手工技艺,可与当时的巧匠鲁班相比,他自称是"鄙人",人称"布衣之士"。墨子曾做过宋国大夫,并师从儒者,学习孔子之术,但后来逐渐对儒家繁琐的礼乐感到厌烦,最终舍弃儒学,独创墨家学派。墨子主张"兼爱"、"非攻",认为社会之所以乱,都是起因于人们只知"自爱"、"自利",而不能"相爱",因此,倡导人们"兼相爱,交相利";在政治方面,墨子反对大国对小国的兼并,认为攻占他国,是"大为不义"之事。在代表新型地主阶级利益的法家崛起以前,墨家是先秦和儒家相对立的最大一个学派,并列"显学"。

墨子一生的活动主要在两方面,一是广收弟子,积极宣扬自己的学说，二是不遗余力的反对兼并战争。墨家是一个有着严密组织和严密纪律的团体，最高领袖称“巨子”，墨家的成员都称“墨者”，集团内部立有“墨者之法”——“杀人者死，伤人者刑”，且墨者必须服从巨子，“赴汤蹈火，死不旋踵”。墨子的行迹很广，东到齐，西到郑、卫，南到楚、越，为宣传自己的主张，墨子广收门徒，一般的亲信弟子达数百人之多，形成了声势浩大的“墨家学派”。

【原文】

能文曹植，善辩张仪。

【经典原意】

《三国志·陈思王传》中记载：“子建年十岁余，诵读诗论及辞赋数十万言”，一次，曹操看曹植的文章，问是不是请人代写，曹植跪地道：“言出为论，下笔成文，您可以当面测试我的文笔，我怎么会请别人代写呢？”谢灵运曾说：“天下才华共有一石，子建独得八斗。”“才高八斗”的说法即由此而来。

张仪在楚国游说时，被诬告偷盗璧玉，用刑后遍体鳞伤。回家后，张仪问妻子自己的舌头还在不在，妻子说在，张仪感慨道：“舌头还在就足够了！”后到了秦国，张仪以自己的善辩连横六国，使各国都割地给秦国，成为秦、魏两国的相国，被封为武信君。

【原文】

温公①警枕，董子②下帷。

【注释】

①温公：司马光，宋哲宗时，曾任宰相，被封为温国公。

②董子：董仲舒。

【经典原意】

司马光房间十分简陋，只有一些藏书，他喜好读书，为了争取时间多读书，便用圆木当枕头，稍稍小憩一会儿，枕头歪了，便又起来继续读书。

《汉书·儒林传》道："董仲舒少治春秋，孝景时为博士，下临讲诵，弟子传以久，次相授业，或末见其面。盖三年不窥园，其精如此。"记载的便是董仲舒年轻时，为钻研《春秋》，落下帷帐刻苦读书，三年都没向园中看过一眼。

【文化常识】

罢黜百家董仲舒

董仲舒（公元前179年—公元前104年），广川（今河北景县）人，西汉著名的思想家、政治家、哲学家。董仲舒在著名的《举贤良对策》中系统地提出了"天人感应"、"大一统"学说和"罢黜百家，独尊儒术"的主张。

董仲舒以《春秋公羊传》为依据，将周代以来的宗教天道观和阴阳、五行学说结合起来，吸收法家、道家、阴阳家思想，建立了一个新的思想体系，成为汉代的官方统治哲学，对当时社会所提出的一系列哲学、政治、社会、历史问题，给予了较为系统的回答。董仲舒认为，"道之大原出于天"，自然、人事都受制于天命，因此反映天命的政治秩序和政治思想都应是统一的，他把儒家的伦理思想概括为"三纲五常"。汉武帝采纳了董仲舒的建议，"罢黜百家，独尊儒术"。

【原文】

会书张旭，善画王维。

【经典原意】

张旭的书法，始化于张芝、二王一路，以草书成就为最高，史称他为"草圣"。

王维（公元701年—公元761年），字摩诘，原籍祁（今山西祁县），后迁至蒲州（今山西永济），盛唐时期著名诗人，崇信佛教，人称“诗佛”。因官至尚书右丞，又被称为王右丞。王维诗和画的成就都很高，苏轼曾称赞他说“味摩诘之诗，诗中有画；观摩诘之画，画中有诗。”王维善画人物、丛竹、山水，以山水诗的成就最高，与孟浩然合称“王孟”，著有《王右丞集》，存诗400首。

【原文】

周①兄无慧，济叔②不痴。

【注释】

①周：晋悼公（公元前586年—公元前558年），名周。

②济叔：晋朝王湛（公元249年—公元295年），字处冲，西晋太原（今山西太原）人。

【经典原意】

鲁成公十八年（公元前573年）的春天，晋国的大夫将晋厉公杀掉，到京师去迎接姬周（即晋悼公）回国作国君，周虽然有个兄长，但是个白痴，连菽麦都无法辨认，因此，立周为国君。

王湛隐才而不露，所以背负痴名，他的侄子王济也从不行叔侄礼。一次王济看到叔叔王湛的床头有《周易》一书，十分吃惊，尤其听到他剖析玄理，更是十分微妙，和他一同骑马，发现他擅长骑术。过去晋武帝常常以王济的叔叔作为笑料，一次问王济道：“你那个傻叔死了吗？”王济答道：“臣的叔叔不傻。”并赞美说：“山涛以下，魏舒以上。”

【原文】

杜畿国士，郭泰人师。

【经典原意】

建安（公元196年—公元220年）年间，杜畿（jī 几）在许昌，见到侍中耿纪,彻夜长聊。尚书令荀彧就在耿纪的隔壁,夜里听到杜畿的谈论,非常惊讶,认为他是个难得的治国之才,第二天即派人去请杜畿,并说:"有治国之才而不举荐,怎么能在朝为官呢?"

《尚友录》记载,东汉魏昭少年时,曾求学于著名学者郭泰,请求洒水扫地。郭泰问道:"作为老师,我应当给你讲授经书,你为什么和我如此相近?"魏昭答道:"讲经的老师容易找,可做人的老师很难遇到,我愿作为素丝,来靠近朱蓝,以受到您的教导与熏陶。"

【当代阐释】

空巢

2009年高考在即,北京、上海一些高考班逐渐有学生缺席课堂,上海某高中附中,一个原本有40多名同学的班级,坚持上完高三最后一堂课的人竟只有六位,这其中有些学生已彻底放弃国内高考,准备到国外去读大学,重庆部分高考班级甚至出现了空巢现象。

与高考的千军万马过独木桥相比,申请国外学校的成功率较高,难度也相对较低。表面上看,我们看到的是国外大学和中国大学,都在靠招生盈利,是教育产业的一个具体案例是在争利。但深层次的原因,则是中国作为世界上最大的发展中国家,和国外最发达的国家在争夺人才。争夺人才这个事情,我们在较长的区间里才能看到,而争利的事,眼下已吵得一塌糊涂。

1985年以来,清华大学高科技专业毕业生80%去了美国,北京大学这一比例为76%。自1978年改革开放至2002年底,中国已有超过58万人出国留学,目前仅有15万人回国工作,16万人毕业后在国外就业,约27万人正在海外就读。就这个数字来说,我国留学人员流失比例近50%。

"21世纪什么最重要?人才!"葛优在电影《天下无贼》里的一句台词如今已变成经典。

青年精英流失的背后,反映出国内教育、科研、企业机构吸引力的匮乏——从科研机构用人机制、科研环境到薪酬标准,国内外都存在着相当大的差距。

教育全球化竞争白热化程度乍现,国内生源数量下降,让教育体制改革变得愈加迫切。创建世界一流大学固然重要,但是不可能所有国内高校都迈向世界一流,所以在内部竞争中培育各具特色、各有所长的品质同样重要。打破目前高校“同质化”发展局面,显然需要从赋予高校充分的办学自主权、鼓励错位发展的竞争积极性开始。

【原文】

伊川①传易②,觉范③论诗。

【注释】

①伊川:程颐(公元1033年—公元1107年),字正叔,师从周敦颐,人称伊川先生,洛阳人,北宋哲学家、教育家,“程朱理学”代表人物。

②易:《易经》。

③觉范:南宋僧人彭觉范(公元1071年—公元1128年),法名德洪,擅长作诗和诗论。

【经典原意】

程颐曾讲学三十余年,对儒家经典以新的“理性”进行解释,著有《易传》《春秋传》等理学经典著作。

彭觉范和弟弟彭超然都擅长作诗和诗论,超然曾说:“诗,贵得于天趣。”觉范便问:“何以识其天趣?”超然道:“能识萧何所以识韩信,则天趣可识矣。”觉范不同意这种说法,但又说服不了弟弟。

【原文】

董昭救蚁,毛宝放龟。

【经典原意】

传说,汉代董昭(公元152年—公元232年)乘船过江时,看到一只蚂蚁在水中挣扎，便将蚂蚁救起。当天晚上，董昭梦到一位黑衣人前来致谢，说他是蚁王，并告诉董昭，以后遇到麻烦事告诉他，他定会前来相助。后来，董昭因事入狱，捉来两只蚂蚁，要它们去通知蚁王，果然有许多蚂蚁前来咬断绳锁挖出洞穴，董昭顺利脱逃。

相传晋代毛宝十二岁时，见渔夫钓到一只白龟，便买来放生。后来毛宝任郝城守令时，和石虎起战，败后投江被一物驮至对岸，方才发现正是以前放生的白龟。

【原文】

乘风宗悫①，立雪杨时②。

【注释】

①宗悫(què 却)：字元干，南朝宋孝文帝(公元424年—公元454年)时人。

②杨时(公元1044年—公元1130年)：字中立，北宋南剑将乐(今福建)人，著名学者。

【经典原意】

宗悫少年时，叔父宗炳曾问他有何志愿，宗悫答："愿乘长风破万里浪。"

《宋史·杨时传》中记载，杨时曾去拜见程颐，当时程颐正在小憩，杨时便站在雪中等候。程颐醒来时，门外已积雪一尺多深。"程门立雪"的典故即来源于此。

【原文】

阮籍①青眼，马良②白眉。

【注释】

①阮籍(公元210年—公元263年)：字嗣宗，陈留尉氏(今属河南)人，曾任步兵校尉，世称阮步兵，"竹林七贤"之一。

②马良(公元187年—公元222年)：字季常，襄樊宜城人，蜀汉名臣。

【经典原意】

《晋书·阮籍传》中记载，阮籍能为青白眼，对世俗之人用白眼，对待名人志士则用青眼。

马良兄弟五人，都以才华而著称，其中，马良眉中有白毛，乡里有俚语道："马氏五常，白眉最良。"

【原文】

韩子①孤愤，梁鸿②五噫。

【注释】

①韩子：韩非。

②梁鸿：字柏鸾，东汉扶风平陵（今陕西咸阳市西北）人。

【经典原意】

《史记·老子韩非列传》中记载，韩非看到韩国积贫积弱，数次上书向韩王进谏，都未被采纳，韩非认为这是"廉直不容于邪枉之臣"，便退而著书，写出了《孤愤》、《五蠹》、《内外储》、《说林》、《说难》等著作，共十万多字。

梁鸿路过洛阳，看到宫室侈丽，就写了首《五噫歌》，以抒胸臆，诗文是："涉彼北芒兮噫！顾览帝京兮噫！宫室崔嵬兮噫！人之劬劳兮噫！辽辽未央兮噫！"

【文化常识】

法家集大成者——韩非

韩非（约公元前280年—公元前233年），战国晚期韩国（今河南新郑）人，韩王室诸公子之一，唯物主义哲学家。《史记》中记载，韩非子精于"刑名法术之学"，与秦国李斯同出于荀子门下，著作主要收录在《韩非子》一书中。韩非吸收了儒、墨、道诸家的一些观点，以法治思想为中心，总结了前期法家的经验，形成了以法为中心的法、术、势相结合的政治思想体系，被称为法家集大成者。

韩非认为，要建立专制主义中央集权的政治制度，“法”、“术”、“势”三者缺一不可，君主既要“任法”，又要“用术”，还要“固势”，三者结合，方能“至帝王之功”。

韩非第一次明确提出了“法不阿贵”的思想，主张“刑过不避大臣，赏善不遗匹夫”，这是对中国法制思想的重大贡献，对于清除贵族特权，维护法律尊严，产生了积极的影响。

【原文】

钱昆[①]嗜蟹，崔谌乞麋。

【注释】

①钱昆：字裕之，五代（公元907年—公元960年）时吴越钱塘（今浙江杭州）人，后来归附宋朝，官至秘书监。

【经典原意】

宋朝初年，州府为了抑制藩镇割据、削弱藩镇兵权而设立通判一职，因争夺权利，通判经常与太守不和。钱昆申请到地方任职，并说：“只要是有螃蟹而无通判的地方，我就心满意足了。”

北齐河间太守崔谌（chén 陈），仗势向李绘索要麋角、翎羽。李绘回信说：“鸽有翅膀，能一飞冲天；麋鹿有四条腿，能走入海中。下官手脚不灵，思想愚钝，做事慵懒，不能跟鸟飞天，也不能随麋鹿下海，赶不上去侍候那些奸佞的贪官污吏。”

【原文】

隐之[①]卖犬，井伯[②]烹雌。

【注释】

①隐之：吴隐之，字默处，东晋濮阳鄄城（今属河南）人，曾任中书侍郎，左卫

将军，广州刺史等职，官至度支尚书。

②井伯：春秋时秦国贤相百里奚，字井伯，春秋时期虞国（今山西平陆北）人，秦穆公时贤臣，著名政治家。

【经典原意】

吴隐之为官清廉，家境贫寒，女儿出嫁无钱操办，就把狗牵去卖掉，从简操办。

百里奚年轻时家贫，临行时妻子用门栓烧锅炖母鸡为他饯行。后来，百里奚当了秦国宰相，妻子却流落入宫中做洗衣妇。一天，百里奚在堂上弹琴，一位洗衣妇自荐会抚琴弹唱，随即便抚琴唱起："百里奚，五羊皮。忆别时，烹伏雌，炊扊扅（yǎn 掩；yí 移，即门栓），今日富贵忘我为?"百里奚仔细辨认，方知是自己的妻子，夫妻团聚。

【原文】

枚皋敏捷，司马[1]淹迟[2]。

【注释】

①司马：司马相如（公元前 179 年—公元前 117 年），字长卿，四川蓬州（今南充蓬安）人，西汉文学家，有多篇赋流传至今，如《子虚》、《上林》等。

②淹迟：缓慢。

【经典原意】

西汉枚皋十七岁时便担任汉武帝（公元前 140 年—公元前 86 年）侍从郎官，每次汉武帝出巡有所感悟，都命枚皋作赋，他出口成章，即刻便成。扬雄曾评价枚皋说："军旅之际，戎马之间，飞书驰檄，则用枚皋。"

司马相如的文章首尾温丽，但"构思淹迟，控引天地，错综古今，忽然而睡，涣然而兴，几百日而后成。"武帝曾说："相如工而不敏，枚皋敏而不工。"《西京杂记》卷三中写道："枚皋文章敏疾，长卿制作淹迟。"

【原文】

祖莹①称圣，潘岳②诚③奇。

【注释】

①祖莹：字元珍，南北朝时北魏人。

②潘岳（公元247年—公元300年）：字安仁，西晋荥阳中牟（今属河南）人，著名文学家。

③诚：确实。

【经典原意】

祖莹自幼好学，常常在父母睡后燃火夜读，八岁通读《诗》、《书》，当时人们称他“圣小儿”，声名远扬。

《晋书·潘岳传》中记载：“岳少以才颖见称，乡邑号为奇童。”后来，潘岳官位高居太常卿，被封为安昌侯。

【原文】

紫芝①眉宇，思曼②风姿。

【注释】

①紫芝：唐朝元德秀（公元696年—公元754年），字紫芝，河南人。

②思曼：南北朝时张绪，字思曼，官至国子监祭酒。

【经典原意】

唐天宝年间，元德秀担任鲁山令，为官清廉自守，后隐居陆浑山中，遇到饥荒，有时不吃东西，仅弹琴自娱。房琯每次见到元德秀便赞叹：“见紫芝眉宇，使人名利之心都尽。”

张绪风流倜傥，谈吐儒雅，听者陶醉其中，废寝忘食，人们看到他，都肃然起敬，像在寺庙中一样恭恭敬敬。齐武帝曾称赞蜀地的柳树道：“此柳风流可爱，似张绪当年。”

【原文】

毓会[①]窃饮，谌纪[②]成糜。

【注释】

①毓会：钟毓、钟会，汉末大书法家钟繇的两个儿子。

②谌纪：陈谌、陈纪，东汉桓帝（公元147年—公元168年）时名士陈寔（shí时）的儿子，两人与父亲齐名，号为“三君”。

【经典原意】

钟繇睡觉时，钟毓、钟会乘机偷喝父亲的酒。钟繇装睡观察，看到钟毓先拜后饮，钟会饮而不拜。事后问他们原因，钟毓说：“酒以成礼，不敢不拜。”钟会则说：“偷本非礼，所以不拜。”

陈谌、陈纪小时候，一次家中来客，父与客高谈阔论，相谈甚欢，命陈谌、陈纪做饭，结果饭没烧成。父亲问二人原因，陈纪回答：“我们只顾听您二老谈论，忘了加箅（bì必）子，饭煮成粥了。”父亲又问二人：“你俩还记得我们刚才说了些什么吗？”兄弟二人复述一遍，丝毫不差。陈寔很是高兴，说道：“既然如此，有粥就好！”

【文化常识】

礼

“礼”原是宗教祭祀仪式上的一种仪态，《说文解字》中写道：“礼，履也，所以事福致福也。”在中国古代作为社会典章制度和道德规范的“礼”，并无等级制度伦理道德方面的意义，阶级社会出现后，人类开始有等级之分，宗教祭祀也才随之出现了身份的限制和区分，“礼”也逐渐转化为奴隶社会和封建社会的一种身份制度。

在孔子以前有夏礼、殷礼、周礼，其中，周礼已较完善。作为意识形态的“礼”，在孔子的思想体系中同“仁”是分不开的。孔子打破了“礼不下庶人”的限制，主张“道之以德，齐之以礼”的德治。战国时期的孟子把仁、义、礼、智作为基本道德规范，“礼”成为人的德行之一。

荀子比孟子更重“礼”，他认为礼使社会上每个人在贵贱、长幼、贫富等级中都有恰当的地位。在封建时代，“礼”维持社会、政治秩序，巩固等级制度，调整人与人之间的各种社会关系和权利义务的规范和准则。

“礼”既是中国古代法律的渊源之一，也是古代法律的重要组成部分，以“礼”入法，形成了法律为礼教所支配的局面。古人所谓“明刑弼教”，实质上就是以法律制裁的力量来维护“礼”，加强“礼”的合法性与强制性。“礼”认为对的，就是法认为合法的；“礼”所不容许的，也就是法所禁止的，这便是中国封建法律的主要特征和基本精神。

自民国以来，我国的礼仪制度在不断简单化、人性化，现在的“礼”，只是人们日常生活中所必需遵守的道德规范和行为规范，已经脱离了原先为封建时期森严的等级制度服务的本质，而是维系社会良好风气的道德规范。

【原文】

韩康①卖药，周术②茹③芝。

【注释】

①韩康：字伯休，汉代霸陵（今陕西西安）人。

②周术：字元道，号角（lù 路）里先生，又号霸上先生，汉代人，“商山四皓”之一。

③茹：吃。

【经典原意】

韩康曾在长安城卖药三十多年，口不二价。有次，一位女子来买药，韩康仍守价不降。女子生气地说：“你是韩伯休吗？怎么口不二价？”韩康叹气自道：“本来为了避名才来卖药，谁知连小女子都知道我的名姓！”从此隐居霸陵山。故有“韩康卖药，言不二价”的典故。

周术曾作《紫芝歌》：“莫莫高山，深谷逶迤。晔晔紫芝，可以疗饥。唐虞世远，吾将何归？驷马高盖，其忧甚大。富贵之畏人兮，不若贫贱之肆志。”

【原文】

刘公[①]殿虎，庄子涂[②]龟。

【注释】

①刘公：宋代刘安世（公元1048年—公元1125年），字器之，号读易老人，北宋魏（今河北大名西北）人，师从司马光。

②涂：通“塗”，是泥的意思。

【经典原意】

北宋末年，刘安世担任台谏官，因直言敢谏，知无不言，言无不尽，被称为“殿上虎”。

《庄子·秋水》中记载，庄子在濮水钓鱼，楚王派使者请庄子入朝为官，治理国家。庄子说：“我听说楚国有神龟，死了三千年，但楚王仍把它装在盒子里，供奉起来。那个龟是愿意死后只留骨头显贵呢，还是愿意生前拖着尾巴在泥中自由自在地生活呢？”使者说：“当然是愿意生前好好活着了。”庄子便说：“你们可以走了，我会摇着尾巴在泥中自由自在地生活。”

【原文】

唐举[①]善相，扁鹊[②]名医。

【注释】

①唐举：战国时期梁国人，以擅长相术而闻名。

②扁鹊（公元前407年—公元前310年）：姓秦，名越人，齐国渤海郡（今河北任丘）人，战国名医，著名医学家。

【经典原意】

蔡泽向唐举问相，唐举说：“先生您的相貌不同寻常，从今往后还能活四十三年。”蔡泽感慨道：“能享受四十三年的荣华富贵已经足够了！”后来蔡泽果然担任秦国宰相，唐举所说一一应验。

扁鹊在中国传统医学方面造诣极深，医道高明，对中医药学的发展有着特殊的贡献。他精通内、外、妇、儿、五官等科，应用砭刺、针灸、按摩、汤液、热熨等法治疗疾病，被尊为医祖。

【国学故事】

起死回生

一次，扁鹊行医至虢国，见到那里的百姓都在进行祈福消灾的仪式，就问是谁病了，宫中侍从说，太子死了已有半日了。扁鹊问明情况，认为太子患的只是一种突然昏倒不省人事的“尸厥”症，便请求前去查看，或许能将太子救过来。侍从不信，扁鹊说：“你要不信我，就进去看一看，太子的鼻翼还在煽动，他的两大腿内侧还是温热的。”

侍从将情况如实禀报虢国君王，虢君连忙出宫迎接扁鹊，将其领入宫中，请求他为太子医治。

扁鹊一面安慰虢君，一面认真仔细地检查。他让弟子磨研针石，刺太子的头顶百会穴，太子渐渐苏醒，扁鹊又让弟子煎汤药内灌，做了药力能入体五分的熨药，在太子两胁下热熨，太子竟坐了起来，和常人无异。扁鹊继续为其调补阴阳，二十天后，太子奇迹般地恢复健康。从此，天下人传言扁鹊能“起死回生”，但扁鹊却说自己并不能救活死人，只不过能把应当活的人治愈罢了。

【原文】

韩琦焚疏，贾岛祭诗。

【经典原意】

韩琦曾想效仿古人谨慎保密，将所存疏稿全部烧毁，又怕没有文章来表现从谏之美，所以从疏稿中选出七十多篇，编撰成书，即为《谏垣存稿》。

每年除夕，贾岛都要将过去一年的全部作品检出，用酒脯来祭祀，并说："劳吾精神，以是补之。"这一举动被后人称为"祭诗"。

【原文】

康侯①训侄，良弼②课③儿。

【注释】

①康侯：宋代胡安国（公元1074年—公元1138年），字康侯，建宁崇安（今福建武夷山）人，北宋学者，湖湘学派的先驱和奠基者。

②良弼：南宋进士余良弼。

③课：教导，教育。

【经典原意】

胡安国的侄子胡寅，年少时桀骜不驯，难以管制，胡安国将其禁闭一室，放进千卷典籍。一年之后，胡寅能将所放典籍全部背出，遂考中进士，官至起居郎。

余良弼勤于教子，曾写《训子诗》："白发无凭吾老矣，青春不再汝知乎？年将弱冠非童子，学不成名岂丈夫？"以勉励儿子读书。

【原文】

颜①狂莫及②，山③器④难知。

【注释】

①颜：南北朝颜延之（公元384年—公元456年），字延年，琅琊（今山东临沂）人，南朝宋文学家。

②莫及：无法达到，赶不上。

③山：山涛（公元205年—公元283年），字巨源，西晋河内怀县（今河南武陟西）人，"竹林七贤"之一，官至吏部尚书。

④器：才能、本领。

【经典原意】

颜延之文章冠世，与谢灵运齐名，嗜酒狂放。南朝宋文帝（公元424年—公元454年）召见颜延之，颜狂饮而不赴约。后来，文帝问他孩子们的才能，他答道："一人得臣之文，一人得臣之诗，一人得臣之义，一人得臣之酒。"文帝又问："谁得到了你的狂放？"颜延之回答："我的狂放是遥不可及的。"

山涛德高望重，很有远见，王戎曾评论他说："璞玉浑金，人皆钦其宝，莫能知其器。"意思是：山涛的才能高深，令人难以估量。

【原文】

懒残①煨芋，李泌②烧梨。

【注释】

①懒残：唐朝高僧明瓒，号懒残，隐居衡山之中。

②李泌（公元722年—公元789年）：字长源，唐代宗时官居京兆尹。

【经典原意】

《邺侯家传》中记载，宰相李泌认定懒残不是凡人，便深夜前往拜谒，懒残生火烧芋头给李泌吃，并说："不要多说话，快把芋头吃掉，你还能作十年宰相。"

李泌为唐朝玄宗（公元712年—公元756年）、肃宗（公元756年—公元762年）、德宗（公元780年—公元805年）数朝要臣，唐肃宗曾烧梨赏赐李泌。

【原文】

干椹杨沛①，焦饭陈遗②。

【注释】

①杨沛：字孔渠，三国冯翊万年（今陕西临潼北）人。

②陈遗：晋代吴郡（今江苏苏州）人，曾担任吴郡主簿，以孝著称。

【经典原意】

东汉末年，杨沛作为新郑地方官，向百姓征收了很多野豆和干桑葚。曹操的部队迎接天子，军粮短缺，行军到新郑时，杨沛便拿出征收的野豆和干桑葚送给曹操军队，粮荒得以缓解。

陈遗的母亲喜欢吃锅巴，陈遗每次做饭，都会把锅巴装起来拿回家供奉母亲食用。后来在战乱中，陈遗靠着锅巴才得以活命。战乱结束后，陈遗被举荐为孝廉。

【文化常识】

上古粮食作物

上古的粮食作物有所谓的五谷、六谷和百谷。按一般的说法，五谷是：稷、黍、麦、菽、麻；六谷是：稻、稷、黍、麦、菽、麻。六谷比五谷多了稻，显然是因为水稻本是南方作物，后来才传到北方。至于百谷，却不是真有上百种，而只是虚指，即多种谷物的意思。

稷，是小米，又叫谷子；黍，是现代北方所说的黍子，又叫黄米；麦，有大麦小麦之分；菽，就是豆类；麻，指大麻子，古代也可食用，后世也有麻粥。

【原文】

文舒[①]戒子，安石求师。

【注释】

①文舒：王昶（chǎng 场），字文舒，三国时期魏国人，谥号穆侯。

【经典原意】

王昶曾写《戒子书》，教导子孙以屈为伸，以让为得。《戒子书》云："吾以数者为名，欲使汝曹顾名思义，不敢违越也。夫物速成则疾亡，晚就则善终。能屈以为伸，让以为德，弱以为强，鲜不遂矣。人或毁己，当退而求之于身。谚曰：'救寒莫于重裘，止谤莫于自修。斯言信矣。'"

宋代王安石非常重视老师的选择，曾对其长子说："求师须博学善士。"有人问他启蒙老师的选择为什么要如此慎重，王安石回答："先入者为主。"

【文化常识】

伟大的改革家——王安石

王安石（公元1021年—公元1086年），字介甫，小字獾郎，晚号半山，被封为荆国公，人们又称他为王荆公，世称临川先生，北宋临川（今江西省东乡县）人，杰出的政治家、思想家、文学家、改革家，唐宋八大家之一，谥号"文"，又称王文公。王安石在文学中有突出的成就，他的诗"学杜得其瘦硬"，长于说理与修辞，善用典，风格遒劲有力，精辟精绝，亦有情韵深婉之作，著有《临川先生文集》一书。

王安石的政治变法对北宋后期社会经济具有很深的影响，已具备近代变革的特点，被列宁誉为是"中国十一世纪伟大的改革家"。

【原文】

防年末减①，严武②称奇。

【注释】

①末减：最后罪行得到减轻。

②严武（公元726年—公元765年）：字季鹰，唐代华州华阴（今属陕西）人。

【经典原意】

西汉防年的继母杀死了他的父亲，防年为了替父报仇，就将继母杀死，廷尉判他大逆之罪。景帝认为难以量刑，汉武帝（公元前140年—公元前86年）当时只有十二岁，在一旁说道："防年的继母杀害他父亲时，就已经完全断绝了母子关系，继母只是他的杀父仇人，不应该以大逆之罪来论处。"这样，就减轻了防年的罪行。

严挺唯独宠爱侍妾玄英，而冷落严武的亲生母亲裴氏。当时，严武年仅八岁，便用铁锤打破了玄英的头，全家人都以“孩子不懂事，爱开玩笑”为理由为严武开脱，而他自己却说：“哪有朝中重臣只宠爱侍妾而不重视结发妻子的？我是故意要杀她，并不是跟她开玩笑。”严挺惊叹道：“真是我严挺的儿子啊！”

【原文】

邓①云艾艾，周②曰期期。

【注释】

①邓：邓艾（公元 197 年—公元 264 年）：字士载，义阳郡棘阳（今河南新野）人，三国时期魏国杰出的政治家和军事家。

②周：即周昌，沛县（今江苏沛县）人，西汉大臣。

【经典原意】

邓艾少年时便胸怀大志，思维敏捷，后果然成为三国时期魏国大将，但因其口吃，晋文王跟他开玩笑说：“卿云艾艾，乃是几艾？”邓答道：“凤兮凤兮，故是一凤。”

周昌虽然口吃，但刚直敢言，高祖刘邦想改立太子，周昌坚决反对，并直言道：“臣口不能言，然期期知其不可。陛下欲易太子，臣期期不奉诏。”高祖欣然而笑，太子的事才定了下来。

【原文】

周师①猿鹄②，梁相③鵷④鸱⑤。

【注释】

①周师：周穆王的军队。

②鹄（hú 湖）：天鹅。

③梁相：惠施，也称“惠子”。

④鵷（yuān 渊）：传说中与鸾凤同类的鸟。

⑤鸱(chī 吃):猫头鹰一类的鸟。

【经典原意】

据《抱朴子》中记载,周穆王南征全军覆没后,君子变猿变鹄,小人则变虫变沙,战死的将士也被称作"猿鹄虫沙"。

《庄子·秋水》中有记载,惠子担任梁国宰相时,庄子前往拜见。有人对惠子说:"庄子是来顶替你的。"惠子听到后很是担心,便在国中搜捕了三天三夜。后来庄子见到惠子,说:"南方有种鸟,名叫鹓雏,你知道吗?鹓雏从南海出发在北海上空翱翔,非梧桐不止,非练实不食,非醴泉不饮。鸱得到一只死老鼠,鹓雏从旁边飞过,看着鸱说:'你要用梁国之事来吓我吗?'"

【原文】

临洮大汉,琼崖小儿。

【经典原意】

传说秦始皇二十六年(公元前 221 年),临洮(táo 桃)有个高五丈,脚六尺长的巨人阮翁仲,人称大汉巨人,始皇封他为临洮太守,威震匈奴。

宋代琼州人杨避举,家族人均长寿。据传,李守忠奉使到琼崖时,见到杨避举的父亲已经一百二十多岁,而他的祖父已经活了一百九十五岁。又看到梁上鸡窝中一个小儿伸出脑袋,他的祖父说道:"这是我们的九代祖先,不语不食,也不知他活了多少年。"

【原文】

东阳①巧对,汝锡②奇诗。

【注释】

①东阳:明代李东阳(公元 1447 年—公元 1516 年),字宾之,号西涯,明朝长

沙府茶陵州人（今属湖南），历任弘治朝礼部尚书兼文渊阁大学士，明代后期茶陵诗派的核心人物，诗人、书法家、政治家。

②汝锡：宋代陈汝锡，字师予青田（今属浙江）人，著有《鹤溪集》一书。

【经典原意】

李东阳年少时前去拜见皇帝，因为个子太矮迈不过门槛，皇帝便说："神童足短。"李东阳对："天子门高。"皇帝把李东阳放到腿上，父亲则站在一旁，皇上问："子坐父立，礼乎？"东阳对道："嫂溺叔援，权也。"皇上又出一题："螃蟹浑身甲胄。"东阳道："蜘蛛满腹经纶。"后来，李东阳官居宰相。

陈汝锡幼年时便聪颖过人，曾作诗："闲愁莫浪遣，留为痛饮资。"诗人黄庭坚看到这两句诗，称赞道："我辈人也。"

【原文】

启期①三乐，藏用②五知。

【注释】

①启期：荣启期，春秋时隐士。

②藏用：李若拙（公元944年—公元1002年），字藏用，京兆万年（今陕西西安）人。

【经典原意】

孔子到泰山游玩，看到荣启期穿一件破鹿皮袍子，腰里缠条绳子，在抚琴唱歌。孔子问他为什么如此快乐，启期答道："值得我快乐的事很多。天地间万事万物，人是最尊贵的，我是人，这是第一乐；人世间有男女之别，男尊女卑，我是个男人，这是第二乐；有的人刚出生就死去，有的在襁褓之中死去，我今年已九十岁高龄，这是第三乐。士人大多贫穷，死亡才是人生的终点，我现在能够得到这么多的乐，如此快乐地等待人生的终结，有什么不快乐的呢？"

因宦海浮沉，李若拙颇有感触，作《五知先生传》来抒发人世沧桑的情怀,"五知",即:知时、知难、知命、知退、知足。

【文化常识】

古今词义差别

走:今天的"走",指行路,古代的"走"则指跑,"徐行曰步,疾行曰趋,疾趋曰走"(《释名·释姿容》)。如:"扁鹊望桓侯而还走"(《韩非子·扁鹊见蔡桓公》)。在现代的一些用法中,"走"也是指跑,而不是行路,如:走马看花。

因:现在的"因"解释为"因为",而在古代则解释为"于是"。如:《廉颇蔺相如列传》"相如因持璧却立倚柱",应解释为"蔺相如于是持璧,却立倚柱",柳宗元《黔之驴》"虎因喜",解释为"于是老虎高兴了"。唐宋以后,有时"因"也作因为讲,如:"夫因兵死守蓬茅"。

再:上古"再"字只表示"两次",超过两次就不能说"再"。如:"一鼓作气,再而衰,三而竭"(《左传·庄公十年》),其中的"再",就是第二次的意思。又如:"田忌一不胜而再胜"(《史记·孙膑》),是说田忌赛马三场,输了一场,赢了两场。唐宋以后,"再"字的意思也有和现代语中一样的意思,如:"用讫再火,令药熔"(《梦溪笔谈》)。

【原文】

堕甑①叔达②,发③瓮钟离④。

【注释】

①甑(zèng 赠):古代蒸食炊器。

②叔达:汉代孟敏,字叔达。

③发:掘出,挖出。

④钟离:东汉钟离意,字子阿,会稽山阴人。

【经典原意】

孟敏性情刚直,遇事果断,从不拖沓。孟敏客居太原时,手上的陶罐摔到地上，他头也不回地走开。郭泰问他原因，孟敏答："陶罐已经摔碎，我再去看又有什么用呢？"

东汉鲁相钟离意，因尊崇孔子，出钱修建孔庙。有一个叫张伯的在堂下除草，偶然间在草丛里找到七枚玉璧，偷偷藏起一枚，向钟离意报告说得到了六枚。后来，又发现一个悬瓮，背面刻有红色的字："后世修吾书，董仲舒，获吾车，拭吾履，发吾留，会稽钟离意。璧有七，张伯藏其一。"于是，钟离意逼问张伯，张伯哑口无言，只得承认。

【原文】

一钱诛吏，半臂①怜姬。

【注释】

①半臂：短袖上衣。

【经典原意】

宋代张咏担任崇阳知县时，看到一小吏从库房出来，鬓发旁藏着一枚铜钱，核实之后发现确是官钱，便下令杖打他。小吏怒吼道："一枚铜钱算什么？你能杖打我，总不能斩了我吧？"张咏提笔写下判决书："一天一枚铜钱，一千天一千枚铜钱，绳锯木断，水滴石穿。"随即挥剑斩杀了小吏。

宋代宋祁妻妾众多，一天，他在锦江赴宴，因天气寒冷，派人回家取短袖上衣，结果妻妾都各送了一件，一共十多件，宋祁恐怕有亲疏厚薄之嫌，也为了避免妻妾生气，哪件衣服也不敢穿，只好忍冻回家。

【原文】

王胡索食，罗友乞祠。

【经典原意】

晋代王胡之家中很是贫寒，陶胡奴担任乌城县令时，曾送他一船米，王胡之不肯接受，说道："我如果真的缺粮少食，定会向谢尚讨要。"回绝了无缘无故的馈赠。

晋代罗友自少年时起，便聪颖好学，但嗜酒成性，喜欢在祠庙中向往来祭祀的人们讨要食物。桓温责备他说："你怎么不向我讨要呢？"罗友答道："像我现在这样，每天都能讨到食物，要是去求你，今天有吃的，明天还会有吗？"后经过桓温举荐，担任襄阳太守，又升任广、益二州刺史。

【原文】

召父①杜母②，雍③友杨④师。

【注释】

①召父：西汉召信臣，字翁卿，九江郡寿春（今安徽寿县）人。

②杜母：东汉杜诗，字君公，河内汲县人。

③雍：雍冲，字退翁，宋代洋州（今陕西汉中）人。

④杨：杨仲远，宋代兴元（今属陕西）人。

【经典原意】

西汉元帝（公元前 48 年—公元前 32 年）刘奭（shì 是）时，召信臣担任南阳太守，爱民如子，兴修水利，教化大行，世人称他为"召父"。东汉杜诗也曾任职南阳太守，他除暴安良，爱民罢役，造作水排，多方为南阳百姓造福，使郡内的百姓都富裕起来，人们称他"杜母"。当时，南阳百姓常说："前有召父，后有杜母。"

雍冲、杨仲远二人都是宋高宗（公元 1127 年—公元 1163 年）时大臣。张浚曾问杨用中当地有没有可以结交的人，杨用中答道："杨冲远可以为师，雍退翁可以为友。"

【原文】

直言①解发，京兆②画眉。

【注释】

①直言:唐代贾直言。

②京兆:汉代张敞,字子高,河东平阳(今山西临汾西南)人,西汉大臣,曾担任京兆尹,为官清廉,忠言直谏。

【经典原意】

贾直言被流放到南海,临行前对妻子说:"我这一去,生死未卜,你还是早早改嫁吧。"妻子董氏默不作声,用绳子把头发盘起来,封上帛,说:"等待夫君回来再为我解开。"发誓要等贾直言一辈子。二十年后,贾直言回来,看到妻子头上的封帛依然如故,解帛后,头发全部掉落。

张敞曾亲自为妻子画眉,后来皇上知道了这件事,问他,张敞回答说:"臣听闻闺房之内,夫妻之间,还有比画眉更亲密的事情。"皇上非常欣赏他的才能,也不责备他,但张敞也从未官居高位。

【原文】

美姬①工笛,老婢吹篪②。

【注释】

①美姬:晋代石崇的美妾绿珠。

②篪(chí 池):古管乐器,用竹制成,单管横吹。

【经典原意】

绿珠容貌娇美,擅长吹笛。赵王伦的党羽孙秀曾向石崇讨要绿珠,被石崇一口回绝,就假称圣旨要杀害石崇,石崇对绿珠说:"我为你而获罪。"绿珠坚决地说:"我一定要死在您的前面。"于是纵身从楼上跳下。

后魏河间人王琛,时任秦州刺史,手下有一名婢女善于吹篪。适逢诸羌叛乱,王琛派婢女扮作贫困的老妇在敌营前吹篪乞讨,叛乱的诸羌士兵,听到家乡的乐曲,思乡心切,无不泪流满面,纷纷归降。

五　微

【原文】

敬叔①受饷②，吴祐③遗④衣。

【注释】

①敬叔：南北朝何敬叔，南齐东海郡（今山东郯城）人。

②饷（xiǎng 响）：馈赠物品。

③吴祐（hù 户）：字季英，汉代人陈留长垣（今属河南）人。

④遗（wèi 位）：给予，赠送。

【经典原意】

何敬叔担任长城令时，为官清正廉明，从不收受贿赂。一年遇灾歉收，何敬叔在门上张榜，接受馈赠。短短几天，就得到两千八百石米，敬叔将这些米全部都拿去替百姓缴纳了租税。

吴祐担任酒泉太守，为官清廉正直。一次，一个小吏，私取民财为父亲买衣服。他的父亲教导说："有吴祐这样的太守，你怎能以权谋私？"小官吏便拿着衣服到吴祐面前认罪，吴祐却说："能认识到自己的过失，这就是懂得了仁善。"又把衣服还给了他，并让他回家去感谢自己的父亲。

【原文】

淳于①窃笑，司马②微讥。

【注释】

①淳于：淳于髡（kūn 坤）（约公元前386年—公元前310年），战国时期齐国（今山东省龙口市）人，博闻强记，擅长言谈辩论，政治家、思想家。

②司马：唐代天台山道士司马承祯（公元647年—公元735年），字子微，法号道隐，又号白云子，河内温（今河南温县）人，唐代道士、道教学者、书画家。

【经典原意】

楚国入侵齐国，齐王请淳于髡带着百余斤黄金、数十辆车到赵国请求发兵相救，淳于髡大笑。齐王问他原因，淳于髡答道："我在路上看到有人用一只猪蹄，一盅酒来祈求五谷丰登，全家安康，兴旺发达。用那么少的祭品，却祈求这么多，现在想起来，还觉得十分可笑。"齐王大悟，又赐给他千镒黄金、十双白璧、数百辆车马到赵国请求援兵。赵国随即调拨十万精兵，楚国只得连夜退兵。

唐代卢藏用屡举进士不中，隐居到终南山期盼出仕，最后终于得官。睿宗召天台山道士司马承祯来京，司马承祯要回去的时候，卢藏用指着终南山说："这里好的住处很多，何必非要回天台山？"司马承祯答道："在我看来，这里只不过是一条入朝为官的捷径罢了。"卢藏用听了之后，深感惭愧。

【原文】

子房①辟谷②，公信③采薇。

【注释】

①子房：张良（约公元前251年—公元前186年），字子房，汉初三杰之一，伟大的谋略家、政治家，辅助刘邦建立汉朝，因功绩卓越，被封为留侯。

②辟谷：道教修炼方法，即不食五谷。

③公信：古代孤竹君的儿子伯夷，名允，字公信。

【经典原意】

张良曾感慨道："吾今以三寸舌为帝者师，封万户侯，此布衣之极，于良足矣。愿弃人间事，从赤松子（传说中神农时期的雨师）游耳。"晚年辟谷学道。

古代孤竹君的两个儿子伯夷、叔齐（名致，字公远）互相推让，都不愿继承王位，弃孤竹城而逃。后来，周武王伐纣，伯夷以吃周朝的粮食为耻，遂隐居山中，采薇为食，最后饿死在山中。

【原文】

卜商[①]闻过，伯玉[②]知非[③]。

【注释】

①卜商：字子夏，卫(今河南温县)人，孔子的学生，孔门十哲、七十二贤之一，天命论“死生有命，富贵在天”的始祖，人称“卜子”。

②伯玉：春秋时期卫国大夫蘧(qú 渠)瑗，字伯玉，河南人。

③非：错误，过错。

【经典原意】

卜商丧失爱子后，痛哭不已，几近失明，曾子前来吊唁。子夏痛哭道：“苍天啊！难道我有什么罪过吗？”曾子说道：“卜商，你怎么能没有罪过呢？你和我一同在洙泗侍奉老师孔子，后来退而在西河养老，使西河的民众都以为你忤逆老师，这是你的第一项罪过；你的父母双亲过世时，人们都不知道，这是你的第二项罪过；现在，你的儿子死去，你因为痛哭而失明，这是你的第三项罪过！”子夏感慨道：“我错了！我错了！我离群索居太久了！”

蘧瑗为人贤良，品行高尚，光明磊落，孔子周游列国走投无路时，曾多次投奔他，并称赞他是真正的君子——君王有道时，出仕辅政治国；君王无道时，心怀正气，归隐山林。《淮南子》中记载道，伯玉“年五十而知四十九年非”。

【文化常识】

七十二贤人

孔子设立的“文、行、忠、信”四种科目，“格物、致和、诚意、正心、修身、齐家、治国、平天下”八个为学，“立身、处世”的两大宗旨，构成了健全的教育体系。以教授“礼、乐、射、御、书、数”六艺，来达到“智、仁、勇”三德。孔子的教学又分为“志于道、据于德、依于仁、游于艺”四个阶段，以德行为首，语言其次，政事第三，文学最末。传说“孔子弟子三千，贤者七十二”，就是说孔于有三千多名学生，而真正学成的只有七十二人，即是“七十二贤人”。

【原文】

仕治①远志③，伯约②当归③。

【注释】

①仕治：晋代郝隆，字仕治，高平人。

②伯约：东汉末姜维（公元202年—公元264年），字伯约，天水冀县（今甘肃甘谷县东南）人，蜀国大将军，诸葛亮北伐事业的继承者。

③远志、当归：都是中药名在此处语义双关。

【经典原意】

谢安当初有隐居的想法，经多次征召，才在桓温军中出任大司马一职。有人给桓温送草药，其中有一味药是远志。桓温问谢安：“此药为什么又叫小草？”谢安还没来得及回答，郝隆在一旁应声答道：“这个好解释，这味药在山中叫远志，出来就被称为小草了。”此话影射谢安当初隐居时好像有远大的志向，出山后只不过是个小小的司马。

姜维自小与母亲相依为命，后归于诸葛亮麾下，担任征西将军，不得已而与母亲分离。一天，姜维收到了母亲的来信，让他去买当归。姜维随即给母亲回信说：“良田百顷，不在一亩；但有远志，不在当归也。”

【原文】

商①安②鹑服③，章④泣牛衣⑤。

【注释】

①商：卜商。

②安：安心于……

③鹑（chún纯）服：破旧的衣服。

④章：汉代王章，字仲卿，西汉泰山巨平（今山东泰安）人。

⑤牛衣：用草或麻之类的植物根茎编织而成的类似于蓑衣的东西，一般把牛衣披在牛或马身上来御寒。

【经典原意】

《故事成语考·衣服》中记载："卜子夏甚贫，鹑衣百结。"卜子夏，即卜商。

王章家境贫困，又身患疾病，因无被褥，只能蜷缩在牛衣之下哭着和妻子诀别。妻子生气地训斥道："满朝的文武百官，谁的学问能超过你，你这样不思进取，哭哭啼啼，有什么用？"后来，王章做了京兆尹，还想得到封赐，妻子又制止他说："人应当知足，你应该想想当年披着牛衣哭泣的时候。"

【文化常识】

上古头衣

上古的头衣主要有冠、冕、弁（biàn 变）三种。冠，是贵族男子戴的帽子，但样式和用途与后世的帽子不同，古人蓄长发，用发笄（jī 鸡）绾住发髻后再用冠束住。据说，上古时期，冠只有冠梁，且冠梁不宽，有褶，两端连在冠圈上，戴起来冠梁像一根弧形的带子，从前到后覆在头发上。

冠是冕和弁的总称。冕，褐色，是一种最尊贵的礼冠。最初，天子诸侯大夫在祭祀时都带冕，因此，有"冠冕堂皇"这个成语。冕上面是一幅长方形的板，叫延，下面戴在头上，延的前沿挂着一串串小圆玉，叫做旒（liú 刘）。后来，只有帝王才可以带冕。

弁，也是一种尊贵的冠，有爵弁、皮弁之分。爵弁就是没有旒的冕；皮弁则是用白鹿皮制成，尖顶，类似后世的瓜皮帽，鹿皮缝合的地方缀有一行行闪闪发光的小玉石，如同星星一般。冕弁加在发髻上时都要横插一根较长的笄。

庶人头衣与统治阶级的有所区别，只能戴巾，即帻（zé 责）和帽。帻就是包发的巾，有黑色和青色；帽，是没有冠冕以前的头衣，魏晋以前汉人所戴的帽子只是一种便帽，《世说新语·任诞》中有"脱帻著帽"的句子。

【原文】

蔡[1]陈[2]善谑，王葛[3]交讥[4]。

【注释】

①蔡：蔡襄（公元1012年—公元1067年），字君谟，北宋著名的书法家，"宋四家"之一。

②陈：陈亚，字少卿，北宋时人。

③王葛：晋朝名士王导字茂弘（公元276年—公元339年）与诸葛恢字道明（公元265年—公元326年）。

④交讥：相互讥讽。

【经典原意】

蔡襄陈亚两人都擅长诗文，言谈幽默诙谐。一次，两人一同喝酒，酒意正酣时，蔡襄拿出笔来，题诗道："陈亚有心便是恶。"陈亚当即对道："蔡襄无口便成衰。"旁观者绝倒。

王导与诸葛恢二人争夺姓族的先后，王导说："为什么不说葛王，却说王葛？"诸葛恢说："譬如说驴马，而不说马驴，难道说驴能胜过马吗？"二人相互讥讽。

【原文】

陶公[1]运甓[2]，孟母[3]断机。

【注释】

①陶公：晋代陶侃（公元259年—公元334年），字士行，江西鄱阳人，东晋大司马。

②甓（pì 僻）：砖。

③孟母：孟子的母亲，姓仉氏，丈夫死后，独自人抚养孟子。

【经典原意】

陶侃担任广州刺史时，早晨把一百块砖搬到屋外，晚上又搬回屋内。有人问他原因，他答道："我一心想恢复中原，如果生活太安逸了，就会难以胜任，所以才以搬砖来自劳。"

一天，孟子从学堂回来，母亲问他："你不在学堂学习，怎么回来了？"孟子答道："我自己想回来的。"孟母便拿起剪刀剪断了织布机上的布，生气地说道："你逃课不学习，就像我剪断的布一样。"孟子从此勤学苦读，终成"亚圣"。

【当代阐释】

近朱者赤　近墨者黑

晋代傅玄的《太子少傅箴》中记载："故近朱者赤，近墨者黑；声和则响清，形正则影直。""墨"无孔不入，近墨者则黑。孔子的"居必择邻，游必就士"，说明的就是这个道理。

孟子小时候，曾住在墓地旁，孟子常和邻居的小孩一起学着大人的样子，跪拜、哭嚎，玩起办理丧事的游戏，孟母看到后，皱起眉头，说道："不行，不能让我的孩子在这种环境下成长！"于是，便带着孟子搬到市集旁边。到了市集，孟子又和邻居，学起商人做生意的样子，孟母知道后，毅然带着孟子搬到一家学堂旁边，这次，孟子开始变得十分懂礼貌，又喜欢读书，孟母满意地点着头说："这才是我儿子应该住的地方。"

诚然，人的主观能动性在人的发展中起决定性的作用，但外界环境的影响仍不能忽视。环境造就人才，环境也能淹没人才，良好的人文环境对人类的成长和生活而言十分重要，现代社会，人们不仅要求高品质的物质生活，更需要高品位的精神生活来支撑。

六　鱼

【原文】

少帝[①]坐膝，太子[②]牵裾。

【注释】

①少帝：东晋明帝司马绍（公元301年—公元325年），字道畿，东晋的第二代皇帝，晋元帝长子。

②太子：晋代愍（mǐn敏）怀太子司马遹（yù欲）（公元278年—公元300年），晋武帝司马炎的孙子。

【经典原意】

司马绍自幼聪颖无比。一天，司马绍坐在元帝的腿上，有人从长安来，元帝问他长安和太阳哪个远，司马绍答道："太阳远，因为从来没听说过有人从太阳那边过来。"第二天，在宴席上，元帝又问他长安和太阳哪个更远，司马绍答道："太阳近。"元帝很是惊讶，问他："你怎么和昨天答的不一样？"司马绍回答说："我抬头就能看到太阳，却看不见长安。"

愍怀太子小时候就很聪明，五岁时，宫中失火，武帝登上城楼观察火情，愍怀太子拉着武帝的衣服，让他走到暗一点的地方，武帝问他原因，愍怀太子答道："黑夜失火，宫中上上下下都忙于救火，这时最为慌乱和嘈杂，一定要特别防备，最好不要靠近光亮的地方，以免别人看到。"

【原文】

卫懿[①]好鹤，鲁隐[②]观鱼。

【注释】

①卫懿（yì义）：春秋时期卫懿公（公元前668年—公元前660年）。

②鲁隐：春秋时期鲁隐公（公元前722年—公元前711年）。

【经典原意】

卫懿公非常喜爱仙鹤，竟让仙鹤乘坐大夫的车，遭到国人不满。狄人进攻卫国时，将士们都说："仙鹤有官位，让仙鹤去打仗。"最后卫国大败，被狄戎所灭，卫懿公也被杀。

鲁隐公想到棠地（今山东鱼台县东）观看捕鱼，臧僖伯劝谏说："凡与国家大事无关的东西，国君不应重视。"听了臧僖伯的劝谏，隐公便改口说去察看边境驻地，结果还是去看鱼了，臧僖伯借口有病没和隐公一同前往。

【原文】

蔡伦造纸，刘向①校书。

【注释】

①刘向（约公元前77年—公元前6年）：原名更生，字子政，沛县（今江苏沛县）人，西汉著名学者，经学家、目录学家、文学家。

【经典原意】

东汉和帝元兴元年（公元105年），蔡伦在总结前人经验的基础上，用树皮、破渔网、破布、麻头等原料，制成了适合书写的植物纤维纸，才使纸成为普遍使用的书写材料，这种纸被称为"蔡侯纸"，是我国古代四大发明之一。

汉成帝时，刘向任光禄大夫，成帝命令他在天禄阁中校正《五经》，编撰成《七略别录》一书，后来他的儿子刘歆继承父业，编成《七略》。

【国学故事】

蔡伦造纸

蔡伦(公元61年—公元121年),字敬仲,东汉桂阳(今湖南耒阳)人,东汉明帝十八年(公元75年)入宫当宦官,后升任尚方令,负责管理皇室工厂监造。

从前的书籍大多是用竹子做的,极其笨重,而丝绸制作的书,又十分昂贵,无法普及。当时,造纸术虽已发明,但由于质量问题,纸张难登大雅之堂,不少文人雅士并不看好纸张。

蔡伦看到一群孩子在河边用木杆挑着水面上的沤变物嬉闹,那些沤变物一离开水面,迅即变干,且质地柔韧轻薄,可用来书写文字。受此启发,蔡伦用麻、布、棉絮、树皮等沤变物,经打浆、搅混、沉淀、反复试验,终于制造出理想的书写材料——纸。蔡伦的造纸方法很快传遍各地,蔡伦也被封为"龙亭侯",民间把他制作的纸称为"蔡侯纸"。

【原文】

朱云①折槛,禽息②击车。

【注释】

①朱云:字游,汉武帝时担任槐里令。

②禽息:春秋时期秦国大夫。

【经典原意】

朱云曾上奏说愿借尚方宝剑斩杀一名奸臣,成帝知道他要杀的是丞相张禹,便勃然大怒,下令诛杀朱云。朱云用手攀住殿堂的门槛大呼,以至殿槛都被拉断,他自比夏朝忠臣比干。左将军辛庆忌也出面求情,汉成帝不得已赦免了他,并下令不再修复被他折断的殿槛,以表彰直言敢谏的忠臣。

禽息曾向秦穆公推荐百里奚,但不被采纳,禽息慨叹:"臣生无补于国,不如死也",一头撞向秦穆公的车子,脑浆流出。秦穆公幡然悔悟，重用了百里奚，后来秦国日益兴盛。

【原文】

耿恭①拜井，郑国②穿渠。

【注释】

①耿恭：字伯宗，东汉扶风茂陵（今陕西兴平东北）人。

②郑国：战国时期韩国人，战国末水利家，时任韩国水工。

【经典原意】

东汉光武帝时，耿恭担任戊己校尉，带兵攻打匈奴，据守在疏勒城（今新疆喀什市），匈奴切断城中水源。耿恭掘地十五丈仍未见水，便整理衣冠，对天祈祷，一会儿泉水奔涌而出。匈奴以为是有神灵相助，即刻退兵。

秦始皇元年（公元前 247 年），韩国为了防止秦国进犯，便设下计谋，派遣郑国劝说秦国修建水渠，以消耗秦国国力。后来，秦国发觉了韩国的用意，要杀郑国，郑国则说："开始建渠是依照韩国的计谋行事，可一旦水渠建成，便可造福秦国，功在当代，利在千秋！"于是，秦国派兵开始修建水渠，渠道建成之后，灌溉四万多亩良田，秦国辖地顿时变成沃野良田，国家也逐渐富强起来，这条水渠也被命名为"郑国渠"。

【文化常识】

古今之"州"

历代地方的区域划分，各有不同，有时，同一个区域名称，含义却大相径庭。

相传，尧时，大禹治水后，分天下为九州，即冀州、兖州、青州、徐州、扬州、荆州、豫州、梁州、雍州。舜帝时，分为十二个州，即除了九州外，又从冀州分出并州、幽州，从青州分出营州。到了汉代，中国的疆土进一步扩大，增加了交州、朔方。后朔方并入并州，改雍州为凉州，梁州为益州。东汉时，共有十三州，即：司隶（直辖州）、豫州、兖州、徐州、青州、凉州、并州、冀州、幽州、扬州、益州、荆州、交州。晋初分十九州，在东汉行政区划的基础上，把梁州分为雍、凉、秦三州，益州分为梁、益、宁三州，幽州分为幽、平两州，交州分为交、广两州。

从汉代到南北朝，州基本上是监察区，有时也是行政区。但自南北朝起，州的范围就渐渐缩小了。唐代，全国共有三百多个州，是行政区划，宋元两朝所谓的州，和唐代基本一致。明清时期则改州为府，因此有“兖州府”、“扬州府”等名称，只保留少数直隶州直辖于省，散州隶属于府。

【原文】

国华[①]取印，添丁[②]抹书。

【注释】

①国华：宋代曹彬（公元931年—公元999年），字国华，真定灵寿（今属河北）人，北宋初年大将。

②添丁：唐代卢仝的儿子，取名为“添丁”。

【经典原意】

曹彬周岁时，父母依照习俗，让他“抓周”，摆放了许多物品，让他按照自己的喜好随意抓取，曹彬左手拿了一杆枪，右手拿着礼器，又拿了一方印章，其余的一概不碰，人们都感到十分惊讶。后来，曹彬果然跟随宋太祖平定蜀地，又征战江南，劳苦功高，被封为鲁国公。

添丁小时候常常涂抹诗书，卢仝曾写《示添丁》，其中有“忽来案上翻墨汁，涂抹诗书如老鸦”的诗句。

【原文】

细侯[①]竹马，宗孟[②]银鱼。

【注释】

①细侯:汉代郭伋(jí 及),字细侯,扶风茂陵(今陕西兴平)人。

②宗孟:北宋(公元前39年—公元47年)蒲宗孟(公元1022年—公元1088年),字传正,阆州新井人。

【经典原意】

郭伋在并州(今山西太原市西南晋源镇)担任州牧时,为官清正廉明,有恩于民,当他再次担任并州牧时,百姓们都在道路两旁结队迎接郭伋的到来,更有数百个儿童骑着竹马前来迎接。

蒲宗孟曾在宋神宗(公元1068年—公元1086年)时担任翰林学士,神宗曾说:"翰林职清地近,而官仪未备,自今宜佩鱼。"

【原文】

管宁①割席,和峤②专车。

【注释】

①管宁(公元158年—公元241年):字幼安,北海朱虚(今山东安丘)人,三国时期名士。

②和峤(qiáo 桥):字长舆,西晋汝南西平(今河南西平)人,官至中书令。

【经典原意】

汉末管宁与华歆(xīn 新)是同学,二人同坐一张席子读书,一天,有人乘坐轩车(大夫以上乘坐的车子)从门前经过,华歆放下书前去观看。管宁觉得华歆贪慕荣华富贵,和自己的志向不同,和他割席而坐,并说:"你不是与我志同道合的朋友。"

和峤家产殷实,但高傲吝啬,杜预称其为"钱癖"。晋朝的礼制中规定中书监与中书令同乘一车入朝,至和峤担任中书令时,因为鄙视中书监荀勖(xù 续)的为人而乘坐专车。

【文化常识】

六部

尚书本是九卿中少府的属官，发展为尚书台后，事务逐渐增多，于是分曹治世，每曹增设尚书一人，这是后世中央各部的前身。从东汉到南北朝，部曹尚无定制，隋代开始定为吏、民、礼、兵、刑、工六部，唐代为避太宗讳，将民部改为户部。

六部的职掌为：吏部，掌管官吏的任免与考核；户部，掌管全国土地、户口、赋税、财政等；礼部，掌典礼、科举、学校大权；兵部，掌管全国军政；刑部，负责刑法、狱颂等；工部，掌管工程、营造、屯田、水利等。

【原文】

渭阳①袁湛②，宅相魏舒③。

【注释】

①渭阳：古时表示甥对舅的情谊。

②袁湛：晋代谢绚的舅舅，字士深，陈郡阳夏人。

③魏舒（公元209年—公元290年）：字阳元，汉末晋初任城樊（今山东兖州西南）人。

【经典原意】

晋朝谢绚，曾在大庭广众之下，对他的舅舅袁湛无礼，袁湛生气地说："你的父亲已经和我不和，现在你又对我无礼，真可谓是没有甥舅之情了！"

魏舒小时候曾住在外婆家，外婆家盖新房的时候，相宅的人说："这座宅子一定能出一个贤德的外孙。"魏舒自信地说道："我一定会像相宅人所说的那样。"后来，果然官至司徒。

【原文】

永和①拥卷，次道②藏书，

【注释】

①永和：三国时期后魏李谧（公元484年—公元515年），字永和，赵涿（今河北涿州）人。

②次道：晋代宋敏求（公元1019年—公元1079年），字次道，赵州平棘（今河北赵县）人，北宋文学家、史地学家，官至史馆修撰，累迁龙图阁直学士。

【经典原意】

李谧有“丈夫拥书万卷，何暇南面百城”的诗句流传于世。

宋敏求家中藏书颇丰，且都为善本。为了借阅方便，众人争相在此道家附近租房居住，以致他家附近的房租都比别处高出许多。

【原文】

镇周①赠帛，虙子②驱车。

【注释】

①镇周：唐代张镇周，舒州人。

②虙（fú 福）子：虙不齐，字子贱，孔子的弟子，春秋时期鲁国人。

【经典原意】

张镇周武德（唐高宗李渊的年号，公元618年—公元626年）年间到老家舒州担任都督，一到舒州，就召集亲朋好友，亲自设宴款待，临别时又把金子、锦帛分别送给众亲友，说道：“今天我还能和大家在一起欢聚畅饮，明天就任舒州都督之后，就要开始治理地方了。亲戚朋友更不能恣意妄为，给本州政务增添麻烦了。”张镇周上任后，亲友没有一个有所放纵的，辖区内一派安宁祥和的景象。

虙不齐就任单父地方官之前，前去拜访阳昼，阳昼说：“我见识浅薄，不懂得什么治民治国的大道理，只是有两条钓鱼的规律，可以说给你听：投下鱼饵，马上就上钩的，是阳鱎（jiǎo 脚），肉很薄，味道不好；若即若离的是鲂鱼，肉厚而且味美。”虙不齐还没到单父，前来迎接的达官贵人都夹道迎接，虙不齐连忙说道：“快赶车，快赶车！这些都是阳昼所说的阳鳎。”到了单父之后，虙不齐礼贤下士，敬尊者，重贤者，并请那些德高望重，真正有学识有才干的人共同来处理地区事务，结果单父大治。

【原文】

廷尉[①]罗雀[②]，学士[③]焚鱼[④]。

【注释】

①廷尉：汉代翟方进（公元前53年—公元前7年），字子威，西汉上蔡（今河南上蔡西南）人。

②罗：张网捕鸟。

③学士：南北朝张褒，曾任学士。

④鱼：学士所佩戴的银鱼。

【经典原意】

汉文帝时，翟方进担任廷尉，每天都是宾客盈门，被罢官后，门可罗雀，每天都冷冷清清。后来，官复原职，宾客们又争相到他家中拜访，翟方进便在门上写道：“一死一生，乃知交情；一贫一富，乃知交态；一贵一贱，交情乃见。”

梁天监中，御史上奏说张褒作为学士不称职，张褒说：“青山是不会辜负我的。”说完就烧掉佩带的银鱼，辞官而去。杜甫《柏学士茅屋》中有诗句：“碧山学士焚银鱼。”

【文化常识】

佩鱼

隋朝京官五品以上，就有佩戴鱼符的传统，唐朝也承袭了这一制度，在中央政府和地方官吏之间，用一种三寸长短的鱼形饰物，来作为彼此联络的凭证。饰物的材料分为金、银、铜等，上面刻上文字，分为两片，一片留在中央，另一片由地方官员保存，遇到升迁时，便以此鱼符为证。官吏出入殿门、城门的凭证，也做成鱼形，鱼目昼夜不闭，含有"常备不懈"之意。

唐代规定,五品以上的官员,按级别分别佩戴金、银、铜鱼,使用时佩带在腰间,而翰林学士"佩鱼"是从北宋蒲宗孟开始的。

【原文】

冥①鉴②季达③,预④识卢储。

【注释】

①冥:梦。

②鉴:应验,验证。

③季达:宋代杨仲希,字季达。

④预:预先,事先。

【经典原意】

杨仲希年轻时,曾客居成都,他所寄住人家的女主人出来同他调情,季达拒绝。季达的妻子在家中梦到有人告诉她:"你的丈夫独居他乡,不在暗处做亏心事,神明知道了,他参加科举考试一定能夺得第一名。"次年,果然高中。

唐代卢储考进士时,曾经投卷拜见尚书李翺。李翺的大女儿年方十五,看见卢储的卷宗,说:"此人必定高中状元。"李翺便招他为女婿,第二年,卢储果然考中榜首。新婚之夜,卢储写了首《催妆诗》:"昔年曾向玉京游,第一仙人许状元。今日已成秦晋约,早叫鸾凤下妆楼。"

【原文】

宋均渡虎,李白乘驴。

【经典原意】

汉代宋均担任九江太守时,郡中多老虎,百姓频频受伤,虽设陷阱,仍不能避免。宋均说道:"这是因为官员贪暴,不体恤百姓,应该进谏忠言，惩治奸吏，则可以移去陷阱。”后来，老虎果然向东渡江离去。

李白曾骑驴过华阴县，县令不准，李白提笔写诗道：“曾使龙巾拭唾，御手调羹，贵妃捧砚，力士脱靴。想知县莫尊于天子，料此地莫大于皇都，天子殿前尚容吾走马，华容县里不许我骑驴？”知县看到这首诗，大惊失色，立刻向他谢罪。

【原文】

仓颉[①]造字，虞卿[②]著书。

【注释】

①仓颉（jié 杰）：也称苍颉，原姓侯冈，名颉，号史皇氏，上古南乐吴村人。

②虞卿：战国时期周虞卿，游说之士。

【经典原意】

传说，仓颉是轩辕黄帝的史官，汉字的创造者，被后人尊为中华文字始祖。

周虞卿曾向赵孝成王游说，第一次得到百镒黄金，一双白璧。第二次说服赵孝成王联合抗击秦国，被任命为上卿，所以号虞卿。后来，周虞卿著书八篇，取名《虞氏春秋》。

【国学故事】

仓颉造字

相传，仓颉参加集体狩猎时，看到三个老人在一个三岔路口前为该走哪条路而争论不休。一个老人坚持要往东走，认为那里有羚羊；另一个说往北走，可追到鹿群；第三个老人偏要往西走，说那里有两只老虎。仓颉听罢忙问缘由，原来，他们都是根据地上野兽的脚印来作判断的。仓颉惊喜万分，一个脚印代表一种野兽，同样，也可以用一种符号来表示一样东西。经过对民间符号的搜集、整理和反复研究，仓颉依照天上星宿的分布、地上山川河流的样子、鱼虫鸟兽的痕迹、草木器具的形状,创造出种种不同的符号,并定下每个符号所代表的意义。

皇帝看到这些符号,大加赞赏,并命令仓颉到各个部落去传这些符号的用法,逐渐在各个部落推广开来,形成了最初的"文字"。

【原文】

班姬①辞辇②,冯诞同舆③。

【注释】

①班姬:汉成帝的妃子班婕妤,贤良淑德,成帝对她宠爱有加。

②辇:车。

③舆:车。

【经典原意】

成帝游后庭,想要班婕妤和他同车,班婕妤则说:"古代的圣贤明君,都是名臣在左右辅佐;只有亡国之君,才有嫔妃时时在身旁侍候。"汉成帝只得作罢。

冯诞和汉高祖同岁,幼年时曾侍奉高祖读书,后来又娶了高祖的妹妹乐安公主,升任驸马都尉。高祖和他感情很好,常常与他一同乘车,一同吃饭,同席而卧。

【文化常识】

后妃称谓演变

我国古代帝王实行多妻制,在成千上万的后宫女子之中,凡被帝王所赏识者,就加上一个封号,成为众妃中的一员,旁人均以其姓加上封号相称。这些封号,历代不完全一致。

先秦时期,天子有后、妇人、世妇、嫔、妻、妾之类。西汉的后妃封号最多,皇帝的母亲称为皇太后,祖母称为太皇太后,嫡称太后,妾皆称夫人,又有美人、良人、八子、七子、长使、少使等称号。至汉武帝时,婕妤、娙娥、傛华、充依,各有爵位,元帝又增加了昭仪的称号,共十四个等级，等级较低的还有五官、顺常、五涓、共和、娱灵、保林、良使、夜者、上家人子、中家人子。这些封号与官爵一样有尊卑高下之分，人们对她们的称呼，也是按封号的升降变化来称呼。到清代时，后宫妃子共分八级：皇后、皇贵妃、贵妃、妃、嫔、贵人、常在、答应。

七 虞

【原文】

西山精卫，东海麻姑。

【经典原意】

《山海经》中记载，炎帝的女儿女娃游东海时被淹死，化身为一只冤鸟，叫声好似“精卫”，所以人们称这种鸟儿为精卫。精卫鸟常衔来西山的树枝、石子抛进东海，发誓要把大海填平，为后人解除危险。

《神仙传》中记载，传说东海中有神仙，名叫麻姑。麻姑已经见到东海三次变成了桑田，这次蓬莱总镇真人王远派人请麻姑到蓬莱时，麻姑看到东海的海水又比以往浅了很多，大概又快要变成陆地了。

【国学故事】

精卫填海

《山海经》中记载了这样一个故事：

炎帝有一个乖巧懂事的女儿，名叫女娃，被炎帝视为掌上明珠。一次，炎帝不在家，女娃独自驾着小船到东海玩耍，不幸的是海上突然起了狂风大浪，小船被巨浪打翻，女娃也被海水吞没了。

女娃死后，精魂化作了一只小鸟，花脑袋，白嘴壳，红脚爪，发出“精卫、精卫”的悲鸣，所以，人们便叫此鸟为“精卫”。精卫痛恨无情的大海夺去了自己年轻的生命，她要报仇雪恨，便一刻不停地从她住的发鸠山上衔来一颗颗小石子，悲鸣着投入海中，誓将大海填平，以免后人遇难。

【原文】

楚英[①]信佛，秦政[②]坑儒。

【注释】

①楚英：东汉光武帝第六子刘英，被封为楚王。

②秦政：秦始皇（公元前259年—公元前210年），姓嬴，名政，秦庄襄王之子，出生于赵国首都邯郸（今河北省邯郸市），中国第一个封建王朝——秦王朝的始皇帝，后人称之为“千古一帝”。

【经典原意】

明帝的时候楚王听说西域有位神明，世人称之为“佛”，楚王便派人到天竺求佛，带来佛经，于是佛教才开始在中国传播开来，在王公贵族中，楚王刘英最先信奉佛教。

秦始皇十分厌烦儒生们借经书发表议论，攻击朝政，为了统一思想，命令焚烧《诗》、《书》和诸子百家的著作，并将违禁的儒生四百六十人全部在咸阳活埋。

【文化常识】

佛教礼仪

入寺：入寺门后，不宜中央直走，进退俱当顺着个人的左臂迤边行走，入殿门后，帽及手杖须自提携，或寄放，切不可向佛案及佛座上安放。

拜佛：大殿中央拜垫是寺主用的，不可在上礼拜，宜用两旁的垫凳，分男左女右拜用，凡有人礼拜时，不可在他的头前行走。

阅经：寺中若有公开阅览的经典，方可随便坐看，但须先净手，放案上平看，不可握着一卷，或放在膝上。衣帽等物不可加在经上。

拜僧：见面称法师，或称大和尚，忌直称为“出家人”、“和尚”。与僧人见面常见的行礼方式为两手合一，微微低头，表示恭敬，忌握手、拥抱、摸僧人头等不当礼节。向他顶礼时，假若他说一礼，不可再继续强拜，凡人礼佛、坐禅、诵经、饮食、睡眠、经行、入厕时，均不可向他礼拜。

法器：寺中钟鼓鱼磬，不可擅敲，锡杖衣钵等物，不可戏动。

听经：随众礼拜入座，如后到，法师已升座，须向佛顶礼毕，向后倒退一步，再向法师顶礼，入座后，不向熟人招呼，不得坐起不定、咳嗽谈话，如不能听毕，但向法师行一合十，肃静退出，不得招手他人使退。

【原文】

曹公①多智，颜子②非愚。

【注释】

①曹公：曹操（公元155年—公元220年），即魏武帝，字孟德，小名阿瞒、吉利，沛国谯（今安徽省亳州市）人，东汉末年杰出的政治家、军事家、文学家、诗人。

②颜子：颜回（公元前521年—公元前481年），字子渊，也就是颜渊，孔子的得意门生，春秋末鲁国人。

【经典原意】

曹操在与马超、韩遂相对峙时候，说："你们想看看我吗？我也只是一个普通人，也没长四只眼睛两张嘴巴，只是多些智谋罢了。"

孔子曾说："吾与回言终日，不违如愚。退而省其私，亦足以发，回也不愚。"

【原文】

伍员①覆②楚，勾践③灭吴。

【注释】

①伍员（yún，云）：字子胥，春秋时期楚国人（今监利县人），楚平王太子太傅伍奢的儿子，吴国大夫，军事家，谋略家。

②覆：使……颠倒，使……覆灭。

③勾践：又名菼（tǎn 坦）执，春秋时期越国国君。

【经典原意】

伍奢因为进谏平王要铲除奸佞，疏远骨肉，而同长子伍尚一同被杀害。伍员逃到吴国，游说吴王出兵讨伐楚国。伍员领兵攻入楚国都城郢(yǐng 影，今湖北省江陵北)时，平王已经去世，昭王也已逃出楚国。伍员鞭打平王尸体三百下，以为父兄报仇。

吴王夫差灭越国后，越王勾践降吴，作了夫差的奴仆，后来，靠着范蠡的计谋才得以返回越国。勾践卧薪尝胆二十年，兢兢业业，励精图治，最后终于灭掉吴国。

【国学故事】

卧薪尝胆

公元前496年，吴王阖闾派兵攻打越国，结果战败身亡，夫差继承王位。后勾践听闻吴国要组建水军，便不顾范蠡等人的反对，出兵攻打水军，结果被夫差大军包围，成为阶下囚。

三年间，勾践饱受身体和精神上的双重侮辱。回国后，勾践每晚都睡在柴草上，又在梁上挂了一只苦胆，不时尝尝苦胆的味道，让自己时刻铭记阶下囚的屈辱。后来，越国在勾践治理之下逐渐强大，终于灭掉吴国。

【原文】

君谟①龙片，王肃酪②奴。

【注释】

①君谟(mó 磨)：宋代蔡襄(公元1012年—公元1067年)，字君谟，擅长正楷、行书和草书，北宋著名的书法家，"宋四家"之一。

②酪：乳浆。

【经典原意】

"茶之极品莫贵于龙凤团，始于宋代丁谓，成于蔡君谟。"当时蔡君谟担任福建转运使,开始制造小片龙茶,一共有二十多个饼,仅一斤重,价值二两黄金,是茶中极品,十分贵重,极其难得。

王肃初到北魏时,不吃羊肉、奶酪,只吃鲫鱼羹、喝茶。后来慢慢改变习惯,与魏高祖会面时,吃了奶酪粥,高祖感到很奇怪,便问他:"羊肉和鱼羹有什么区别?茶和酪浆又有什么区别?"王肃答道:"羊肉就像齐鲁大国,而鱼则是邾莒小国,惟独茶不中,与酪作奴。"人们因此称茗饮为"酪奴"。

【文化常识】

茶之九难

茶道之中有九个方面难以掌握:一是采制,二是鉴别,三是器具,四是用火,五是选水,六是炙烤,七是碾末,八是烹煮,九是品饮。

阴天采摘,夜间焙制,都是错误的采制法;仅凭鼻闻辨香、嚼茶尝味,不算是会鉴别;使用沾有腥味的炉、锅和带有腥气的盆,是选择器皿上的错误;如果用急流和死水,则是用水不当;把茶叶碾得过细,像青绿色的粉尘一样,是碾茶不当;煮茶时操作不熟练,搅动茶汤太过急促,就不算会煮茶;夏天喝茶而冬天不喝,则是不懂得饮茶之道。

【原文】

蔡衡①辨凤,义府②题乌。

【注释】

①蔡衡:东汉光武帝时任太史令。

②义府:唐代李义府(公元前614年—公元666年)。

【经典原意】

一只鸟栖息在辛缮家槐树上,鸟五尺多高,拥有五彩羽毛,其中青色的多一些。太守向光武帝禀报说是凤,而蔡衡则说:"一般来说,像凤凰的鸟类有五种:红色多的是凤,青色多的是鸾,黄色多的是鹓雏,紫色多得是鸾鷟(shuó),白色多的是鸕鷀。这只鸟青色的比较多,是鸾,而不是凤。"

李义府初次拜见唐太宗时,唐太宗命他以"乌"为题目来作诗,李义府吟诗道:"日里扬朝彩,琴中伴夜啼。上林多少树,不借一枝栖。"唐太宗颇为满意,说道:"我将把全部的树枝都借给你,何止一枝。"于是任命他为御史。

【原文】

苏秦刺股,李勣①焚须。

【注释】

①李勣(jì 记)(公元594年—公元669年):指唐代徐世勣,字懋功,唐太宗(公元627年—公元650年)赐李姓,并任命他为仆射,于是便改名为李勣。

【经典原意】

起初,苏秦游说秦国连横,意见没被采纳,也未得到重用,便回到洛阳老家。到了家中,妻子不下织布机来迎接,嫂子不给他做饭,父母也不理睬他,苏秦发奋苦读《太公阴符经》,废寝忘食,每当读到昏昏欲睡时,都用铁锥刺自己的大腿,一年之后,终于学成。又开始周游列国,苏秦的合纵政策终于得到了各国的采纳,他也受封为各国的丞相。

李勣的姐姐病了,他亲自煮粥,把胡须都烧到了,姐姐说:"家里这么多仆人,你何必非要亲自为我煮粥呢?"李勣说:"你我年纪都大了,我还能为你煮多少次粥呢?"

【原文】

介①诚②狂直,端③不糊涂。

【注释】

①介:宋代石介(公元1005年—公元1045年),字守道,兖州奉符(今山东泰

安徂徕镇）人，著名文学家，因曾在家乡徂徕山下讲学，所以后人称他为“徂徕先生”。

②诚：确实。

③端：宋朝吕端，字易直，宋太宗时宰相，谥号文惠。

【经典原意】

庆历（北宋仁宗赵祯的年号，公元1041年—公元1048年）年间，石介曾担任太子中允，十分耿直，敢为直言，人们称赞他狂直。

宋太宗身体不适，宣政使王继恩忌恨太子英明，想换太子，改立楚王元佐。吕端则请太子入内，太宗死后，将王继恩锁在书阁中，亲自辅佐真宗登基，还揭帘审视，看清是真宗后才下拜。宋太宗曾称他小事糊涂，大事不糊涂，对他的人品早有预见。

【当代阐释】

大智若愚　实乃养晦

《老子》中记载道：“大智若愚，大巧若拙，大音希声，大象无形”。《词源》里这样解释：“大智若愚，指才智很高而不露锋芒，表面上看好像十分愚笨。”

从做人的原则来看，大智若愚体现的是以静制动、以柔克刚，是一种为人处世的黄金法则，更是一种超群的智慧。常言道“聪明难，糊涂更难”，说的就是我们在为人处事时，要时刻保持头脑清醒很难，但要在适当的时候糊涂却更难。适当的时候，低调做人，不仅是真正的聪明，同时也是一种艺术，更是一种人生哲学。

汉代萧何是一个深谙儒家勤政、谨慎之道的人，他侍奉刘邦多年，身边大臣纷纷被诛，萧何却得以善终，这和他懂得“大智若愚”的道理不无关系。刘邦灭楚后，论功行赏，萧何位居宰相，虽一人之下，万人之上，但仍十分谨慎。当时恰逢刘邦亲率大军到前方去征战，萧何便把自己的子弟派到军中跟随刘邦作战，又把自家的钱财全部捐献给前方部队做军费，这样一来既讨好了刘邦，又打消了他防备萧何的念头。

古人云：“欲成事先成人。”即为，若想取得事业上的成功，首先要学会如何做人，装糊涂是一种人生境界，装糊涂是心中明了而装出不懂的样子，这是极聪明者才能做到的，是真正的“大智若愚，大巧若拙”。

【原文】

关西孔子，江左[①]夷吾[②]。

【注释】

①江左：江南。

②夷吾：春秋战国时期齐国名相管仲，世人称管子，在这里借指东晋王导，字茂宏，才智过人，胆识超群，官至宰相。

【经典原意】

汉代杨震，华阴人，通晓经书，博学多才，弟子千余人，后官至太尉，人称“关西孔子”。

当时东晋刚刚迁都江南，政局不稳，贤臣温峤（qiáo 桥）对时局非常地担忧。但当他见到王导，并和他谈论过时事之后，感慨道：“江南有管仲，我还有什么可担忧的呢？”

【原文】

赵抃[①]携鹤，张翰[②]思鲈。

【注释】

①赵抃（biàn 变）（公元1008年—公元1084年）：字阅道，号知非子，宋代人，赵抃曾任殿中侍御史，弹劾不避权贵，世人称他为铁面御史，谥号清献。

②张翰：字季鹰，晋代吴郡人。

【经典原意】

赵抃到蜀地做官时，只带了一把琴和一只鹤，后来再次上任时，把琴、鹤都丢掉，只带了一名仆人。

张翰非常有才华，也十分孝顺，担任齐王冏的大司马东曹掾时，看到秋风起，便开始思念家乡吴郡鲈鱼羹的美味，叹息道："人生贵在心意合适，我又何必到数千里之外来追求功名利禄呢？"于是辞官驾车回家。不久后齐王冏事败，人们都说他有先见之明。

【原文】

李①佳②国士③，聂④悯⑤田夫⑥。

【注释】

①李：李膺（yīng 英）（公元110年—公元169年），字元礼，东汉襄城人。

②佳：赞许，嘉奖。

③国士：国家中才能出众的人，特指能够进入仕途，入朝为官的人。

④聂：聂夷中，字坦之，晚唐著名诗人。

⑤悯：怜悯，同情。

⑥田夫：农夫，农民。

【经典原意】

东汉桓帝时，李膺曾任司隶校尉一职，士子多有被接纳者，名为登龙门。他的同乡聂季宝因出身卑微，不敢贸然求见，后经杜密引荐，才同李膺见面，一经交谈，李膺便断言："此人以后定可入朝为官。"后来果然如李膺所言。

聂夷中非常关注农民的疾苦，写了许多关于农耕生活的诗文。曾作《伤田家》诗："二月卖新丝，五月粜新谷，医得眼前疮，剜却心头肉。我愿君王心，化作光明烛，不照绮罗筵，遍照逃亡屋。"表达了对劳动人民的同情与哀怜，对不公平社会的抗争与呐喊。

【原文】

善讴①王豹，直笔②董狐③。

【注释】

①讴：歌唱，唱歌。

②直笔：如实记载历史事实。

③董狐：春秋时期晋国史官，以如实记载历史事实而闻名。

【经典原意】

春秋时期卫国淇水人王豹，出自寒门，擅长唱歌。

晋灵公要诛杀赵盾，赵盾逃脱而免于一死。鲁宣公二年（公元前607年），晋国赵穿在桃源弑（古代子杀父，臣杀君都称为弑）晋灵公，赵盾随即返回晋国。董狐如实记载："赵盾弑其君灵公。"赵盾反驳道："不然。"董狐则说："你身为正卿，逃亡而仍在国内，返回也不去追杀反贼，不是你又能是谁呢？"孔子评论他说："董狐，古之良史也，书法不隐。"

【原文】

赵鼎[①]倔强，朱穆[②]专愚。

【注释】

①赵鼎（公元1085年—公元1147年）：字元镇，宋代抗金名将。

②朱穆（公元100年—公元163年）：字公叔，汉代人。

【经典原意】

由于赵鼎不附和与金议和，而被秦桧贬黜到吉阳军，赵鼎呈上谢表说："白首何归，怅余生之无几；丹心未泯，誓九死以不移。"秦桧接见到谢表则说："此老倔强犹昔。"三年过后，赵鼎得了疾病，绝食而死。

朱穆小时候因专心读书，竟常丢失衣帽，或跌落在坑中，父亲认为他愚笨，甚至连马有几条腿都不知道。后来，朱穆担任尚书几十年，家中却无财产，死后连安葬的钱都没有。

【原文】

张侯[①]化石，孟守[②]还珠。

【注释】

①张侯:汉代张颢,曾任梁相。

②孟守:孟尝,字伯周,东汉上虞人,合浦太守。

【经典原意】

雨后,张颢看到一只山雀模样的鸟坠地化为一块圆石,敲开石头发现一枚金印,印文为"忠孝侯印"。

合浦不产粮食而产珠,但由于前任太守贪婪暴虐,珠蚌都迁徙到了别处。孟尝任职期间,革除弊政,珠蚌又都回到了合浦,继而商贾流通,百姓得利,被奉为神明。"合浦珠还"就出自于此。

【原文】

毛遂①脱颖②,终军③弃繻④。

【注释】

①毛遂(公元前285年—公元前228年):战国时期薛国(今山东滕州)人,平原君门下食客。

②脱颖:脱颖而出,指锥尖刺破囊而穿出。这个成语常用来比喻人的才能全部显现出来。

③终军:字子云,汉代济南人。

④繻(xū 需):即繻帛,古代出入关口的凭证。

【经典原意】

秦国攻打赵国都城邯郸时,赵王派平原君去楚国游说,请求楚国派兵相救。平原君要选出二十位文武全才与他一同前往楚国,已经选出十九人,还缺一人。这时,毛遂自荐去楚国作说客,平原君则说:"贤士处世,就像锥子放在囊中,锥尖马上就可以看见,你到我这里三年了,却还没有任何的建树。"毛遂说:"臣今天就请求您把我放到囊中,我一定会脱颖而出,而不只是让您看到锥尖。""毛遂自荐"的成语就出自于此。

终军从济南出关时,守关的小吏给他返回的凭证,终军却说;"大丈夫西游，不会再回来了。”于是丢弃凭证而离去。

【文化常识】

战国四公子

战国末期，随着秦国的强大，各诸侯国贵族为了抵御秦国的入侵，竭力网罗人才。他们礼贤下士，广招宾客，以扩大自己的势力，因此养“士”（包括学士、策士、方士或术士以及食客）之风盛行。当时，以养“士”著称的有齐国的孟尝君、赵国的平原君、魏国的信陵君和楚国的春申君，后人称他们为“战国四公子”。

孟尝君姓田名文，字孟，封于尝邑，故号孟尝君，养士数千人，成为齐国的重要政治力量，官至宰相。平原君，赵国贵族，即赵胜，因贤能而闻名，他礼贤下士，门下食客至数千人。信陵君，名魏无忌，魏国人，是魏昭王的儿子，政治家、军事家，魏安釐王时期官至魏国上将军。春申君，本名黄歇，游学博闻，善辩，曾任楚相。

【原文】

佐卿①化鹤，次仲②为乌。

【注释】

①佐卿：徐佐卿，唐代蜀中道士。

②次仲：秦朝王次仲。

【经典原意】

唐玄宗外出狩猎，向一只孤鹤射了一箭，鹤中箭后，向西南飞去。徐佐卿回到山中，对弟子说；“我出游中箭了。”于是将箭挂在墙上，并说：“等箭的主人来取走吧。”后来唐玄宗到四川游览时，认出了这支箭，才知道先前的鹤原来是徐佐卿所变。

传说王次仲将仓颉的旧字变为隶书，简明易用。秦始皇下诏征召他入朝，三次征召次仲都拒绝了，秦始皇大怒，下令用囚车把次仲抓来，途中，王次仲就变成大鸟飞走了。

【原文】

韦述[①]杞梓[②]，卢植[③]楷模。

【注释】

①韦述：唐玄宗时史官，京兆万年（今陕西西安）人。

②杞梓：杞和梓两种优质木材，比喻优秀的人才。

③卢植：字子干，汉代著名学者。

【经典原意】

韦家五兄弟都在朝为官，颇有建树，因此，有“韦家兄弟，人之杞梓”一说。

卢植为人刚毅有大节，师从马融。曹操曾说他是“学为儒宗，士之楷模”。

【原文】

士衡[①]黄耳，子寿[②]飞奴。

【注释】

①士衡：晋代陆机（公元261年—公元303年），字士衡，西晋文学家。

②子寿：唐代张九龄（公元678年—公元740年），字子寿，唐代政治家、文学家、诗人。

【经典原意】

陆机家中有条爱犬名叫黄耳，一天，陆机对黄耳说：“我现在京城，很久没有吴中老家的消息了，你能替我去送信吗？”黄耳摇摇尾巴叫了两声，陆机便用竹筒装了书信系在狗的脖子上。一个月后，黄耳竟带着家中书信返回。以后，黄耳又多次为陆机送信。黄耳死后，陆机亲手把它埋葬，坟名为“黄耳冢”。

张九龄少年时曾喂养信鸽，往返送家信，并给鸽取名为“飞奴”。

【原文】

直笔吴竞，公议①袁枢②。

【注释】

①公议：百姓的议论，群众的舆论。

②袁枢（公元1131年—公元1205年）：字机仲，宋代建安（今福建建瓯）人，时任史官。

【经典原意】

吴竞曾和刘子玄一同编撰《武后实录》，其中记载了张昌宗诱使张说诬陷魏元忠的事。后来，张说官至宰相，屡次恳求吴竞更改，吴竞却说：“给您徇私情那还能叫实录吗?”终究不肯更改，世人称他为董狐。

乾道（南宋孝宗赵昚的年号，公元1165年—公元1173年）年间，袁枢重新修订国史，章子厚与他是同乡，极力请求他在写传记时为自己美言几句。袁枢推辞道：“作为一名史官，我不能隐瞒恶行。我宁可辜负自己的同乡，也绝不能对不起后世的议论。”

【原文】

陈胜①辍②锸③，介子④弃觚⑤。

【注释】

①陈胜：字涉，秦代阳城人。

②辍：停止，中断。

③锸（chā 插）：一种农耕的工具。

④介子：汉代傅介子，字仲武，自少年时起，便勤奋好学。

⑤觚（gū 姑）：古代用来书写的木简。

【经典原意】

陈胜年少时给人帮工，间歇时，把锸放在垄上说；“若是富贵了，大家相互之间可不要忘了啊。”同伴们都嘲笑他说;“你现在帮人佣耕,怎么可能会富贵呢?”陈胜叹息说:“小小的燕雀怎么能知道天空中翱翔的大雁的志向呢!”后来,陈胜和吴广起兵反秦,自立为王,各地纷纷响应。

十四岁时,傅介子扔掉写字用的木简感慨道:“大丈夫怎能坐在家中作老儒生,应当到异域建功立业。”后投笔从戎,因功勋卓著,被封为义阳侯。

【原文】

谢①名蝴蝶,郑②号鹧鸪。

【注释】

①谢:宋代谢逸,字无逸。

②郑:唐代郑谷(公元848年—公元909年),字守愚。

【经典原意】

谢逸屡次考进士不中,便作诗自娱,其中多为名文佳句,曾作《蝴蝶诗》三百首,人称他为“谢蝴蝶”。

郑谷作《鹧鸪》诗,诗文极佳,人称“郑鹧鸪”。

【文化常识】

科举制度

汉代为了选拔人才,建立了察举制度;魏晋以后,地方的察举孝廉、秀才的制度基本未废,但开始采用九品中正制;隋朝废九品中正制,设立进士、明经二科取士;唐承隋制,并增设明法、明字、明算诸科,以进士、明经二科为主。除此之外,唐代还有所谓的制举,考期不固定,科目也由皇帝临时决定;宋代最初也是以进士、明经等科取士,宋神宗时王安石建议废除明经等科,只保留进士科;明清两代科举制度大致相同,都要先参加童试,然后依次参加乡试、会试、殿试。

殿试分三甲录取,第一甲赐进士及第,第二甲赐进士出身,第三甲赐同进士出身;第一名俗称状元,第二名称榜眼,第三名为探花,合称“三鼎甲”。

【原文】

戴和书简,郑侠[①]呈图。

【注释】

①郑侠(公元1040年—公元1119年):字介夫,宋代进士。

【经典原意】

汉代戴和每次结交到亲密朋友,都要焚香拜告祖先,并把事情写在竹简上,取名为《金兰簿》。

郑侠极力反对王安石变法,当时正值干旱,郑侠请画匠将干旱造成的饥民流离失所、饥寒困苦之状画在图上呈给皇上,请求施行善政,神宗皇帝下诏责罚自己,又下令停止实行方田法、青苗法等十八例新法,三日后天降大雨。

【原文】

瑕丘[①]卖药,邺令[②]投巫。

【注释】

①瑕(xiá 侠)丘:瑕丘仲,姓瑕丘,名仲,唐代西宁(今属青海)人。

②邺(yè 叶)令:西门豹,春秋时期周国人。

【经典原意】

瑕丘仲卖了一百多年的药,因地震死去,有人将他的尸体丢弃在水中,拿他的药来卖,不一会儿,瑕丘披着羊羔皮回来了,那人深感恐惧,不断地哀求,世人称他“谪(zhé 哲)仙”。

邺县(今河北临漳县)风俗信巫,每年都将女子投入河中,说是为河伯娶妇，以消除水患，祈祷来年风调雨顺，西门豹担任邺县县令时，便将巫婆、长老投入水中，巫蛊之术从此停止。西门豹又广开水渠以灌溉良田，百姓遂丰衣足食，邺县大治。

【原文】

冰山右相①，铜臭司徒。

【注释】

①右相：唐代杨钊，杨贵妃的从兄，唐玄宗赐名国忠，曾任右丞相。

【经典原意】

杨钊颐指气使，张扬跋扈，只有进士张彖（tuàn）不愿依附他，并说："都说杨右相是泰山，我看他是冰山，太阳一出来，不就失去依靠了吗？"于是隐居嵩山。

汉代崔烈用五百万钱买来一个司徒官职，问儿子："我担任三公，外面的人都是怎么议论的？"儿子回答说："他们嫌您有铜臭味。"

【原文】

武陵渔父，闽越樵夫。

【经典原意】

晋代陶渊明在《桃花源记》中描述了这样一个故事：武陵的一个渔夫沿着桃花源捕鱼，从一条狭窄的水道进入一个村庄，村里的人们自给自足，恬然自乐，说是秦朝时候为了躲避战乱才来到这里安家落户，不知道有汉代魏代晋代。渔夫回来后，再去寻找却再也找不到了。

北宋著名书法家蔡襄曾模仿《桃花源记》的故事写了一篇《榴花洞记》，写道唐代福建东山樵夫蓝超曾追白鹿，从一个极窄的石门中进入了一片豁然开朗的地带，那里鸡犬之声相闻，有主人称是避秦时乱来此。蓝超想回家与亲人告别再来此，后来却找不到此地。

【文化常识】

桃花源记

晋太元中，武陵人捕鱼为业。缘溪行，忘路之远近。忽逢桃花林，夹岸数百步，中无杂树，芳草鲜美，落英缤纷。渔人甚异之，复前行，欲穷其林。

林尽水源，便得一山。山有小口，仿佛若有光。便舍船，从口入。初极狭，才通人。复行数十步，豁然开朗。土地平旷，屋舍俨然。有良田美池桑竹之属。阡陌交通，鸡犬相闻。其中往来种作，男女衣着，悉如外人，黄发垂髫，并怡然自乐。

见渔人，乃大惊，问所从来，具答之。便要还家，设酒杀鸡作食。村中闻有此人，咸来问讯。自云先世避秦时乱，率妻子邑人来此绝境，不复出焉，遂与外人间隔。问今是何世，乃不知有汉，无论魏晋。此人一一为具言所闻，皆叹惋。余人各复延至其家，皆出酒食。停数日，辞去。此中人语云："不足为外人道也。"

既出，得其船，便扶向路，处处志之。及郡下，诣太守，说如此。太守即遣人随其往，寻向所志，遂迷，不复得路。

南阳刘子骥，高尚士也，闻之，欣然规往。未果，寻病终，后遂无问津者。

【原文】

渔人鹬蚌，田父①㕙②卢。

【注释】

①田父：指种田的人，农夫。

②㕙（jùn 郡）：狡兔名。

【经典原意】

《战国策·赵策》中记载：战国时期赵国要攻打燕国，燕王派遣说客苏代（苏秦的弟弟）去游说赵国，让赵王放弃讨伐燕国的打算。苏代对赵惠文王讲了鹬(yù 欲)蚌相争的故事:“我今天经过易水时,看到一只鹬鸟用嘴啄住蚌肉,蚌则夹住鹬鸟的长喙,互不放松。鹬鸟说:‘今日不雨,明日不雨,必有死蚌。’蚌说:‘今日不出,明日不出,必有死鹬。’打鱼的人看见了,把鹬、蚌一起带了回去。现在赵国和燕国若相互厮杀,就会像鹬和蚌一样,相持不下,而强大的秦国就像渔翁一样,可以坐收鹬蚌之利。”

《战国策·齐策》中记载,战国时期,齐国要攻打魏国。淳于髡(kūn 坤)对齐王说:“韩子卢是天底下跑得最快的狗,东郭逡是海内最机灵狡猾的兔子,韩子卢追东郭逡,绕过了三座山,又翻过了五座山,双方都劳倦至极,一个农夫毫不费工夫就得把兔和狗都捉住了。恐怕现在齐国和魏国相争,也是如此吧!到时候,齐国和魏国两败俱伤,秦国、楚国就可以收到田父之利了。”齐王听从了淳于髡的劝告,即刻退兵。

【原文】

郑①家诗婢,郗氏②文奴。

【注释】

①郑:郑玄(公元127年—公元200年),字康成,北海高密(今山东高密)人,东汉末年著名学者,经学大师。

②郗氏:晋代郗(xī 希)愔(yīn 因)(公元313年—公元384年),字方回,高平金乡人,东晋时曾任临海太守。

【经典原意】

郑玄家中的奴婢能读书、背诗,甚至可以用《诗经》中的句子对话,宋代诗人陆游曾赞叹道:“婢知书似郑康成”。

郗愔家中有奴仆,懂得文章句法,王羲之常常向刘惔(tán 谈)提起这个奴仆,说是很欣赏他。

卷　二

【导读】

仁者，爱人也。“仁”，从人从二，取互存、互助、互爱之意，即人与人的一种亲善关系，“夫仁者，己欲立而立人，己欲达而达人”，“己所不欲，勿施于人。”而后，孟子发挥了孔子这一思想，将“仁”同“义”联系起来，把“仁义”看作道德行为的最高准则。“仁”，指人心，即人皆有之的恻隐之心，仁爱之心。“人而不仁，如礼何？人而不仁，如乐何?”的确，为人而不仁，如何能理解礼乐制度的本质内涵呢？在这里，“仁”已超越礼教而具有先决性的意义和价值。

孔子认为最高的思想境界是“仁”，但这不是个人处世的匹夫之仁或小恩小惠的妇人之仁，而是心怀苍生，为民造福的大仁大义。任何人都应有一种为“仁”的心向，诚心求“仁”。达到“仁”的境界的根源在于自己如何去做，而不是由他人来推动，只有主动的追求，才有可能达到“仁”的理想境界。

八　齐

【原文】

子晋[1]牧豕[2]，仙翁祝鸡[3]。

【注释】

①子晋：汉代商丘子晋，姓商丘，名子晋，高邑（今属河北）人。

②豕（shǐ 使）：猪。

③祝鸡：晋代祝鸡翁，洛阳人。

【经典原意】

传说商丘子晋放猪时喜欢吹竽，年过七十尚未娶妻，但一点也不衰老，每天只是吃菖蒲根，喝清水而已。

祝鸡翁养了一千多只鸡，每只鸡都有名字，祝鸡翁早上把它们放出去，晚上回笼时，只要叫着鸡的名字，它们就会应声而至，自动分开。后来，祝鸡翁入吴山寻仙。

【原文】

武王[1]归马，裴度[2]还犀。

【注释】

①武王：周武王姬发，文王的第二个儿子，建立西周王朝，一代名君，谥号武。

②裴度（公元 765 年—公元 839 年）：字中立，河东闻喜（今山西闻喜）人，出生在官宦世家，唐代后期杰出的政治家。

【经典原意】

商纣暴虐无道，民不聊生，姬发便在太公望的辅助下举兵东征，讨伐商纣，推翻商朝，建立了西周王朝。后武王下令止息军备，振兴文教，把马匹放归到华山南边，把牛群放逐到野外，昭告天下，不再使用武力，而是与民休养生息，振兴西周。

相士曾断定裴度命该饿死，但他游香山寺时，捡到一条犀牛带，归还失主，原来是一名妇女，正准备用这条犀带去救获罪的父亲，所以对裴度非常感激。相士再次见到裴度，说："你积了阴德，一定会大富大贵，鹏程万里。"后裴度果成为一代名相，富甲一方。

【原文】

重耳①霸晋，小白②兴齐。

【注释】

①重耳：晋文公（公元前697年—公元前628年），姓姬，名重耳，晋献公次子，春秋时期著名的政治家，春秋五霸之一。

②小白：齐桓公（公元前685年—公元前642年），姓姜，名小白，春秋时期齐釐（xī希）公之子。

【经典原意】

晋文公重耳继位后，励精图治，任人唯贤，振兴晋国大业，后救宋破楚，终于成就了晋国春秋霸主的地位。

齐桓公举贤任能，以管仲为相，尊周攘夷，大兴齐国，成为春秋五霸之首。

【文化常识】

春秋五霸

公元前770年到公元前476年，是我国历史上的春秋时期，在这短短二百九十多年间，社会动荡，烽烟四起，战火弥漫。在描述春秋时期的战乱时，司马迁曾说“弑君三十六，亡国五十二，诸侯奔走不得保其社稷者，不可胜数。”鲁史《春秋》中记载了四百八十多场战争，一百四十多个诸侯列国，经过连年征战，兼并联合为几个较大的国家，这些大国之间随即展开激烈的霸权之争，先后称霸的五个诸侯便被称为“春秋五霸”。

《白虎通·号篇》中记载的春秋五霸为：齐桓公、宋襄公、晋文公、秦穆公和楚庄王；《四子讲德文》中记载为：齐桓公，晋文公，楚庄王，吴王阖闾，越王勾践；还有一种说法，认为所谓的“春秋五霸”并非确指五位霸主，仅是一种虚指。

齐桓公姜小白任用管仲为相，促进国家统一，“九合诸侯，一匡天下”，最先成为霸主；接着称霸的是晋文公姬重耳，被周天子册封为“侯伯”，即为诸侯之长；宋襄公虽急功近利，但诚信且以仁义待人，也使他得以位列春秋五霸之一，但徒有虚名而已；在齐国称霸的同时，楚国国力日益强盛，楚庄王芈旅成为了中原的霸主；晋国称霸中原时，西部的秦国也逐渐强大，通过一系列吞并战争，秦穆公在函谷关以西一带称霸，史称“称霸西戎”；吴王夫差和越王勾践也相继成为春秋霸主。

【原文】

景公[1]禳[2]彗，窦俨[3]占奎。

【注释】

①景公：春秋时期齐景公。

②禳（ráng 瓤）：古代祭祀祈祷以消除灾祸的一种迷信活动。

③窦俨：字望之，宋代翰林学士，官至礼部侍郎。

【经典原意】

齐景公二十二年（公元前 526 年），出现彗星，齐景公想祈祷来消灾，晏子则说：“没什么用处。国君收税只怕少，刑罚只怕轻，还会怕彗星吗？天上出现彗星，是为了扫除秽德的，国君您没有秽德，用得着祈祷吗?”

窦俨曾推算:“丁卯年,五星将相聚在奎星,奎星代表文明,天下必将太平。”后果如窦俨所说。

【原文】

卓敬①冯②虎,西巴③释麑④。

【注释】

①卓敬:字惟恭,明代瑞安卓岙(今属瑞安市仙降镇)人。

②冯:通“凭”,凭借,依靠的意思。

③西巴:秦国孟孙的仆人。

④麑(ní泥):小鹿。

【经典原意】

传说卓敬十五岁时,在宝香山中读书,风雨夜赶路回家,途中看到一头牛状动物,便骑回了家,进家后,便把它放了,仔细一看,原来是只猛虎。后卓敬高中进士。

孟孙打猎得到一只小鹿,让西巴牵它回家。西巴看到母鹿一直跟在后面,不肯离去,于心不忍,就自作主张把小鹿放了。孟孙知道此事后,勃然大怒,赶走了西巴。后又将西巴招回,让他做儿子的老师,并说:“你对小鹿都这么仁慈,何况是我儿子呢?”

【原文】

信陵①捕鹞,祖逖②闻鸡。

【注释】

①信陵:魏国公子无忌,号信陵君,战国时期魏国人,著名政治家、军事家,

②祖逖(tì替)(公元266年—公元321年):字士雅,晋代河北范阳遒县(今河北涞水)人。

【经典原意】

一日，正吃饭时，一只鸠飞到桌下，信陵君立刻把它赶走，鸠刚飞出门就被屋顶上守候的鹞鹰吃掉了。信陵君感慨："原来它是来避难的，我有负于它啊！"于是，命人捉来三百只鹞鹰，信陵君按剑道："谁有罪？"一只鹞鹰低头认罪，信陵君提剑将它杀掉，其余的鹞鹰全部放生。信陵君仁慈的名声远播，士人纷纷投奔其门下。

祖逖自小慷慨有节，侠肝义胆，立志报国。西晋末年，各地诸侯纷争，晋皇室衰微，祖逖任司州主簿时，半夜听闻鸡叫即起床舞剑。后带兵与石勒相持，收复黄河以南土地，报效国家，成为东晋一代名将。"闻鸡起舞"的典故就出自于此。

【原文】

赵苞①弃母，吴起②杀妻。

【注释】

①赵苞：字威豪，甘陵东武城（今山东武城西）人，东汉时曾任辽西太守。

②吴起（约公元前440年—公元前381年）：卫国左氏（今山东省定陶，一说曹县东北）人，战国初期著名的政治改革家，卓越的军事家、统帅、军事理论家、军事改革家，后世把他和孙子合称"孙吴"，著有《吴子》一书，《吴子》与《孙子》又合称为《孙吴兵法》，在我国古代军事典籍中占有重要地位。

【经典原意】

鲜卑族入侵，劫持辽西太守赵苞的母亲作人质，赵苞说："我本想以微薄的俸禄好好奉养母亲，可身为王臣，要忠于职守，决不能因顾念私情而失大义。"母亲深明大义，说道："人各有命，你怎能因顾念私情而弃忠义于不顾呢？"赵苞发兵杀贼，母亲因此被贼人杀害，赵苞也吐血而亡，被封为鄃侯。

周威烈王十四年（公元前412年），齐国进攻鲁国，鲁国国君想任命吴起为大将来率兵抵抗，但因吴妻是齐国人，而对他有所怀疑，担心吴起会因此而不尽全力抗击齐国。吴起知道此事后，毅然杀了妻子，表示不倾向齐国，史称“杀妻求将”。

【原文】

陈平[①]多辙[②]，李广成蹊[③]。

【注释】

①陈平：阳武（今河南原阳东南）人，西汉王朝开国功臣，谋略家。

②多辙：多为长者车辙，在这里是说和陈平来往的多是忠厚贤良的长者。

③蹊（xī 西）：小路。

【经典原意】

陈平家境十分贫寒，以至用破席子来当门，但他喜好读书，尤喜黄老学说，志向远大。陈平同乡有位富人名叫张负，孙女五次嫁人，丈夫都死了。陈平想娶她，张负对孙女说：“陈平家中虽穷，但和他来往的多是忠厚贤良的长者，你不要因为他家贫，而慢待丈夫，不好好操持家务。”娶亲之后，陈平便过上了富足的生活，后来又因辅佐汉高祖而立了大功，被封为曲逆侯。

西汉名将李广为人忠厚诚信，汉光武帝曾称赞道：“李广虽然不善言谈，看上去和寻常百姓一样，但天下人都很仰慕他，正如谚语所说的‘桃李不言，下自成蹊’。”

【文化常识】

骑马的来历

战国以前的马是专门拉车用的。《左传·昭公二十五年》：“左师展将以公乘马而归。”孔疏：“古者服牛乘马，马以驾车，不单骑也。至六国之时始有单骑，苏秦所云‘车千乘，骑万匹’是也。”但孔疏又引用刘炫的话，以为左师展“欲共公单骑而归”，这是骑马的开端。春秋时代可能有骑马的事，但那只是个别情况，到了战国时代，赵武灵王胡服骑射，从匈奴学来了骑马。后来，骑马之风才日渐盛行。

【原文】

烈裔[①]刻虎，温峤[②]燃犀。

【注释】

①烈裔：秦代雕刻家。

②温峤（qiáo 桥）（公元288—公元329年）：字泰真，一作太真，太原祁县（今山西祁县）人，东晋政治家，谥号“忠武”。

【经典原意】

相传，秦始皇二年（公元前220年），烈裔雕刻了两只玉虎，栩栩如生，但没点眼睛，秦始皇命画工晚上前去为老虎点睛，第二天清晨，两只玉虎飞腾而去。第二年，南郡献给秦始皇两只白虎，秦始皇定睛一看，原来就是飞走的那两只玉虎，命人将白虎眼睛挖去，虎便不能离开了。

温峤任都督江州军事时，经过牛渚桥，人们都说桥下有怪物，温峤便点燃犀牛角向桥下照，看到水中确实有奇形怪状的异物，可一会儿又不见了。晚上，温峤梦中听到有人对他说：“幽明自别，何故相犯？”

【原文】

梁公[①]驯雀，茅容[②]割鸡。

【注释】

①梁公：唐朝狄仁杰，因功被封为梁国公。

②茅容：字季伟，东汉陈留人。

【经典原意】

狄仁杰母亲去世的时候，有白雀从天上飞下来为他母亲吊丧，像驯养的一样。

汉代学者郭林宗借宿在茅容家，看到茅容一早起来杀鸡，郭林宗以为是要招待自己，结果茅容却把鸡拿去侍奉母亲，而自己和客人一起吃粗蔬淡饭。郭林宗认为他很贤良，就劝他就学，后来，果然取得了成就。

九　佳

【原文】

禹钧[①]五桂，王祐[②]三槐。

【注释】

①禹钧：窦燕山，原名窦禹钧，五代后晋时期人，祖籍蓟州渔阳（今天津蓟县），渔阳属于古代燕国，地处燕山一带，因此，后人称窦禹钧为窦燕山。

②王祐（yòu 右）：字景叔，宋代人。

【经典原意】

窦燕山的五个儿子都学业有成，相继金榜题名，冯道曾写诗赞叹道："燕山窦十郎，教子有义方；凌春一株老，丹桂五枝芳。"

王祐被贬黜后，曾亲手在庭院里种下三棵槐树，并说："我的子孙将来定有人官至三公。"后来，他的二儿子王旦果然在宋真宗时官至宰相，因此修建了"三槐堂"，世人称之为"三槐王氏"。

【国学故事】

窦燕山教子

窦燕山家资殷实，起初，他常仗势欺人，名声很坏。一天晚上，窦燕山梦见死去的父亲对他说："你心术不正，恶名昭彰，如不痛改前非，重新做人，不仅将来会没有子嗣，你自己也会短命。"窦燕山便暗下决心，痛改前非，广兴善举，并在家中兴办义塾，延请四方名士前来教授，免费接收平民子弟前来学习，并为他们筹集衣食。窦燕山周济贫寒，克己利人，大积阴德，受到人们的一致称赞。

窦燕山把全部精力都用在培养和教育五个儿子身上，不仅时刻注意他们的健康，还关注他们的学习和品德修养。在他的培养和教育下，五个儿子都学业有成，相继金榜题名，冯道曾写诗赞叹道："燕山窦十郎，教子有义方；凌春一株老，丹桂五枝芳。"其中"丹桂五枝芳"，就是对窦燕山"五子登科"的赞颂。《三字经》中"窦燕山，有义方。教五子，名俱扬"的句子，便是对窦燕山教育子女经验最好的总结。

【原文】

同心向秀①，肖貌②伯偕③。

【注释】

①向秀：字子期，河内怀县（今河南武陟）人，晋代著名文学家，"竹林七贤"之一。

②肖貌：相貌、外貌。

③伯偕：唐代张伯偕，有同胞兄弟张仲偕，二人相貌极为相似。

【经典原意】

向秀气度儒雅，喜好诵读诗书，隐居不仕，与山涛、嵇康、吕安关系友善，志同道合，为亲密好友。

一天，仲偕的妻子梳洗妆扮之后，看到伯偕，便问道："我的妆扮美吗？"伯偕回答道："我是伯偕。"弟媳连忙走开了。过了一会，又看到伯偕，告诉他说："我刚刚把伯偕错认成你了。"伯偕说："我还是伯偕。"弟媳羞愧难当，回到屋内就不敢出门了。后来，伯偕、仲偕两兄弟以穿不同的衣服来相区分。

【原文】

袁闳①土室，羊侃②水斋。

【注释】

①袁闳（hóng 红）：字夏甫，东汉人。

②羊侃（公元 495 年—公元 549 年）：字祖忻（xīn 心），南北朝时梁甫（今山东

泰安县东南)人,梁末大将。

【经典原意】

袁闳之父袁贺曾任彭城相,父亲死后,袁闳前往吊唁,迎丧扶柩(jiù 旧,指棺材),悲痛欲绝,路人都为之动容。后又遇朋党之乱,袁闳便自己盖了间土屋居住,隐居十八年,不见来客,只在一早一晚向母亲请安礼拜,妻子和儿子前去看望,袁闳都一概不见,他的儿子也只能向土屋跪拜后离去。

羊侃在衡州做官时,曾在两条船上建造了三间通梁的水斋,用锦旗来作为装饰,又设立了帷屏,围观者赞叹不已。

【原文】

敬之[①]说好,郭讷[②]言佳。

【注释】

①敬之:唐代杨敬之,字茂孝,虢州弘农人(今河南三门峡),曾任国子监祭酒、太常太傅。

②郭讷(nè):字敬言,晋代人,官至太子洗马。

【经典原意】

项斯,字子迁,唐代人,为人清奇雅正,尤其擅长写诗,曾以诗卷拜见杨敬之,杨写诗赠送给他:"几度见君诗尽好,及观标格胜于诗。平生不解藏人善,到处逢人说项斯。"

郭讷曾在洛阳听到歌伎唱歌,连连称赞歌声宛转悠扬。石季伦问他是什么曲子,郭讷却不知道。季伦笑道:"你都不知道是什么曲子,怎么还连连赞叹呢?"郭讷回答:"就像看到西施,你何必非要知道她的姓名才说她美呢?"

【原文】

陈瓘[①]责己,阮籍咏怀。

【注释】

①陈瓘(guàn 贯):字莹中,号了翁,宋代南剑州沙县(今福建省沙县)人,太学博士,谏官。

【经典原意】

陈瓘在礼部做官时,因不知道当世贤人程颢而写文章自责。

阮籍容貌瑰杰,志气宏放,曾作《咏怀》诗八十多首,直抒胸臆。

【文化常识】

猖狂阮籍

阮籍(公元210年—公元263年),字嗣宗,陈留尉氏(今属河南)人,“建安七子”之一的阮瑀的儿子,曾任步兵校尉,世称阮步兵。阮籍崇奉老庄之学,政治上则采取谨慎避祸的态度,与嵇康、刘伶等七人为友,常集聚于竹林之下,肆意酣畅,世称“竹林七贤”。

阮籍是“正始之音”的代表,其中以《咏怀》八十二首最为著名。阮籍通过不同的写作技巧,如比兴、象征、寄托,借古讽今,寄寓情怀,形成了一种“悲愤哀怨,隐晦曲折”的诗风。除诗歌外,阮籍还长于散文和辞赋。现存散文九篇,其中最长及最有代表性的是《大人先生传》。另又存赋六篇,述志类有《清思赋》、《首阳山赋》;咏物类有《鸠赋》、《猕猴赋》。

阮籍在政治上本有济世之志,曾登广武城,观楚、汉古战场,慨叹“时无英雄,使竖子成名!”当时明帝曹叡已亡,由曹爽、司马懿夹辅曹芳,二人明争暗斗,政局十分险恶,曹爽曾召阮籍为参军,他则托病辞官归里。阮籍本在政治上倾向于曹魏皇室,对司马氏集团怀有不满,但同时又感到世事已不可为,于是采取不涉是非、明哲保身的态度,或闭门读书,或登山临水,或酣醉不醒,或缄口不言。

十　灰

【原文】

初平[1]起石，左慈[2]掷杯。

【注释】

①初平：黄初平，也即黄大仙，东晋兰溪（今浙江兰溪）人，著名道教神仙。

②左慈（公元156年—公元289年）：字元放，东汉庐江（今安徽庐江西南）人。

【经典原意】

传说黄初平少年时放羊为生，十五岁时，得到仙人指点，隐居赤松山中，十八岁开始修道，得道后，改名为赤初平，号赤松子，所以又号称“赤松仙子”。据民间传说，黄大仙法力高强，能够点石成金，得道升天后，以“药方”度人成仙，得到人们的信仰和崇奉。

左慈精通五经，懂得占星术，传说他还会仙术，曹操把他关在一间封闭的密室里，断粮一年，他仍然和从前一样。后来，曹操想杀掉他，便备了酒席，佯装为他饯行，席间，左慈对曹操说：“我就要远行了，请求和您分杯喝酒。”曹操答应了，左慈拔下簪子，把杯中的酒分成了两半，自己喝了一半，把另一半端给曹操喝，随后又把杯子扔到屋外，杯子瞬间变成了飞鸟，就在人们注视飞鸟时，左慈已消失无踪。

【原文】

名高麟阁，功显云台。

【经典原意】

汉宣帝为了表彰霍光、苏武等大臣的功德，命下人把他们的图像绘制出来，并写上官爵、姓名，陈列在麒麟阁中，以供后世敬仰。

汉明帝为了表彰中兴功臣，把以邓禹为首的三十一位大将的画像画在南宫云台(在今河南省洛阳市)。

【原文】

朱熹正学,苏轼奇才。

【经典原意】

朱熹是宋代理学集大成者,研究六经,撰写《四书集注》,对儒学、程朱理学,以及我国古代哲学思想的发展做出了卓越的贡献。

苏轼嘉祐(北宋仁宗赵祯的年号,公元1056年—公元1063年)年间曾官居翰林学士,皇帝征召苏轼在殿中应对,宣仁太后说:"先帝每次诵读你的文章,都会由衷赞叹:'奇才!奇才!'。"

【文化常识】

朱熹与程朱理学

朱熹(公元1130年—公元1202年),字元晦,后改为仲晦,号晦庵,别号紫阳,祖籍徽州婺源(今属江西),南宋著名理学家、思想家、哲学家、诗人、教育家、文学家。朱熹是宋代理学的集大成者,他继承了北宋程颢、程颐的理学,完成了客观唯心主义的体系,认为"理"是世界的本质,"理在先,气在后",提出"存天理,灭人欲"。朱熹学识渊博,对经学、史学、文学、乐律乃至自然科学都有研究。朱熹的词作语言秀正,风格俊朗,无浓艳或典故堆砌之病,不少作品的用语看得出都经过斟酌推敲,比较讲究,但其词意境稍觉理性有余,感性不足,也是因为他重视理学的缘故。

朱熹自幼勤奋好学,立志要做圣人,他仕途生涯多舛,但做官清正有为;朱熹一生从事理学研究,又竭力主张以理学治国,却不被当道者所理解;朱熹热心教育事业,孜孜不倦地授徒讲学,无论在教育思想或教育实践上,都取得了巨大的成就。

【原文】

渊明赏菊，和靖①观梅。

【注释】

①和靖：北宋林逋（bū）（公元967年—公元1028年），字君复，谥号和靖，著名隐逸诗人。

【经典原意】

陶渊明隐居栗里，在篱下栽种菊花，修身养性，作《饮酒》诗，其中有“采菊东篱下，悠然见南山”的千古名句。

林逋在西湖边住了二十年，在孤山中建宅，房屋四面都种植梅花，家中养鹤以自娱。林逋所写的《咏梅》诗脍炙人口，其中“疏影横斜水清浅，暗香浮动月黄昏”更是多年来一直为世人所称道。

【原文】

鸡黍①张②范③，胶漆陈④雷⑤。

【注释】

①黍（shǔ暑）：泛指粮食。

②张：东汉张劭（shào哨），字元伯，汝南人

③范：范式，字巨卿，山阳金乡人。

④陈：东汉陈重。

⑤雷：雷义，字仲公。

【经典原意】

张劭与范式是太学时的同窗好友，分别时，二人约定两年后到张劭家中拜见张劭双亲。两年之期将至，张劭告诉母亲杀鸡煮饭准备迎接范式的到来，母亲却说：“两年之约，都过了这么久了，他真的会来吗？”张劭回答说：“范式诚实守信，他一定会来的。”到了约定的时间，范式果然如期而至。

陈重和雷义为挚友，二人同时被举荐为孝廉，又同时被封为尚书郎。当时世人都说："胶漆自谓坚，不如雷与陈。"

【国学故事】

一诺千金

《史记·季布栾布列传》中记载："得黄金百斤，不如得季布一诺。"

秦朝末年，在楚地有个叫季布的人，他性情耿直，侠肝义胆，又非常讲信义，只要是他应允之事，无论多难，他都会想方设法地办妥，所以受到人们的一致赞誉。

楚汉之争时，季布跟随项羽四处征战，因骁勇善战，又善用谋略，使刘邦吃了不少败仗。刘邦夺得天下后，想起败在季布手下的屈辱，盛怒之下，便下令缉拿季布。幸好有个周姓人士得到这个消息，秘密地将季布转移到鲁地一户朱姓人家，朱家不仅家底殷实，且十分敬重季布的为人，不但尽力保护季布，还专程到洛阳找到刘邦的好友汝阴侯夏侯婴，请他向刘邦说情。后刘邦不仅撤销了通缉令，还封季布为中郎，不久又任命他为河东太守。

当时，楚地有个叫曹丘生的人，和季布是老乡，能言善辩，专爱结交权贵，他听说季布一夜之间由阶下囚变为朝中重臣，便前来拜访。季布一见曹丘生，便心生厌恶之情，而曹丘生则不为所动，仍弯腰作揖，慢条斯理地说："楚地有句话，叫做'得黄金百两，不如得季布一诺'。您是怎么得到这么高的声誉的呢？你我是同乡，如今，我在各处宣扬您的好名声，这样不好吗？您为何不愿见我呢？"

季布听后，觉得曹丘生的话也十分有理，便对他以礼相待，留他在府中住了几个月，临行前，又送了他很多礼物。后曹丘生确实践行了自己的诺言，每到一地，就宣扬季布如何礼贤下士，如何仗义疏财，长此以往，季布的名声也就越来越大了。

【原文】

耿弇[①]北道，僧孺[②]西台[③]。

【注释】

①耿弇（yǎn 掩）（公元3年—公元58年）：字伯昭，东汉扶风茂陵（今陕西兴平东北）人，东汉开国名将。

②僧孺：唐代牛僧孺（公元779年—公元847年），字思黯，安定鹑觚（今甘肃灵台）人，唐穆宗、唐文宗时宰相，在牛李党争中是牛党的领袖。

③西台：中书省。

【经典原意】

汉光武帝北征时，大军行至邯郸，耿弇觐见，力主北上，不少官员反对说："怎么能向北进发，朝敌军口袋里钻呢？"光武帝则指着耿弇说："此为我北道主人也。"

牛僧孺担任伊阙县令时，曾到水边祝拜说："日后我如能官至中书省，当有鸂（xī 西）鶒（chì 斥）鸟飞出。"话音刚落，便有两只鸂鶒鸟飞出。后果官至中书省，并被封为奇章郡公。

【原文】

建封[①]受贶[②]，孝基[③]还财。

【注释】

①建封：唐代张建封（公元735年—公元800年），字本立，邓州南阳人。

②贶（kuàng 况）：赏赐，馈赠。

③孝基：宋代张孝基。

【经典原意】

张建封不得志时，尚书裴宽见他才识过人，但生活困苦，便将一船钱财、锦帛、奴婢赠给了他，建封也毫不推辞。后来，张建封镇守徐州十年，颇有建树，举荐了不少名人志士。

相传，张孝基娶同乡一户富庶人家之女为妻，那家人只有一个儿子，因不孝被逐出家门，岳父把全部财产都给了张孝基。后来，岳父之子沦为乞丐，孝基又把财产全部奉还。孝基死后，有人在嵩山看到他坐着仪仗专车，孝基说："因我把所有钱财都归还了岳父的儿子，上天派我来镇守嵩山。"

【原文】

准①题华岳，绰②赋天台。

【注释】

①准：宋代名相寇準（公元961年—公元1023年），也作"寇准"，字平仲，华州下邽（今陕西渭南）人，北宋政治家、诗人，官居宰相，谥号忠愍（mǐn 敏）。

②绰：晋代孙绰（公元314年—公元371年），字兴公，太原中都（今山西平遥）人，官至太守。

【经典原意】

宋代寇准八岁时曾作《吟华山诗》："只有天在上，更无山与齐"，老师对他父亲说："您儿子如此聪颖过人，将来必定是位将相之才！"

孙绰想辞官归隐田园，听说天台山神韵秀美，可做归隐去处，便命人画下天台山的美景，对着美图作了一篇赋，即为《天台山赋》，言辞工整，颇有神韵，他拿着文章对好友范荣期说："卿试掷地，当作金石声"。

【原文】

穆生决去，贾郁重来。

【经典原意】

汉代穆生年少时曾与刘交一起跟随浮丘伯学习，两人为挚友。后来，刘交当了楚元王，就请穆生作中大夫，对他以礼相待。穆生不喜欢喝酒，刘交每次设宴，都专为穆生准备甜酒。刘交的孙子戊继位后，也常为他准备甜酒,有一次因疏忽而忘了准备,穆生便说:“不准备甜酒,是大王有意怠慢啊!”于是,决意离去。

五代贾郁曾任仙游主簿,任期届满时,一个小吏喝醉了酒,贾郁说:“我如再来此任职,一定要惩治你。”小吏道:“您若能再来,那就是铁船渡海。”后来,贾郁果然又到仙游任职,那个小吏又因盗窃官库而被治罪,贾郁在判决书中写道:“窃铜镪(qiǎng 抢)以润家,非因鼓铸;造铁船而过海,不假炉锤。”

【原文】

台乌①成兆②,屏雀为媒。

【注释】

①台乌:汉代朱博,字子元,杜陵人,官至御史大夫。

②兆:征兆,预兆。

【经典原意】

朱博府中有不少柏树,常有数千只乌鸦栖息在树上,后来人们便称御史府为乌府、乌台。唐代柳仲郢(yǐng 影)为谏议大夫,传说他每次升迁时,家中都会有乌鸦聚集,五天后才逐渐散去。

北朝北周大臣窦毅的女儿年幼时诵读《列女传》,过目不忘。窦毅非常珍视女儿,视为掌上明珠。为女选婿时,在屏风上画了两只孔雀,让求婚者用两只箭射孔雀的眼睛,谁能射中就把女儿嫁给谁。结果,李渊两只孔雀各射中一只眼睛,娶了窦女。后李渊建立唐朝,史称唐高祖,窦女为后,即窦皇后,史称太穆皇后。

【文化常识】

《列女传》

《列女传》由西汉著名学者刘向编撰,记载了从上古至西汉约一百位才情卓绝,奇节异行的女子。

《列女传》是一部介绍中国古代妇女行为的书，也可以说是一部妇女史。全传共分七卷，分别是：母仪传、贤明传、仁智传、贞顺传、节义传、辩通传和孽嬖传。书中选取的故事体现了儒家对妇女的看法，其中有一些被褒扬的内容，现在看来则是对妇女的不公。

【当代阐释】

当爱情变成亲情

当爱情演变成亲情后，究竟有多少人能真正做到举案齐眉，相敬如宾呢？

恋爱时，人们总希望爱人眼中的自己是完美的；结婚后，往往随着爱情变成亲情，彼此的距离感渐渐消失，言辞也不再讲究。女人不再如恋爱时那么柔情似水，仿佛不食人间烟火的天使；男人也不再如热恋时那么体贴入微，仿佛彬彬有礼的绅士。

离婚率的增加，使越来越多的爱情中的男女在神圣的婚姻殿堂前望而却步。婚姻需要感情的维系，在爱情变成了亲情，恋爱的温度渐渐退却后，剩下的只是那淡如水的感情。有人认为爱就要轰轰烈烈，惊天地泣鬼神，其实，爱情就像一杯水，也许没有蜂蜜的甘甜，但也没有海水的苦涩；也许没有钻石般的光芒，但也没有污水的混沌；也许没有彩虹般的绚丽，但也没有黑夜的空洞。爱情是什么滋味呢？喝了就知道！

人与人之间的相处，是一种修养的体现，爱情变成亲情后，是感情的增进，而不是爱情的坟墓。举案齐眉告诉人们的是一种爱情哲学，一种感情态度，更是一种生活艺术。是的，礼多人不怪，在爱情便成了亲情后，如果彼此之间还能如热恋时那样相敬如宾，那么爱的温度就永远不会退却。

【原文】

平仲①无术②，安道③多才。

【注释】

①平仲：宋代名相寇準，字平仲。

②无术：学术不足。

③安道：宋代张方平（公元1007年—公元1092年），字安道，号乐全居士，谥号文定，应天府宋城（今河南商丘）人。

【经典原意】

寇准好友张咏曾评价他说："寇公奇才，可惜学术不足。"后来，寇准在陕西任职，张咏经过寇準辖地，临别时，寇準问道："您有什么可以教导我的吗？"张咏说："《霍光传》不可不读。"寇準回去后便把那本书找来细读，看到"不学无术"四个字时，笑道："这是张公在说我啊！"

张方平自少年时起便聪明绝伦，诵读诗书过目不忘，写文章也从不打草稿，世人称他是天下奇才。

【原文】

杨亿①鹤蜕，窦武②蛇胎。

【注释】

①杨亿（公元974年—公元1021年）：字大年，北宋建州浦城（今属福建浦城县）人，文学家，诗歌作家，"西昆体"诗歌主要作家，谥号文，人称杨文公，杨文忠公。

②窦武：字游平，扶风平陵（今陕西咸阳西北）人，东汉末年大臣。

【经典原意】

杨亿母亲韦氏身怀杨亿时，曾梦见一位穿着羽衣的人告诉她，腹中胎儿是武夷君所托化。母亲分娩时，胎盘中裹着的竟是一只雏鹤，全家人都惊呆了，把他扔到江中。叔父却说："这么与众不同，定是个奇人。"说完追到江边，看到雏鹤慢慢蜕变成一个全身长有紫色毛发的婴儿，便抱回家中，三个月后，杨亿身上的毛发才褪净。

传说窦武出生之时，有一条蛇与他母亲同时生产，窦家人把蛇放归山林。后来窦武的母亲去世时，一条大蛇从林中窜出，以头撞击窦武母亲的棺木，流血不止，如同哭泣一般，过了很久才离去。世人认为这是祥瑞的征兆。

【原文】

湘妃①泣竹，鉏麑②触槐。

【注释】

①湘妃：尧帝的两个女儿娥皇、女英。

②鉏(chú 除)麑(ní 泥)：春秋时期晋国力士。

【经典原意】

传说，尧帝将娥皇、女英两个女儿嫁给舜帝，舜南巡时，死于苍梧。两个妃子前往寻找，来到洞庭湖君山，悲痛欲绝，挥泪洒竹，竹子就成了斑竹。二妃跟随舜帝，也死在江湘之间，成为“湘水神”，世人称为“湘妃”，斑竹也改名为“湘妃竹”。

晋灵公昏庸无道，贤臣赵盾多次劝谏，都不被采纳，反而派鉏麑去刺杀赵盾。鉏麑来到赵盾家中，看到赵盾已穿好朝服准备上朝，因时间尚早，正坐在屋内闭目养神，鉏麑退出来感慨道：“皇上昏庸不听劝谏，赵盾却依然对国君如此恭敬，而又体恤百姓，为民做主，真是一代贤臣，杀了这样的忠臣实在是不仁；若不杀他就是违抗圣谕，则为不忠。”说罢，便一头撞死在槐树上。

【原文】

阳雍①五壁，温峤一台。

【注释】

①阳雍：汉代阳伯雍，即羊公。

【经典原意】

传说，阳雍曾免费为来往行人提供茶水，三年后，有个人喝完水后，问道："为什么没有菜和汤呢？"阳雍答道："因为没有种子。"那人便从怀中拿出一袋种子送给阳雍，并说："这些种子能够长出美玉，也能帮你娶到好妻。"北平徐氏有个女儿，阳雍前去提亲，徐家向阳雍所要一双白璧来作为聘礼。阳雍便到种下种子的地方去拜求，果然得到五双白璧，阳雍以此作为聘礼，迎娶了徐氏。

温峤自幼聪颖好学，才貌出众，博学能文。他的姑母托他征召女婿，温峤说："佳婿难得，像我这样的怎么样？"姑母答道："怎么敢奢求找你这样才貌双全的人呢？"过了些日子，温峤告诉姑母："我帮你找到了一位佳婿，门第相当，又是难得的人才，一点也不比我差。"接着就送来了一枚玉镜台。婚礼举行完毕后，新娘笑道："我早就猜到新郎是你了。"

【文化常识】

婚礼"六礼"

《礼记·昏(婚)义》中说："昏(婚)礼者，礼之本也。"周朝时，婚嫁礼俗渐趋繁琐，要经过六道程序，即俗称的"六礼"，《仪礼·士昏礼》记载的"六礼"，分别为：

纳采，也叫议婚、提亲、说亲，由男方派媒人向女方提亲，女方答应后，男方再使人送礼，古代纳采时的礼物通常为雁、鹅；

问名，也叫讨年生、问八字、卜吉，女方答应婚事后，男方请媒人到女方家询问姑娘名字与生辰八字；

纳吉，也叫小定、过定，是婚姻的初始约定，男方问名后，经过合婚得吉后，备礼通知女方缔结姻缘的决定；

纳征，又称纳币、纳成、完聘等，男方以聘礼送给女家，即为现在的订婚。

请期，也叫送头日、送日子、乞日，是确定婚期的仪式；

亲迎，又叫迎亲，新郎去女方家迎娶新娘，俗称"结婚"。

南宋时，朱熹将六礼合并为纳采、纳征、亲迎三礼，现代社会，简化为订婚、结婚两步，但在广大农村地区，仍保留着传统的婚礼遗俗。

十一　真

【原文】

孔门十哲，殷室三仁①。

【注释】

①三仁：殷商纣王在位时三位贤臣忠良：微子、箕子、比干。

【经典原意】

孔子弟子共分四科，共十人，世称十哲。《论语·先进》中记载道："德行：颜渊，闵子骞，冉伯牛，仲弓。言语：宰我，子贡。政事：冉有，子路。文学：子游，子夏。"程颐曾说："门人之贤者，故不止此。曾子传道而不与焉。故知十哲，世俗论也。"

殷商纣王昏庸无道，暴虐成性，微子因数次进谏，纣王不听，而被抛尸荒野；箕子也因劝谏纣王，被囚禁，后被贬为奴；比干也因进谏，惹怒纣王，被剖心而死。

【文化常识】

正直无私的文财神比干

旧时财神有文武之分，尚文的人家供奉文财神比干，尚武的人家祭祀武财神赵公明。据载，比干是殷纣王的叔父，商朝忠臣，无奈纣王昏庸无道，残暴失政。传说比干因服用了姜子牙的灵丹妙药，被纣王剖心后并未死去，而是到人间广散财宝。比干生性耿直，正直无私，心被挖去之后成了无心之人，但也正因其无心无向，才办事公道，被后人尊奉为文财神。

【原文】

晏①能处己，鸿②耻③因④人。

【注释】

①晏：东汉何晏，字平叔，三国时期魏国南阳宛县（今河南南阳）人，玄学家，官居吏部尚书。

②鸿：东汉梁鸿，字伯鸾，扶风平陵（今陕西咸阳西北）人。

③耻：以……为耻，认为……是耻辱。

④因：依赖，依靠。

【经典原意】

何晏自小聪慧过人，以才秀闻名。七岁时，魏武帝曹操想收他为养子。何晏知道后，便在地上画了个方框，自己站在中间，人们问他原因，何晏答："这就是何家祖宅。"曹操明白了何晏的想法，把他遣送回家。

梁鸿自小即是孤儿，家境贫寒，但很有志气，经常独自一人吃饭，而不和别人一同进食。邻居做好饭，让他接着用已烧热的炉灶做饭，梁鸿则说："童子梁鸿不依赖别人而成事。"然后自己重新生火做饭。

【原文】

文翁①教士，朱邑②爱民。

【注释】

①文翁（公元前156年—公元前101年）：名党，字仲翁，西汉庐江郡舒县（今安徽舒城）人。

②朱邑：字仲卿，汉代庐江舒人，官至大司农。

【经典原意】

文翁景帝末年担任蜀郡太守，崇尚礼学教化，广设官学以革旧出新，移风易俗，首开学校教育先河，武帝时，天下普遍兴学重教。

朱邑天性贤良耿直，担任安徽桐乡啬夫(古代官名，秦汉时的乡官，掌管诉讼和赋税)时，为官公正，清正廉明，体恤百姓，受到群众的拥护和爱戴。死前曾有遗言："我以前在桐乡任职期间，爱民如子，百姓对我也很是拥戴，我死后要葬在桐乡。"家人便把朱邑葬在桐乡，民众自发为他建立祠堂来纪念这位天性廉正，爱民如子的贤良忠臣。

【原文】

太公①钓渭，伊尹②耕莘。

【注释】

①太公：姜子牙，姓吕，名尚，字子牙，号飞熊，姜是他的氏族名，也称吕尚或姜尚，杰出的韬略家、军事家与政治家，被尊为"百家宗师"。

②伊尹：名挚，一说名伊，又称阿衡，尹为官名，夏末商初人，伊尹在空桑出生，居住在伊水，因此氏族名为伊。

【经典原意】

姜子牙八十岁时在渭水钓鱼，周文王外出狩猎时遇到了他，便请他入朝，拜为太公望，后辅佐周武王伐纣，建立西周。

伊尹曾在莘野耕种生活，商汤王三次派人前去征召他入朝为官，后伊尹辅佐商汤讨伐夏桀，夏朝灭亡，商朝建立，商汤尊伊尹为"阿衡"。

【国学故事】

姜太公钓鱼　愿者上钩

姜太公，名尚，又名吕尚，是辅佐周文王、周武王灭商建周的功臣。在没有得到文王重用时，姜尚曾在陕西渭水边隐居，当时，此处正是文王的统辖区域，姜尚选择在此处隐居，也是希望引起文王对自己的注意，从而建功立业。

一般钓鱼，都是用弯钩，钩上装好鱼饵，姜尚则用直钩，上面不挂鱼饵，也不放到水中，而是离水面三尺高。他一面高高举着钓竿，一面自言自语道："鱼儿们啊，你们如果不想活了，就自己上钩吧。"

有人路过溪边，看到姜尚，说："老先生啊，像您这样，一百年也钓不到一条鱼啊！"姜尚则答道："我不是为了钓鱼，而是为了钓王侯将相。"

文王知道此事后，亲备厚礼，来到溪边，盛邀姜尚归于自己帐下。姜尚也尽心竭力辅佐文王、武王，最终辅佐武王灭掉商朝，建立了强大的周朝，也实现了自己建功立业的愿望。

【原文】

皋①惟团力，泌②仅献身。

【注释】

①皋：李皋（公元733年—公元792年），字子兰，唐太宗嫡孙，袭封曹王。

②泌：李泌（公元722年—公元789年），字长源，唐代宗时官居京兆尹。

【经典原意】

唐太宗在位时，李皋任江西节度使，教习部队采取团力法，赏罚分明，屡建奇功。

端午节，大臣们争相向代宗进献奇珍异宝，唯独李泌不献，代宗问他原因，李泌答道："臣从头到脚，所有穿戴衣物都是皇上赏赐的，剩下的就只有一个赤条条的身子了。"皇上道："你把整个身心都奉献给朝廷，这正是朕求之不得的。"

【原文】

丧邦黄皓①，误国章惇②。

【注释】

①黄皓：三国时期蜀汉的宦官。

②章惇（dūn 吨）（公元1035年—公元1105年）：字子厚，宋代浦城人。

【经典原意】

黄皓专权恣肆，为人奸险，陷害忠良，但为刘后主所器重，以致后主昏庸无道，最后被魏国所灭。诸葛亮《出师表》中“亲小人，远贤臣，此后汉所以倾颓也。”即是指刘后主亲近黄皓这一奸佞之臣而亡国的事。

章惇因支持王安石推行新法，斥责司马光为奸佞之臣，而被陈瓘（guàn 灌）指责为误国。

【原文】

鞅①更秦法，普②读鲁论③。

【注释】

①鞅：商鞅（约公元前390年—公元前338年），卫国国君的后裔，公孙氏，故称为卫鞅，又称公孙鞅，卫国（今河南安阳市内黄梁庄镇一带）人，后被封于商，后人称他为商鞅，战国时期政治家，思想家，法家代表人物。

②普：赵普（公元922年—公元992年），字则平，蓟州人，北宋政治家，曾任唐高祖、唐太宗两朝相国。

③鲁论：《论语》。

【经典原意】

商鞅应秦孝公《求贤令》入秦，说服秦孝公变法图强——变更秦国法令，推行新法，鼓励耕战。后秦国国泰民安，日渐富强，史称商鞅变法。

赵普曾对太宗说：“臣有《论语》一部书，用半部来辅佐太祖（即唐高祖）定天下，另外半部则用来辅佐陛下定太平。”这就是所谓的“半部《论语》治天下”。

【文化常识】

论语中的君子

《论语》是儒家学派的经典著作之一，是我国第一部语录体著作，由孔子的弟子及其再传弟子编撰而成。“论”，是论纂的意思，“语”，是语言，箴言的意思，“论语”则是记录孔子及其弟子的言行的经典著作，集中体现了孔子的思想观念、伦理道德观念、政治主张及教育原则等。

《论语》语言简洁，但含义深刻，其中倡导的“仁、义、礼、智、信”，便是君子人格最确切的标准，这里的君子是一个广义的概念，旨在强调一种人格的追求。《论语》对君子人格提出了具体的言行标准与道德要求，即：

其一，君子不器，即君子要以道义作为做人的根本，要重视礼教与诚信。

其二，君子要时刻注重自我修养，既要慎独，又要在实现自身社会价值的基础上，追求自我价值的提升。

其三，君子时时处处都要严于律己，要重视用“戒、畏、思”几项标准严格要求自己。

其四，君子之间的交往要和而不同，应是一种和谐共生的关系，“君子矜而不争，群而不党”。

【原文】

吕①诛②华士③，孔④戮⑤闻人⑥。

【注释】

①吕：姜子牙。

②诛：杀戮。

③华（huà 画）士：周朝齐国人。

④孔：孔子（公元前551年—公元前479年）。

⑤戮（lù 路）：杀戮，杀害。

⑥闻人：有名望，有声望的人。

【经典原意】

华士对天子不称臣，对各诸侯不友善，还有人称他为贤士，姜太公派人去请他，三次都辞而不至。姜太公命人杀掉他，周王问他原因，姜太公答道："不对天子称臣，不对诸侯友善，是弃民；征召三次他都未到，这是逆民。如果全天下的人都学他，那还有什么君臣尊卑？岂不天下大乱了吗？"

孔子担任鲁国司寇时，当政七天就杀了乱政大夫少正卯。子贡问孔子："少正卯是鲁国很有名望的人，他犯了什么罪？为什么要杀他？"孔子答道："天下有五大恶行，盗窃暂且不算。心逆而险，行僻而坚，言伪而辩，记丑而博，顺非而泽。这五大恶行少正卯都具备，不可不杀。"

【原文】

暴胜①持斧，张纲埋轮。

【注释】

①暴胜：暴胜之，字公子，西汉河东人，官至御史大夫。

【经典原意】

暴胜之精明能干，而又心胸宽广，治理地方很有方法，特别是抵制盗贼方面更是十分难得，天汉二年（公元前99年。天汉，西汉武帝刘彻年号），泰山琅琊盗贼蜂起，武帝便派遣暴胜之等人身着绣衣，手持金斧，分布剿除盗贼，刺史太守以下有很多贪官污吏也被诛杀，威震州郡。

东汉张纲在顺帝时担任御史，顺帝委派八使（包括张纲、杜乔、周举、周栩、冯羡、栾巴、郭遵、刘班等八人）监察风纪，唯独张纲把车轮埋在洛阳都亭前，并说："豺狼当道，安问狐狸？"下决心要抓住元凶并严惩不待。他不畏强权，上疏弹劾大将军梁冀和梁冀的弟弟河南尹梁不疑，并揭发了他们的骇人罪行。

【原文】

孙①非识面，韦②岂呈身。

【注释】

①孙:宋代孙抃(biàn 变)(公元 996 年—公元 1064 年),字梦得。

②韦:唐代韦澳,字子斐。

【经典原意】

孙抃在皇祐年间(北宋仁宗赵祯的年号,公元 1049 年—公元 1054 年)担任御史中丞,他曾举荐唐介、吴中复为御史,有人问他:"您连他们的面都没见过,还举荐他们,这是什么原因?"孙抃答道:"过去有人以求当御史为耻,现在难道就一定要找认识的人来当御史吗?"

唐武宗在位期间,韦澳考中进士,但十年未任官职。当朝御史中丞高元裕想推荐他担任御史,就暗示他来拜见自己。韦澳说:"恐怕是没有呈身的御史啊!"

【原文】

令公请税,长孺①输②缗③。

【注释】

①长孺:南宋杨长孺,原名寿仁,字伯子,号东山,吉州吉水(今属江西)人,杨万里之子。

②输:缴纳。

③缗:穿钱用的丝绳,常代指成串的钱。

【经典原意】

裴楷(公元 237 年—公元 291 年),字叔则,河东闻喜(今山西闻喜县)人,西晋时期朝中重臣,当时名士。梁王和赵王是皇亲国戚,裴楷担任晋武帝时中书令时,每年都要向他们征收数百万的税钱,来赈济贫苦百姓,并说:"损有余者以补不足,天之道也。"

杨长孺在广东番禺任职时,曾将自己的俸禄七千串钱用来替贫穷人家交租税。

【原文】

白州刺史，绛县老人。

【经典原意】

薛稷（公元649年—公元713年），字嗣通，蒲州汾阴（今山西万荣）人，景龙末年为昭文馆学士，擅长书法，画又为绝品，唐代著名画家，书法家，曾任白州刺史。

春秋时期，晋悼公夫人曾赏赐食物给筑杞城的役人，其中有一位绛县老人。人们问他年龄时，他说："我是生于正月初一甲子日，已历四百又四十五个甲子了。"即为七十三岁。

【原文】

景行莲幕，谨选[①]花裀[②]。

【注释】

①谨选：唐代许慎，字谨选，放旷豁达，不拘小节。

②裀（yīn因）：通"茵"，垫子。

【经典原意】

南齐王俭在高帝时担任卫将军，即宰相，他任用的人才都为当时名士，人们都称进入俭府任职为入莲花池，言如红莲绿水，交相辉映。庾杲（gǎo搞）之出任王俭卫军长史后，萧缅便对王俭说："盛府元僚，实难其选。庾景行若绿水芙蓉，何其丽也。"当时人们称之为莲花幕。

许慎曾在花园宴会亲友，收集落花铺地而坐，即为花裀坐。

【原文】

郗超[①]造宅，季雅买邻。

【注释】

①郗超(公元336年—公元378年):字景兴,一字嘉宾,高平金乡(今山东)人,东晋大臣。

【经典原意】

郗超常为高尚退隐者花巨资建造府邸。

南北朝宋人季雅被贬黜后,在吕僧珍的宅旁买了一所宅院。吕僧珍问他房子的价钱,季雅答道:"一千一百万。"僧珍以为太贵,季雅说:"一百万买房,一千万买个好邻居。"

【原文】

寿昌[1]寻母,董永卖身。

【注释】

①寿昌:朱寿昌,字康叔,宋代安徽天长同仁乡秦栏(今属安徽)人,古代"二十四孝"之一。

【经典原意】

朱寿昌母亲刘氏是父亲的妾,因受到正室嫉妒,而在他七岁时被休弃,另嫁他人。熙宁(宋代神宗赵顼年号,公元1068年—公元1077年)初年,朱寿昌弃官刺血写《金刚经》,四处寻母,后终于在秦地找到了母亲,这时,他们母子分离已有五十年,母亲也已年过七十。

董永少年时,母亲就去世,侍奉父亲,为躲避官兵追赶,流落到汝南,后来又迁居安陆。因家中一贫如洗,父亲死后,董永只得借债安葬,后来到债主家作奴还债。董永至孝感动上苍,织女下凡为他织布还债,两人结婚生子。因此,董永所居住的地方便以他的事迹来命名为孝感(今湖北孝感)。

【文化常识】

二十四孝

孝是我国古代重要的伦理思想之一,元代郭居敬辑录了古代24个孝子的故事,编成《二十四孝》,序而诗之,用训童蒙,成为宣传孝道的通俗读物,流传甚广。

二十四孝包括以下二十四个故事:孝感动天、戏彩娱亲、鹿乳奉亲、百里负米、啮指痛心、芦衣顺母、亲尝汤药、拾葚异器、埋儿奉母、卖身葬父、刻木事亲、涌泉跃鲤、怀橘遗亲、扇枕温衾、行佣供母、闻雷泣墓、哭竹生笋、卧冰求鲤、扼虎救父、恣蚊饱血、尝粪忧心、乳姑不怠、涤亲溺器、弃官寻母。

虽然孝道是古代封建帝王社会宗法礼仪的一个重要组成部分,《二十四孝》的最初的编写目的也是维护礼教,其中不乏过时、落后、乃至不合情理的东西,但作为中华民族的传统美德之一的"孝道",还是值得我们学习、继承和发扬的。

【原文】

建安①七子,大历②十人。

【注释】

①建安:汉献帝刘协的年号(公元196年—公元220年)。

②大历:唐代宗李豫的年号(公元766年—公元779年)。

【经典原意】

建安年间,王粲、陈琳、徐干、刘桢、应瑒、阮瑀、孔融等七人,都为同一时期著名文人,且交往密切,被称为"建安七子"。

大历年间,十位有名气的诗人:卢纶、吉中孚、韩翊、钱起、司空曙、苗发、崔峒、耿湋、夏侯审、李端等,被称为"大历十人",又称"大历十才子"。

【原文】

香山诗价，孙济①酤缗②。

【注释】

①孙济：汉末人，孙权的叔父，十分好酒。

②酤缗（mín 民）：买酒钱。酤，通“沽”，此意为买酒；缗，穿钱的绳子，也指成串的钱，古时一千文为一缗。

【经典原意】

据说有海外商人将白居易的诗带回卖给国相，一篇售价高达一两金子。

孙济常欠人酒钱，但总是若无其事，不记得去还。

【文化常识】

老妪能解白居易

白居易（公元772年—公元846年），字乐天，号香山居士，唐代下邽（今陕西渭南东北）人，我国文学史上极负盛名且影响深远的诗人和文学家，有“诗魔”和“诗王”之称，是“新乐府运动”的领袖，晚年官至太子少傅，谥号“文”，世称白傅、白文公，著有《白氏长庆集》七十一卷。

白居易在文学上积极倡导新乐府运动，主张“文章合为时而著，歌诗合为事而作”，写下不少感叹时事，反映人民疾苦的诗篇，对后世颇有影响，是我国文学史上相当重要的一位诗人。他一生诗作很多，以讽喻诗为最有名，语言通俗易懂，被称为“老妪能解”。叙事诗中《琵琶行》、《长恨歌》等极为有名。晚年，白居易与刘禹锡友善，被世人称为“刘白”，提倡歌诗发挥讽喻作用。白居易的词也极有特色，以风格明丽见长，为后世词人所推崇。

【原文】

令严孙武①，法变张巡②。

【注释】

①孙武：字长卿，姓陈，春秋时期陈国公子陈完的后代，后人尊称他为孙子、孙武子，齐国乐安（今山东广饶）人，著名军事家。

②张巡（公元708年—公元757年）：唐代河南南阳邓州人，“安史之乱”时期著名英雄，军事家。

【经典原意】

孙武擅长兵法，军纪严明，吴王曾让他操练宫女，宫女则嬉笑闹嚷不听命令，孙武即命令斩杀两名带队的宠姬，这样所有习练宫女便肃然听命。公元前527年，年仅25岁的孙武完成旷世奇书——《孙子兵法》。

张巡从小聪敏好学，博览群书，很有文才，用兵不拘泥古法，让大将作战各出其意，灵活用兵。

【国学故事】

孙武入吴

一天，吴王同孙武讨论晋国政事，武王问道：“晋国的大权由范氏、中行氏、智氏和韩、赵、魏六家共同掌控，将军认为谁的族群能够强大起来？”孙武回答说：“范氏、中行氏两家将最先灭亡。他们以一百六十平方步为一亩，六卿之中，这两家的田制最小，收取的租税却最高，官吏众多而又骄奢无度，军队人员冗余，军费开支庞大。长此以往，必将众叛亲离，土崩瓦解！而赵氏家族则和上述五家大不一样。六卿之中，赵氏的亩制最大，以二百四十平方步为一亩。不仅如此，赵氏收取的租赋历来不重，国家取民有度，官兵寡少，在上者不骄奢，在下者可温饱。苛政丧民，宽政得人。赵氏必然兴旺发达，晋国的政权最终要落到赵氏的手中。”

孙武论述晋国六卿兴亡的一番话，正是给吴王献上了治国安民的良策。吴王听后，深受启发，明白了君王治国的之道，就是要爱惜民力，不失人心。

【原文】

更衣范冉，广被孟仁。

【经典原意】

东汉范冉年少时，和同乡尹包为好友，两人共穿一件像样的绛色衣服，外出拜访时，因尹包较范冉年长，则由尹包先穿上那件衣服去拜见，尹包出来后，再更换给范冉穿着。

东汉孟仁到李肃处去求学，母亲特意给他做了一床特别大的被子，孟仁问母亲原因，母亲说："孩子尚无才德去吸引朋友，生徒一般多贫，所以才做大被，好让他们多接触，这样或许能交上朋友。"

【原文】

笔床①茶灶②，羽扇纶巾③。

【注释】

①笔床：盛毛笔的文具。

②茶灶：一种煮茶用的小炉灶。

③纶巾：古时用丝带做的头巾，传说为诸葛亮所创制，故又名诸葛巾。

【经典原意】

唐代陆龟蒙一生嗜好喝茶，不喜欢结交流俗，常携书籍、文具、茶具、钓具等划船遨游江湖，人们称他为"江湖散人"。

诸葛亮（公元 181 年—公元 234 年），字孔明，号卧龙，琅琊阳都（今山东临沂市沂南县）人，三国时期杰出的政治家、战略军事家，蜀汉丞相，谥号忠武侯。诸葛亮常手执羽毛扇，头戴青丝纶巾，风度儒雅，非同一般。

【原文】

灌夫使酒①，刘四骂人。

【注释】

①使酒：借着酒劲使性子，发脾气。

【经典原意】

西汉灌夫为人刚直，颇有侠义，常酗酒使性，因多次借酒骂丞相田蚡（fén 坟），终获灭族之罪。

唐代刘子翼，字小心，排行为四，有学行，性峭直，善于吟讽。朋友有过错，他常当面叱责，背后不说。友人李百药曾说："刘四虽骂人，人都不恨他。"

【原文】

以牛易①马，改氏为民。

【注释】

①易：变换，替换。

【经典原意】

传说，司马懿看《玄石图》中有"牛继马后"的谶语，司马懿很怕将来牛替换了马，所以深深忌讳姓牛的，毒死了将军牛金，但不曾想恭王妃竟与一姓牛的小吏私通，生下了晋元帝司马睿，正应了"牛继马后"之语。

东汉民仪，本姓氏，孔融说："氏是民无上，可改为民。"唐代避太宗讳（世民），又改为氏。

【国学故事】

孔融让梨

孔融自幼聪明好学，才思敏捷，大家都夸赞他是神童，四岁时已能背诵许多诗赋，又十分懂得礼节，家人都非常喜爱他。

有一次，父亲的朋友带来了一盘梨，父亲叫孔融七兄弟从最小的孩子开始挑梨，小弟挑走了一个最大的，而孔融则拿了一个最小的梨，说道："我年纪小，应该要小点的梨，剩下那些大的就留给哥哥们吧。"父亲听后十分感动，问道："那你弟弟比你小，怎么拿了个最大的呢？"孔融则答道："因为我是哥哥，我应该让着弟弟，把大的给他。"孔融让梨的故事，就这样一直流传了下来，三字经中"融四岁，能让梨"就是出自这个典故。

【原文】

圹①先②表圣，灯候沈彬。

【注释】

①圹（kuàng 况）：墓穴。

②先：预先，提前。

③表圣：唐代司空图（公元 837 年—公元 908 年），字表圣，虞乡（今属山西）人，咸通时进士，后来弃官避乱，隐居中条山王官谷。

【经典原意】

司空图生前曾自建墓室，并与朋友在其中饮酒赋诗。

传说，唐代沈彬临终前曾指着一地说："死后要葬在此处。"挖开后，里面有石莲花灯，铜牌上有"孤灯犹未灭，留待沈君来"的诗文。

十二　文

【原文】

谢敷[①]处士[②]，宋景[③]贤君。

【注释】

①谢敷：字庆绪，晋代会稽（今浙江绍兴）人。

②处士：古时称有才德而隐居不仕的人。

③宋景：春秋时期宋国国君宋景公。

【经典原意】

谢敷清静寡欲，从不追求功名利禄，隐居不仕。

宋景公在位时，火星移到心位，即宋国上方。景公担心这是灾祸即将降临的先兆，便问司星子韦。子韦说："祸当君，可转移给宰相。"公说："宰相，是我的股肱，是治理国家的人啊。"子韦说："可将祸转移于民。"公说："君者待民，君无百姓还做谁的君主？"子韦又说："可将祸转移于岁神。"公又说："岁饥民荒，百姓饿死，我如何为君？"子韦最后说："国君有如此三言之德，火星必退。"当夜，火星果然移去。

【原文】

景宗险韵[①]，刘煇[②]奇文。

【注释】

①险韵：艰僻难押韵。

②刘煇（huī 挥）（公元 1008 年—公元 1088 年）：原名刘几，字字伯寿，号玉华庵主。

【经典原意】

南北朝时梁郢州都督曹景宗，在淮水大破魏将杨大眼。梁武帝在光华殿设宴庆贺，令群臣限韵联诗。只剩下“竞、病”二字，曹景宗挥笔而就：“去时儿女悲，归来鼓笳（jiā 加）竞；借问行路人，何如霍去病？”武帝赞叹不已。

刘煇喜欢用奇险词句作文，欧阳修对此很是厌恶，后来，欧阳修作考官时，见到刘煇写的险语文章，便用红笔一抹了事，人称“红勒帛”。后来刘几改名刘煇应试，欧阳修十分欣赏他的文章，中进士第一名。当知道刘煇即是刘几时，欧阳修惊愕不已。

【文化常识】

唐宋八大家

明初朱右将唐代韩愈、柳宗元、宋代欧阳修、苏轼、苏洵、苏辙、王安石、曾巩八位散文家的文章编成《八先生文集》，八大家之名始于此。明中叶唐顺之编撰的《文编》，仅选取唐宋八位散文家的文章集结成册，这为唐宋八大家名称的定型和流传起了一定的作用。此后不久，推崇唐顺之的古文家茅坤根据朱、唐的编法重新选取了八家的文章，并加以整理和编选，辑为《唐宋八大家文钞》，共 160 卷，“唐宋八大家”从此得名。

【原文】

袁安卧雪，仁杰①望云。

【注释】

①仁杰：狄仁杰（公元 630 年—公元 700 年），字怀英，出生于官宦世家，武则天时宰相，以廉洁勤政著称，因功被封为梁国公，谥号文慧，唐朝政治家。

【经典原意】

东汉袁安，客居洛阳时，遇到一场大雪，地方官员沿街巡察，看到他家门前没有行迹，推门看到他僵卧在地上。问他为什么不出去，袁安答道：“大雪天人都挨饥受寒，不便打扰他人。”洛阳令以其为人贤良，举荐为孝廉，后来作了司徒官。

狄仁杰早年任并州参军时，父母仍在河南。一次登临太行山，看见远处有一片白云，感叹道："二老双亲都在那片白云下啊！"于是望着白云徘徊，久久不愿离去。

【原文】

貌疏宰相，腹负将军。

【经典原意】

宋代王钦若（公元962年—公元1025年）其貌不扬，举止粗野，为人奸佞，且脖颈长了个肉瘤，后来竟官居宰相，人们都称瘿相。

据说，有位将军酒足饭饱后摸着肚子说："我没辜负你。"左右人背后说："他辜负了将军。"意思是说他的肚子没出一点智谋，纯粹是一个酒囊饭袋。

【原文】

梁亭窃灌，曾①圃误耘。

【注释】

①曾：曾参（公元前505年—公元前436年），姓曾，名参，字子舆，春秋末年鲁国南武城人，孔子的学生，因勤奋好学，深得孔子器重。

【经典原意】

战国时期，梁、楚两国交界处的边亭都种瓜，梁人浇水多，瓜好；楚人浇水少，瓜长得不好。楚人就想方设法糟蹋梁人的瓜。梁人发觉后要报复，时任梁国边境县令的宋就知道后立即制止，并派人悄悄地给楚国瓜地浇水，结果楚国的瓜长得也很好，两国重新修好。

曾参在园里锄地时，误将秧苗锄掉，父亲将他打昏在地。孔子听闻此事后对曾子说："舜对其父，小杖就受，大杖就跑，你不管轻重，执意不动，如果死了，就会让你父亲陷于不义，还有什么比这事更不孝的？”

【原文】

张巡军令，陈琳[1]檄文。

【注释】

①陈琳：字孔璋，广陵射阳（今江苏省扬州市宝应县射阳湖镇）人，才华出众，诗、文、赋都很擅长，东汉末年著名文学家，“建安七子”之一。

【经典原意】

张巡偏将雷万春驻守雍丘时，令狐潮来攻，暗发六箭射中了雷万春的面部，而他依然屹立不动。令狐潮以为箭射中的是木刻人，当探得实情后，令狐潮大为震惊，对张巡喊道：“见到雷将军，真知道您军令的严明了。”

陈琳曾为袁绍撰写讨伐曹操的檄文，归降曹操后，却深得其器重，被任命为书记。

【原文】

羊殖[1]益[2]上，宁越弥勤。

【注释】

①羊殖：春秋时期赵国贤大夫。

②益：更加。

【经典原意】

羊殖仁爱清正，德行很高，每过几年都有很大的进步，为世人所称道。赵简子曾说他每有所变都更加向上。

战国宁越不想辛苦耕作，便问朋友如何免除，朋友答道：“若能刻苦读书三十年就可免除。”宁越说:“我不休息,不睡觉,十五年就应当有所成就了。”于是,他发愤苦读十五年,因博学多才,称为齐威王的老师,终于实现了他的志愿。

【文化常识】

读书三境界

王国维的《人间词话》说古今之成大事业、大学问者,必须过三种境界,这三种境界也就是读书的三种境界:

“昨夜西风凋碧树。独上西楼,望尽天涯路。”此为读书的第一境界;

“衣带渐宽终不悔,为伊消得人憔悴。”为读书的第二境界;

“众里寻她千百度,蓦然回首,那人却在,灯火阑珊处。”乃读书的第三境界。

读书第一境界,取自晏殊的《鹊踏枝》,此句原是讲在漫漫人生长路上,既要高瞻远瞩,又要耐得住长夜寂寥,独自去追寻探索的阶段。用它比喻读书,旨在说明读书、做学问一定要专注。

读书第二境界,取自柳永的《蝶恋花》,诗句本是描写热恋中的情人,分离两地的相思之苦,无怨无悔,专一执著,虽衣带渐宽,面容憔悴也心甘情愿。在这里则比喻读书求知须经历一个艰苦的过程,治学时,要矢志不渝,持之以恒。

读书第三境界,取自辛弃疾的《青玉案》,原本是描写元宵节夜晚,情人约会的情景,一个青年经过了千百次苦苦寻觅,终在灯火人群中找到心中久久思恋的情人。用它比喻读书,旨在表达苦读后的收获与喜悦,这种苦读要求的就是一种“悟”。王国维借用这段诗词,比喻在经过长期艰难的探索与追求后,努力地“悟”,成功不期而至的喜悦之情。

王国维所述的“三种境界”,形象而生动地道出了一条读书求知的规律。经过“千百度”的苦读,探索、钻研与思索,得到的将是物欲私念的超脱、人生哲理的顿悟、精神境界的升华、创造灵感的激发,将达到做学问,乃至做人的最高境界。

【原文】

蔡邕①倒屣②，卫瓘③披云。

【注释】

①蔡邕（yōng 拥）（公元 133 年—公元 192 年）：字伯喈（jiē 阶），东汉著名文学家，书法家。

②屣（xǐ 洗）：鞋。

③卫瓘（公元 220 年—公元 291 年）：字伯玉，河东安邑人（今山西夏县北），曾任三国魏镇东将军，西晋时任司空、太保等职。

【经典原意】

王粲才华横溢，蔡邕对他很是欣赏，听说他要来访，急忙出去迎接，匆促之间竟连鞋都穿颠倒了。

乐广，字彦辅，晋代南阳淯阳人，擅长言谈理论，能用简洁的语言把道理说得透彻明白，让人心悦诚服。卫瓘曾称赞他说："乐广如清水明镜一般，看到他就像拨开云雾见到青天一样。"

【原文】

巨山①龟息，遵彦②龙文③。

【注释】

①巨山：李峤（公元 645 年—公元 714 年），字巨山，赵州赞皇（今属河北）人，唐代诗人，著名文学家。

②遵彦：北朝杨愔（yīn 因）（公元 511 年—公元 560 年），字遵彦，小名秦王，弘农华阴人。

③龙文：古代骏马的名字。

【经典原意】

传说，李峤几个兄弟都英年早逝，母亲请人为他看相，相士发现李峤的气息从耳中出入，便说："此人为龟息，必定大贵长寿。"后果如相士所说。

杨愔幼年时就颇有清誉。从兄称赞他说:“此儿驹齿未落,已是吾家龙文。”后来官拜骠(piào 瓢)骑(qí 其)大将军,封开封王。

十三 元

【原文】

傲倪[①]昭谏[②],茂异[③]简言[④]。

【注释】

①傲倪:同“傲睨(nì 腻)”,傲然睨视,形容倨傲,目空一切。

②昭谏:罗隐(公元833年—公元909年),字昭谏,本名横,新城(今浙江富阳市新登镇)人,晚唐著名诗人。

③茂异:才华横溢,异于寻常。

④简言:宋代吴简言,字若讷,官至祠部郎中。

【经典原意】

罗隐性情傲慢,但十次入闱,不曾及第,故自称“十二三年就试期”,最终还是铩羽而归,史称“十上不第”,后来改名为隐。

吴简言曾途经巫山神女庙,题诗道:“惆怅巫娥事不平,当时一梦是虚成。只因宋玉闲唇吻,流尽巴江洗不清。”传说,简言梦中见到神女前来答谢。

【原文】

金书梦珏[①],纱护卜藩[②]。

【注释】

①珏(jué 绝):唐代赵郡人李珏,字待价,官居宰相。

②藩:唐代李藩,字叔翰,聪敏好学,官居宰相。

【经典原意】

与宰相李珏同时代也有个叫李珏的人，以贩米供养老母亲，每斗米只收利钱二文，并让来人自己称量。传说宰相李珏客居淮南时，梦到自己进入仙洞，看到墙上写着两个金色大字“李珏”，他正高兴，仙童便说：“这是广陵的平民李珏。”

曾经有个卜者，说李藩是“纱笼中人”，藩不解其意。后又遇一位新罗僧人，说道：“凡是能做宰相的人，冥冥之中都有纱笼保护他的性命，以防为异物所害。”后来，杜兼诬陷李藩，皇上遂召他入宫觐见，看到他仪表堂堂，气质安雅，便说道：“他怎么能是恶人呢？”

【原文】

童恢[①]捕虎，古冶[②]持鼋。

【注释】

①童恢：字汉宗，东汉琅琊姑幕（今山东诸城）人，奉公廉洁，勤于政事。

②古冶：古冶子，春秋时期齐景公（公元前547年—公元前489年）手下大力士。

③鼋（yuán元）：鳖科类动物。

【经典原意】

相传，童恢任即墨令时，经常有人被山中老虎所害，后童恢捕到二只虎，对它们说：“依据王法，杀人的应当处死。哪个杀了人，就低头认罪，没有杀人的就高声号诉。”说罢，一只虎就低头闭目，而另一只虎则看着童恢号诉不止。童恢见此状，随即杀掉一只，放掉另一只。

传说，齐景公渡河，拉车的左马被鼋咬住，众人都惊恐万分，唯独古冶子持剑跳入水中，斜行五里，逆行五里，跟随鼋到砥柱下，一手捏着鼋头，一手挟着左马，仰天长啸，河水闻声倒流三百步，终于救出景公，在场的人都以为是河伯再现。

【原文】

何①奇②韩信③，香④化⑤陈元。

【注释】

①何：萧何（公元前257年—公元前193年），沛（今属江苏沛县）人，西汉初期政治家，汉初三杰之一。

②奇：认为（韩信）是个奇才。

③韩信（公元前228年—公元前196年）：淮阴（今江苏省淮安市淮阴区）人，西汉开国功臣，汉朝楚王，军事家、战略家、统帅和军事理论家。

④香：汉代仇览，又名仇香，曾担任蒲亭长。

⑤化：教化，教育。

【经典原意】

楚汉相争之初，萧何见到韩信，觉得他有胆有识，是个不可多得的奇才，便极力向刘邦推荐，刘邦却不以为然。后来，韩信悄然离去，萧何连夜月下追回，再次向刘邦举荐，说韩是“国士无双”，刘邦听从萧何劝告，任用韩信为大将军。韩信骁勇善战，有勇有谋，为刘邦平定天下，建立西汉王朝立下了汗马功劳。

仇览担任蒲亭长期间，有位母亲来状告她的不孝子陈元，仇览听闻后，很是惊讶，说道：“你母亲守寡，独自一人抚养你长大，怎么把你带到公堂上来了？”仇览对陈元晓之以理，动之以情，教化陈元改邪归正，终成孝子。

【原文】

徐干①中论，扬雄②法言。

【注释】

①徐干（公元170年—公元217年）：字伟长，北海郡（今山东昌乐附近）人，汉魏间文学家，“建安七子”之一。

②扬雄（公元前53年—公元18年）：又作“杨雄”，字子云，西汉蜀郡成都（今

四川成都郫县友爱镇）人，西汉著名学者、辞赋家、语言学家。

【经典原意】

徐干自少年时起便勤奋好学，潜心典籍，以“清玄体道”著称，在创作方面，则以诗、赋、散文见长，著有《中论》一书，文辞典雅，论证严谨，书中阐释儒家经典，自成一家。

扬雄少时好学，博览多识，酷好辞赋，著有《法言》一书，宣扬儒家传统思想，此书模仿《论语》，在文学技巧上继承了先秦诸子的一些优点，言简义丰，对唐代古文家产生了积极影响。

【原文】

力称①乌获，勇尚②孟贲。

【注释】

①称：值得称道，数得上。

②尚：推崇。

【经典原意】

乌获是战国时大力士，秦国人，与任鄙、孟说齐名，据说力能扛（gāng 刚）鼎，孟轲说他力能举百钧（三千斤）。

孟贲（bēn 奔）为战国时期齐国的大力士，勇猛无比，水行不避蛟，陆行不避虎，力能拔活牛之角，发怒吐气，声响动天。

【原文】

八龙荀氏①，五豸②唐门。

【注释】

①荀氏：东汉荀淑（公元 83 年—公元 149 年），字季和，颍川颍阴（今河南许昌）人，荀卿第十一世孙，汉桓帝时担任郎陵侯相，品行高洁，博学多识，有“神君”之称。

②五豸(zhì 治):獬(xiè 谢)豸,古代传说中的怪兽,头上长有独角,能够明辨是非。豸见人争斗,就会用角去顶坏人,所以古代执法者戴“獬豸冠”。

【经典原意】

荀淑有八个儿子——俭、绲(gǔn 滚)、靖、焘、诜(shēn 伸)、爽、肃、旉(fū 夫),都很有才华,时人称为“八龙”。

五豸唐门北宋钱塘唐门中连出五名御史,即唐坰(jiōng)、唐肃、唐询、唐介、唐淑五人,被称为“五豸”。

【原文】

张瞻炊臼,庄周鼓盆。

【经典原意】

《酉阳杂俎》中记载,商人张瞻梦见自己用石臼做饭,占卜的人给他解梦说:“用石臼做饭,是无釜的象征。无釜,谐音是无妇,你回到家后就见不到你的妻子了。”张瞻回到家中,妻子果然已经死去。

庄周妻子去世,好友惠子前来吊唁,庄子不但不悲伤,反而敲着盆子高声歌唱:“堪叹浮世事,有如开花谢。妻死我必埋,我死妻必嫁。我若先死时,一场大笑话。田被他人耕,马被他人跨。妻被他人恋,子被他人打。以此动伤心,相看泪不下。世人笑我不悲伤,我笑世人空断肠,死后若还哭得转,我亦千愁泪万行。”这正是他对妻子一种特殊的纪念。

【文化常识】

庄生晓梦迷蝴蝶

庄子,即庄周(约公元前369年—公元前286年),字子休,后人称他为“南华真人”,战国时期宋国蒙(今安徽省蒙城县)人,思想家、哲学家、文学家,道家学派代表人物,老子哲学思想的继承者和发展者,先秦庄子学派的创始人,后世将他与老子并称为“老庄”,他们的哲学为“老庄哲学”。

庄子一生淡泊名利，主张修身养性、清静无为，在他内心深处则充满着对当时世态的悲愤与绝望，从他哲学有着退隐、不争、率性的表象上，可以看出庄子是一个对现实世界有着强烈爱憎感情的人。庄子是主张精神上的逍遥自在的，所以在形体上，他也试图达到一种不需要依赖外力而能成就的一种逍遥自在境界；庄子是主张宇宙中的万事万物都具有平等的性质，人融入万物之中，从而与宇宙相终始；庄子提倡护养生命的主宰亦即人的精神是要顺从自然的法则，要安时而处顺；庄子要求重视内在德性的修养，德性充足，生命自然流注出一种自足的精神的力量。

庄子的思想包含着朴素的辩证法因素，主要思想是“天道无为”，认为一切事物都在变化，他认为“道”是“先天地生”的，“道未始有封”（即“道”是无界限差别的），属主观唯心主义体系，主张“无为”，摒弃一切妄为。又认为一切事物都是相对的，因此庄子否定知识，否定一切事物的本质区别，极力否定现实，幻想一种“天地与我并生，万物与我为一”的主观精神境界，安时处顺，逍遥自得，倒向了相对主义和宿命论。在政治上主张“无为而治”，反对一切社会制度，摒弃一切文化知识。

庄子的文章，想像力极为丰富，文笔也变化多端，具有浓厚的浪漫主义色彩，并采用寓言故事形式，富有幽默讽刺的意味，对后世文学语言有很大的影响。庄周和他的门人及后学者著有《庄子》（被道教奉为《南华经》），是道家经典著作之一。

【原文】

疏脱士简①，博奥文元②。

【注释】

①士简：张率（公元457年—公元527年），字士简，南朝梁国人。

②文元：唐代萧颖士（公元717年—公元768年），字茂挺，谥号文元。

【经典原意】

张率嗜酒，性情疏狂，曾让家僮将三千斛米送回老家吴地，结果丢失了大半。张率向家僮询问原因，家僮却说是麻雀、老鼠糟蹋了。士简听后说道："好厉害的麻雀和老鼠啊！"事情竟然就此了结，张率也不再追究。

萧颖士的奴仆杜亮，侍从他十多年，还仍常受鞭打，杜亮不堪其苦，有人劝他离开，杜亮却说："我不是无处可去，而是仰慕他的博学多才。"

【原文】

敏修未娶，陈峤初婚。

【经典原意】

宋代陈敏修，绍兴（南宋高宗赵构的年号，公元 1131 年—公元 1162 年）年间，科举考试中进士第三名，皇帝问他年龄，陈敏修答："七十三。"又问他妻室子女，陈敏修道："未娶。"于是，皇帝便将宫女施氏赐婚给他。

宋代陈峤年近六十才考中进士及第，一个书香之家把女儿嫁给了他。新婚之夜，陈峤作诗道："彭祖尚闻八百，陈郎犹是小孩儿。"

【文化常识】

结发夫妻

周代贵族男子二十岁结发加冠后可以娶妻，贵族女子十五岁许嫁时举行笄礼后结发加笄。所谓结发，就是在头顶上盘成发髻（区别于儿童的发式），表示年届"成人"，可以结婚。苏轼诗中有"结发为夫妻，恩爱两不疑"的句子，可见这种风俗流传了很久。

【国学故事】

相濡以沫

庄子家中十分贫寒,常常食不果腹,吃了上顿没下顿。妻子叫他外出借粮,庄子就找到了监河侯,监河侯许诺秋后再借,庄子说这是远水解不了近渴就回家了。到家后,妻子让庄子到别的地方去借,庄子说:“我们与其像车辙里的鱼一样相濡以沫的过日子,倒不如两忘而化其道。”妻子无奈,只能偷偷流着泪,拿着休书,另嫁他人。

【原文】

长公①思过,定国②平冤。

【注释】

①长公:汉代韩延寿,字长公,汉宣帝时期著名士大夫。

②定国:西汉于定国,字曼倩,官至丞相,封西平侯。

【经典原意】

韩延寿担任左冯翊时,有兄弟二人为争田而找他打官司,韩延寿自责道:“作为地方官员,我应以身作则,教化不好,是我的过错啊!”于是闭门思过,官吏、百姓都深受感化,兄弟二人也和好不再争讼。

汉宣帝时,于定国担任廷尉,为人谦恭审慎,能决疑平法,当时人们称赞他说:“张释之为廷尉,天下无冤民;于定国为廷尉,民自认不冤。”

【原文】

陈遵①投辖②,魏勃扫门。

【注释】

①陈遵:字孟公,西汉杜陵(今陕西西安)人。

②辖:用来固定车轮的部件。

【经典原意】

陈遵豪放不羁，十分好客，每次和好友相聚饮酒，都要取下客人的车辖投入井中，即使是有急事，也决不让好友中途离去。

西汉魏勃年少时，想求见齐国宰相曹参，但因家贫无钱通路，于是，魏勃每天早晨都在曹参舍人房门口打扫，后来，终于得到舍人引见。

【原文】

孙琏织屦①，阮咸②曝③裈④。

【注释】

①屦(jù句)：古代用麻、葛等制成的单底鞋。

②阮咸：字仲容，晋代陈留尉氏人，阮籍的侄子，和阮籍齐名，"竹林七贤"之一。

③曝(pù瀑)：晒。

④裈(kūn昆)：裤子的古称。

【经典原意】

宋代孙琏家贫，十分好学，擅长吟诗作赋，但从来不参加科举考试，而是以耕田种地、编制草鞋为生，活到了一百岁。

阮咸和阮籍住在道南，其他阮姓人都住在道北，北边富有，南边贫穷。七月七日，按照传统习惯要晒衣服，道北晒的都是锦绣服装，阮咸便在院中用竹竿挂了一条大裤衩说："未能免俗，聊复尔耳。"

【原文】

晦堂①无隐，沩山②不言。

【注释】

①晦堂：高堂寺高僧祖心的号，祖心以住所为号。

②沩(wéi围)山：唐高僧灵祐(公元771年—公元853年)，号沩山，元和(唐

宪宗李纯的年号,公元806年—公元820年)末年,居住长沙沩山七年,故以沩山为号,为五宗第一。

【经典原意】

黄庭坚向祖心请教《论语·述而》中"吾无隐乎尔"的解释,晦堂没做正面回答。当时夏末秋初,秋风满院,晦堂问:"你闻到木樨香了吗?"黄庭坚答道:"闻到了。"晦堂又说:"吾无隐乎尔!"黄庭坚深感折服。

香岩禅师参见沩山,沩山说:"父母未生时,试说一句看。"禅师感到很茫然,不知是什么意思,多次请求沩山解释。沩山却说:"我说的是我的,终不干你事。"香岩哭着辞别而去。后来,禅师经过南阳,在清除杂草时,偶然间抛出一片瓦砾,击打竹子发出响声,顿悟,遂沐浴更衣,焚香祷告,遥礼沩山,赞叹道:"沩山禅师真是大慈大悲,恩情大过父母,若是之前说破,哪能有我今日感悟呢?"

十四　寒

【原文】

庄生蝴蝶,吕祖[①]邯郸。

【注释】

①吕祖:吕洞宾,名岩,别号纯阳子,亦称回道人,传说中"八仙"之一,又称为吕祖,唐代著名道士。

【经典原意】

庄子在《齐物篇》中讲述自己在梦中化为一只蝴蝶,不知是庄周做梦变成蝴蝶,还是蝴蝶变成了庄周。

传说,吕洞宾得道后,云游到邯郸,在一家客栈中休息,恰好赶上店主在做黄粱米饭,吕洞宾看到一个失意的卢生,那卢生告诉吕洞宾说自己困厄不堪,想求官入仕,吕洞宾就把包袱里的枕头取出来递给他。卢生枕着枕头，酣然入睡，梦到自己进士及第，出入将相五十年，荣华富贵，无人能及。卢生一觉醒来，店家的黄粱米饭还没熟。卢生顿悟，随即跟着吕洞宾修道仙去。“黄粱一梦”就出自这里。

【文化常识】

八仙

八仙，为民间广为流传的道教八位神仙，但各代说法不一，有汉代八仙、唐代八仙、宋元八仙，所列神仙各不相同。至明吴元泰《八仙出处东游记》（即《东游记》）才始定为：铁拐李（李玄/李洪水）、汉钟离（钟离权）、张果老、蓝采和、何仙姑（何晓云）、吕洞宾（吕岩）、韩湘子、曹国舅（曹景休）。

传说八仙分别代表着男、女、老、少、富、贵、贫、贱，由于八仙均为凡人得道，所以个性与百姓较为接近，晚近为道教中相当重要的神仙代表，中国许多地方都有八仙宫，迎神赛会也都少不了八仙。俗称八仙所持的檀板、扇、拐、笛、剑、葫芦、拂尘、花篮等八物为“八宝”，代表八仙之品。

【原文】

谢安①折屐②，贡禹③弹冠。

【注释】

①谢安（公元320年—公元385年）：字安石，号东山，东晋政治家，军事家，祖籍陈郡阳夏（今河南太康）。

②屐：木头鞋。

③贡禹（公元前127年—公元前44年）：字少翁，西汉琅琊（今山东诸城）人，以“明经洁行”著闻于世。

【经典原意】

太元八年（公元383年）前秦苻坚攻打晋国，谢安任职征讨大都督，指挥将帅，各司其职。谢安的弟弟谢石、侄子谢玄率部队在淝水大破苻坚。捷报传来，谢安正和府中客人下棋，拿过捷报，随手翻阅后便放到一边，丝毫不动声色。下完棋送走客人后，谢安难掩喜悦之情，进屋时，竟忘迈门槛，把鞋子底部的木齿都撞断了。

贡禹与王阳是同乡好友，王阳做了汉元帝的谏议大夫，贡禹听说后便常掸掉帽上的尘土，既是为了庆贺王阳做了官，也是庆幸自己可能因王阳而再做官。果然，没过多久，贡禹便被征召为谏议大夫。因此当时人们说："王阳在位，贡公弹冠。"

【原文】

顗①容②王导③，浚④杀曲端⑤。

【注释】

①顗（yǐ 以）：周顗（公元 269 年—公元 322 年），字伯仁，东晋安城（今河南省汝南县东南）人。

②容：宽容。

③王导（公元 276 年—公元 339 年）：字茂弘，晋朝琅砑临沂（今山东临沂）人。

④浚：张浚（公元 1097 年—公元 1164 年），字德远，南宋汉州绵竹（今属四川）人，当朝名相，抗金名将。

⑤曲端（公元 1090 年—公元 1131 年）：字正甫，一字师尹，镇戎军（今宁夏固原）人，南宋抗金名将。

【经典原意】

王导堂兄王敦起兵反晋，王导不幸受株连，到殿前待罪，对办案的周顗大声疾呼，苦苦哀求，请求他帮忙照顾家中亲眷。周顗末做声，暗中却仗义执言，极力向皇帝申诉，王导却全然不知。后王敦攻入建康城（今江苏南京），问王导说："周顗这个人怎么样?"王导不回答，王敦随即将周顗杀掉。事后，王导见到周顗申救自己的表章，后悔莫及，哭着说："我虽不杀伯仁，伯仁由我而死！"后来这句话流传下来演变为一句成语。

张浚在高宗时，曾任川陕京西诸路君宣抚使，曲端官居宣州观察使，二人意见不合，又在吴玠等人诬陷下，张浚将曲端下狱致死，谥号壮愍。

【原文】

休那①题碣，叔邵②凭棺。

【注释】

①休那：明末姚康（公元1578年—公元1653年），字休那，原名士晋。

②叔邵：明代方叔邵，字虎王，桐城人。

【经典原意】

姚康七十岁时曾作诗自祭，并自提墓碑："吊有青蝇，几见礼成徐孺子；赋无白凤，免得书称莽大夫。"意思是：要像汉代徐稚那样注重人品，而绝不像扬雄那样去恭维王莽。后被朱熹称为莽大夫。

崇祯壬午年（公元1642年）夏，方叔邵病重，整衣坐在棺中，倚着棺材提笔写道："千百年之乡而不去，争此瞬息而奚为？无干戈剑戟之乡而不去，恋此织棘而奚为？清风明月如常在，翠壁丹崖我尚归。笔砚携从棺里去，山前无事好吟诗。"

【原文】

如龙诸葛①，似鬼曹瞒②。

【注释】

①诸葛：诸葛亮。

②曹瞒：曹操（公元155年—公元220年），即魏武帝，字孟德，小名阿瞒、吉利，沛国谯（今安徽省亳州市）人，东汉末年杰出的政治家、军事家、文学家、诗人。

【经典原意】

诸葛亮父亲诸葛玄死后，他和弟弟在荆州避难，躬耕与隆中，诸葛亮平日好念《梁父吟》,又常以管仲、乐毅自比,当时人都不以为然,只有好友徐庶、崔州平、孟建、石韬相信他的才干,徐庶曾说:“诸葛孔明者,卧龙也。”诸葛亮与当时的荆州名士司马徽、庞德公、黄承彦等人私交甚好,后因司马徽推荐,刘备三顾茅庐请他出山为相。

曹操一生机警,广施权术,阳节潘氏曾评论他道:“平生奸伪,见死真性,操之所以如鬼也。”

【文化常识】

诸葛亮“隆中对”

诸葛亮(公元 181 年—公元 234 年),字孔明,号卧龙,琅琊阳都(今山东临沂)人,三国时期杰出的政治家、战略军事家,蜀汉丞相,谥号忠武侯。

当时,刘备依附于刘表,屯兵新野。在一次拜访司马徽时听说:“那些儒生都是些见识浅薄的人,怎会了解当时局势呢?只有了解当朝局势的人才是真正的俊杰。现在只有卧龙(诸葛亮)、凤雏(庞统)二人而已。”

后诸葛亮又受到徐庶的推荐,刘备想让徐庶为他引荐,徐庶却说:“这个人可以去见,但不能让他屈尊至此,将军最好是亲自前往探访。”刘备便亲自前往拜访,去了三次才见到诸葛亮,刘备叫其他人退下,向诸葛亮提问道:“当今时代,汉室衰败,奸臣假借皇帝之名去做事,令皇上失去大权,也渐渐失去人心。我没有衡量自己的德行与能力,想以大义重振天下,但智慧、谋略不足,所以时常失败,直至今日。不过我志向仍未平抑,你有没有计谋可助我?”诸葛亮向刘备陈说了三分天下的计谋,分析了曹操不可取,孙权可作援的形势;又详述了荆、益二州的君主懦弱,只有拥有此二州才可争胜,即说明了此夺取二州的必要性及可能性;更向刘备讲述了攻打中原的战略。刘备听后大加赞赏,这篇论说就是日后著名的“隆中对”。

【原文】

爽①欣御②李③，白④愿识韩⑤。

【注释】

①爽：荀爽，字慈明，东汉颍阴（今河南许昌市）人。

②御：驾驭，驾驶。

③李：李膺（yīng 英），字元礼，颍川襄城人，出生于东汉官僚地主家庭。

④白：李白。

⑤韩：韩会，字朝宗，韩愈的兄长，四夔之一。

【经典原意】

李膺性情孤傲，不爱随意与人交往，唯独与同郡人荀淑、陈定为师友。李膺学问高深，为人正直，在社会上久负盛名，人们都以能与他交往为荣，把攀登李膺的家门，比为"登龙门"，一般士人一旦为李膺所接待，就会名声大振，身价数倍。荀爽因父亲的关系经常得以拜见李膺，欣喜地为李膺驾驶马车，回来后，逢人便说："我今天为李膺君赶过马车了。"自以为荣耀。

唐玄宗时，韩会官居荆州刺史，以举荐贤才著称。李白流落江汉，向韩会上书自荐道："李白听闻天下贤士都说：'生不愿封万户侯，但愿一识韩荆州'我对您十分仰慕，所以今天特来求见！"

【原文】

黔娄①布被，优孟②衣冠。

【注释】

①黔娄：春秋时期齐国隐士。

②优孟：春秋时期楚国宫廷艺人，以优伶为业，名孟，所以得名"优孟"，荆州人。

【经典原意】

黔娄死后，因家境贫寒，只能用布被覆盖，而被子太短，盖住头，脚就会露出来，盖住脚，头又露了出来。曾子说："斜着盖就可以了。"妻子却说："斜着盖虽然能盖全，可还不如正着盖。夫君生前正直不邪，死后却盖着斜的被子，这是他所不愿看到的。"

楚国宰相孙叔敖知道优孟是个贤良的人，很看重他，临死时，嘱咐子孙们："我死后，你们没了依靠，可能会很贫困，如果那样的话，你们就去拜见优孟，他一定会帮你们的。"后来，孙叔敖的儿子果然穷困潦倒，便去找优孟。优孟穿上类似孙叔敖的衣服去见楚王，言谈举止颇似孙叔敖，楚王以为孙叔敖复活，便要任命他为相国。优孟则说："孙叔敖身为楚国宰相，清正廉洁，忠心耿耿，可死后子孙们却连立足之地都没有，家中更是一贫如洗。如果您任命我为相国，像孙叔敖那样，我宁愿去死。"庄王深感惭愧，连忙向优孟道歉，并召见了叔敖的儿子，又把寝丘的四百户封地分封给了孙叔敖的子孙。

【原文】

长歌宁戚①，鼾睡陈抟②。

【注释】

①宁戚：春秋莱棠邑（今青岛平度）人。

②陈抟（tuán 团）（公元 871 年—公元 989 年）：字图南，自号"扶摇子"，赐号"希夷先生"，五代宋初著名道教学者，后人称他为"陈抟老祖"、"睡仙"等。

【经典原意】

宁戚家境贫寒，迫于生计，为人拉车到齐国，晚上喂牛时，敲打牛角，唱道："南山灿、白石烂，中有鲤鱼长尺半。生不逢尧与舜禅，短褐单衣至轩。从昏饮牛至夜半，长夜漫漫何时旦？"这就是著名的《宁戚歌》，真实地表现出了宁戚怀才不遇，自求用世的复杂心态。

传说，陈抟隐居在武当山时，曾有五位老人前来听他讲解《易经》，听完之后说："我们是日月池中的龙，这里不是你休息的地方。"说罢，就带着他乘着风来到华山。从此以后，陈抟就经常酣睡，有时竟能百日不起，据说正是这五条龙向他传授了蛰眠之术。

【原文】

曾参[①]务益[②]，庞德[③]遗[④]安[⑤]。

【注释】

①曾参：字子舆，春秋末年鲁国南武城（今山东平邑）人，世称"曾子"，孔子的弟子，与孔子、孟子、颜子（颜回）、子思比肩共称为五大圣人。

②务益：务求进取，一定要积极进取。

③庞德：庞德公，字山民，汉末襄阳（今湖北襄樊）人，名士。

④遗（wèi 胃）：留下，赠送。

⑤安：平安，安居乐业。

【经典原意】

曾参病重，两个孩子曾元、曾华依偎在他身边，曾参说道："我没有颜渊的才华，没有什么能告诫你们的，只知道君子必须积极进取。"

庞德公隐居岘山，荆州刺史刘表数次请他进府为官，他都不去，刘表问他："您不肯接受官禄，将来拿什么留给后世子孙呢？"庞德公答道："世人留给子孙的是贪图享乐、好逸恶劳的坏习惯，而我留给子孙的则是耕读传家、安居乐业的生活。"

【原文】

穆[①]亲[②]杵臼[③]，商[④]化芝兰。

【注释】

①穆：东汉公沙穆，字文义。

②亲：亲近，结交。

③杵臼（chǔ 楚；jiù 旧）：舂米的工具。

④商：卜商，字子夏，卫（今河南温县人），“孔门十哲”之一。

【经典原意】

公沙穆年少时在太学学习，因交不起学费，就更换衣服到外面给吴祐家舂米，来赚取银两以供日常开销。

孔子认为卜商善于择友，所以曾说：“我死之后，子夏一定会一天天地进步，子贡则会慢慢退步。卜商愿意和比自己贤良的人相处，而子贡则更倾向于和不如自己的人相处，所以和贤良的人相处，就像进入了种有兰芝的房间，待久了虽然闻不到花的芳香，但身上也已经有了兰芝的清香。近朱者赤，近墨者黑，所以君子必须慎重地选择相处的人。”

【原文】

葛洪①负②笈③，高凤④持竿。

【注释】

①葛洪（公元284年—公元364年）：字稚川，自号抱朴子，晋丹阳郡句容（今江苏句容县）人，东晋道教学者、著名炼丹家、医药学家。

②负：背着，背负。

③笈（jí及）：书箱。

④高凤：字文通，东汉叶县（今属河南）人。

【经典原意】

葛洪家中贫困，篱笆院落也常年不修，一心闭门读书，十分好学，若是出门寻书问义，无论多远，他都不辞劳苦，背着书箱，徒步前去借书抄写，以卖柴的钱来买笔墨纸砚等文具，夜晚，仍秉烛夜读，丝毫不知疲倦。

高凤家中以农耕为生，一次，妻子在院中晒麦子，让高凤赶鸡，而他只顾手拿竹竿诵读诗书，结果一场暴雨把麦子全冲走了，高凤仍丝毫没有察觉。

【文化常识】

七政与五行

古人把日月和金木水火土五星合起来称为七政或七曜，金木水火土五星是古人实际观测到得五个行星，又合称五纬。

金星，因光色银白，亮度很高，古称明星，又名太白。金星黎明见于东方叫做启明，黄昏见于西方叫做长庚，所以，《诗经》中有“东有启明，西有长庚”的句子。木星古名为岁星，古人认为岁星十二年绕天一周，每年行经一个特定的星空区域，并以此来纪年。水星又叫辰星，火星古名荧惑，土星古名镇星或填星。

【原文】

释之[①]结袜，子夏[②]更冠。

【注释】

①释之：西汉张释之，字季，南阳堵阳（今河南方城县东）人，著名法学家。

②子夏：西汉杜钦、杜邺，同字“子夏”。

【经典原意】

张释之与隐居不仕的王生私交甚好，在一次公卿集会上，处士王生要张释之给自己系袜带，释之便跪下给他系上。有人责问王生为什么要这样侮辱廷尉张释之，王生答道：“我老了，地位也很低下，帮不上廷尉释之什么忙，我之所以这么做，只是为了要推崇他，扩大他的名声。”人们知道王生的用心之后，都感慨王生的贤良，也更加地推崇张释之。

西汉杜钦、杜邺同姓“杜”，又同字“子夏”，且都以才能闻名于世，为了区分开来，杜钦自己制作了一顶小帽子，因此，京城的人都称杜钦为“小冠杜子夏”，而称杜邺为“大冠杜子夏”。

【原文】

直言唐介①，雅量刘宽②。

【注释】

①唐介（公元1010年—公元1069年）：字子方，北宋江陵（今属湖北）人。

②刘宽：字文饶，东汉华阴（今属陕西）人。

【经典原意】

唐介在宋仁宗时担任御史，因直言弹劾宰相文彦博结交后宫，窃取相位，而被贬黜。唐介以“直声动天下”，当时朝臣都赞叹：“真御史必曰唐子方。”宋神宗起用他为宰相，他常与王安石争辩，最后由于愤忿，背疽崩发而死。

刘宽为人有雅量，宽厚仁慈，从不疾言厉色，他担任南阳太守时，吏民有过失，仅以蒲鞭打以示惩戒。

【国学故事】

“宽厚长者”刘宽

刘宽骑着牛车外出，有个丢牛的人找上刘宽的牛车来辨认，刘宽默不作声，下车走回家去。不久，那人找到了自己的牛，亲自把牛送还刘宽，并叩头谢罪说：“我很羞惭，愧对长者，愿任由您处罚。”刘宽则说：“世间相似的东西这么多，很容易认错，有劳你把我的牛送还回来，我应当感谢你才是，怎能责罚你呢？”邻人都对他这种不与人计较的德量赞不绝口。

刘宽的夫人为试探他的度量，就在刘宽要赴朝会，衣冠装束都整理妥当时，命侍婢端着肉羹故意翻倒玷污刘宽的朝服，刘宽竟关切地询问侍女，肉羹是否烫伤了她的手。刘宽的度量如此宽厚，世人尊称他为“宽厚长者”。

【当代阐释】

宽容的智慧

宽容是一种强大的力量，它能化害为利，化繁为简。宽容往往能使对方从中吸取教训，重新审视自己的行为，毕竟人心不是靠力量可以征服的，宽容大度可以感化一切心灵的坚冰。

宽容是一种超然的智慧，它能化敌为友，化戾气为祥和。宽容常常能使人心旷神怡，以不同的角度看待事情，退一步海阔天空。

【原文】

捋须何点①，捉鼻谢安②。

【注释】

①何点：（公元437年—公元504年）字子晳，南朝梁庐江氵区（今安徽霍山）人。

②谢安（公元320年—公元385年）：字安石，号东山，东晋政治家，军事家，祖籍陈郡阳夏（今中国河南省太康）。

【经典原意】

何点历经宋、齐、梁三朝，博览群书，不婚不仕，当时人们称他为“通隐”。何点与梁武帝（公元502年—公元548年）旧有交情，武帝继位后，便赐给他鹿皮巾，并亲自写诏书要征召他入朝，想拜他为侍中。何点听闻后，就用手捋着武帝的胡须说：“你想要老夫当臣子吗？这是想让我变老呀！”过了不久，何点就称病辞谢回家了。

谢安少年时便颇有盛名，皇上多次征召，他都称病而不赴任。当时有人很有感慨地说：“安石不肯出，天下百姓可怎么办呢？”谢氏家族中，谢安的从兄谢尚兄弟辈有很多人已做了高官。谢家门前经常是车水马龙，门庭若市。有一次，谢安的夫人刘氏指着那些富贵的本家兄弟悄悄跟他开玩笑地说：“大丈夫难道不应该这样吗？”谢安听罢，手掩着鼻口说：“恐怕我也不免要这样了。”

【原文】

张华[①]龙鲊[②]，闵贡[③]猪肝。

【注释】

①张华（公元232年—公元300年）：字茂先，西晋范阳方城（今河北固安县）人，官至司空，封壮武郡公。著名文学家、诗人、政治家。

②鲊（zhǎ 眨）：腌鱼。

③闵贡：字仲叔，东汉太源（今属山西）人。建武中征为博士，不就，隐居终生。

【经典原意】

陆机曾送给张华一种腌鱼，张华用苦酒把鱼泡起来，立刻显现出五色光彩，张华感慨道："这是龙肉啊！"

闵贡家境贫寒，但颇有操守，品格高尚，从不受无功之禄，也不肯入朝作官，世人称他"节士"。闵贡每天都要买一片猪肝，有时屠户就不想卖给他。安邑县令听说此事，就命人给他送猪肝，闵贡很是惊奇，问了原因，便感慨道："我怎么能为了口腹之事来这样地麻烦官府呢？"于是就搬到了别处居住。

【原文】

渊材[①]五恨，郭奕[②]三叹。

【注释】

①渊材：彭渊材，名几，字渊材，宋代宜丰人，著名学者，生性旷达开朗，喜欢旅游，又精通音律。

②郭奕（yì 易）：字大业，西晋太原阳曲（今属山西）人，才情出众，颇有名望，官至尚书。

【经典原意】

彭渊材曾感慨人生有五恨——一恨鲥鱼多骨，二恨金橘带酸，三恨莼菜性冷，四恨海棠无香，五恨曾子固不能诗。

郭奕担任野王令时，羊祜（字叔子）回洛阳，郭奕前去迎接，见面后感慨道："羊叔子真不比我差啊！"回来后感叹道："羊叔子比一般人强多了！"羊祜要回去，郭奕送了又送，一直送到第二天清晨，共送出数百里路，不住地赞叹："羊叔子真是不比颜渊差啊！"

【原文】

弘景[①]作相，延祖[②]弃官。

【注释】

①弘景：南北朝陶弘景（公元456年—公元536年），字通明，号华阳隐居，南朝梁时丹阳秣陵（今江苏南京）人，道教茅山派代表人物之一，道教思想家、医学家。

②延祖：唐代元延祖。

【经典原意】

梁武帝即位前曾和陶弘景一同游玩，继位后屡次征他入朝为官，他都辞而不受，每次有大事，武帝都要向他请教咨询，世称"山中宰相"。

元延祖立志不当官，年过四十之后勉强作春陵令，后又辞官而去，别人问他原因，他解释道："人生衣食可适饥寒，不宜复有所需，每灌畦掇薪，以为有生之役，过此吾不思也。"

【原文】

二疏[①]供帐，四皓[②]衣冠。

【注释】

①二疏：西汉疏广（字仲翁）、疏受（字子受）叔侄俩。

②四皓："商山四皓"，秦末汉初（公元前200年左右）的东园公唐秉、角（lù）路）里先生周术、绮里季吴实和夏黄公崔广四位著名学者，长期隐居商山，刘邦多

次征召都不愿意入朝为官，出山时已八十多岁，眉毛胡须都已皓白。

【经典原意】

疏广、疏受二人分别担任太子太傅和太子少傅，在任五年，疏广对疏受说："知足不辱，知止不殆；功成身退，天之道也，不去恐有后悔。"于是上疏请求辞官退隐。皇帝、太子赏赐黄金百余斤，公卿大夫也都设帐为他们送行，世人称二人为贤大夫。

汉高祖刘邦登基后，立长子刘盈为太子，封次子如意为赵王。刘盈天生懦弱，才华平庸，而次子如意却聪颖过人，才华出众，刘邦有意废刘盈而改立如意为太子。刘盈的母亲吕后知道此事后非常着急，便遵照开国大臣张良的主意，邀请"商山四皓"。一天，刘邦与太子刘盈一同饮宴，看到太子背后有四位衣冠整洁、白发苍苍的老者，问后才知是"商山四皓"。四皓上前谢罪道："我们听说太子是个仁人志士，又很有孝心，礼贤下士，所以就一齐来作太子的宾客。"刘邦觉察到大家都很同情太子，又见太子有四位贤士辅佐，便打消了改立赵王如意为太子的念头。

【原文】

曼卿①豪饮，廉颇②雄餐。

【注释】

①曼卿：石延年（公元994年—公元1040年），字曼卿，宋代著名文学家和书法家，祖籍幽州（今河北涿县），后迁居宋州宋城（今河南商丘）。

②廉颇：战国时期赵国杰出的军事家。

【经典原意】

石延年性情豪放，酒量过人，常常纵情豪饮。他几次考进士都未考中，以武臣叙迁得官，曾任光禄大理寺丞，后迁任太子中允，对北宋边防颇有主见，主张平时加紧练兵，以防患于未然，著有《备边策》一书，但未上报。后来，宋仁宗听闻他对于守边的策略很是欣赏，想重用他，但石延年却因戒酒后，喝酒致病，英年早逝。

廉颇因讨伐燕国立下了大功，被封为信平君。悼襄王继位后，廉颇不再被委以重任。后来，赵国受到秦国的围攻，悼襄王想重新起用廉颇，便派使者前去了解廉颇近况。廉颇为了表明自己宝刀未老，仍能带兵打仗，一顿饭就吃了一斗米，十斤肉，然后披挂上马，英勇不减当年。然而使者收受贿赂，故意谎报说："廉颇将军虽然老了，但仍很能吃饭，不过，一顿饭的工夫他就拉了三次屎。"

【原文】

长康①三绝，元方②二难。

【注释】

①长康，东晋顾恺之（公元348年—公元409年），字长康，小字虎头，晋陵无锡（今江苏无锡）人，画家，美术理论家，诗人。

②元方：东汉陈寔的长子陈纪，字元方。

【经典原意】

顾恺之博学多才，工诗善书精丹青。每次画人物，都多年不画上眼睛，并说："传神写照，就在这幅画作之中。"顾恺之十分迷信"蝉翳叶"，又沉浸艺术，孜孜不倦，因此有"才绝、画绝、痴绝"之称。

元方的儿子长文和季方的儿子孝先分别论述父亲的功德，难分轩轾，便去请教曾当过太丘令的祖父陈寔。陈寔回答说："你们的父辈虽然是兄弟，但是谁也不比谁的功德高，难以分出高低上下来，两人都是一样的出色难得。""难兄难弟"一成语就出自这里。

【原文】

曾①辞温饱，城②忍饥寒。

【注释】

①曾:北宋王曾(公元978年—公元1038年),字孝先,青州益都(今山东益都)人。

②城:唐代阳城,字亢宗。

【经典原意】

咸平年间,王曾乡试、廷试都获得了第一,刘子仪开玩笑道:"状元试三场,一生吃穿不尽。"王曾则说:"平生志不在温饱。"

阳城家庭贫困,但十分好学,到集贤院做事后,常常偷院中的书籍来读,六年后便饱读诗书,无所不通。阳城隐居在中条山中,缺粮少食时,便以榆叶为粥,但诵读诗书,教授知识从未停止过,后来登第任谏议大夫。

【文化常识】

古代中央监察官

我国古代中央的监察官,可追溯到战国时代的御史。御史是记事之官兼纠察之职,秦汉称为侍御史,秦以御史大夫为侍御史之长。西汉御史大夫是副丞相,由其助手御史中丞领导监察弹劾工作。后来成立监察机构御史台,以御史中丞为首长。御史台又称宪台,后世或称肃政台等,所以习惯上把监察官称为台官。

历代监察官的首长或为御史大夫,或为御史中丞等。明清中央监察机构称为都察院,首长称为左、右都御使。历代掌管监察的属官除侍御史外,还有治书侍御史、殿中侍御史、监察侍御史。唐代为避唐高宗名讳,改治书侍御史为持书侍御史,常误作侍书侍御史。

【原文】

买臣①怀绶,逢萌②挂冠。

【注释】

①买臣:朱买臣,字翁子,东汉吴人。

②逄(páng 旁)萌:字子康,东汉北海郡都昌县(今山东昌邑市)人。

【经典原意】

朱买臣家境贫寒，靠卖柴为生，砍柴空闲时不忘诵读诗书。妻子厌倦了困苦的生活，弃他而去。朱买臣后来官居会稽太守，前往赴任时身上穿了件破旧衣服，怀中揣着官印，步行到郡中，诸官吏完全不予理睬。守门人看到了绶带，才知是新任太守到来，急忙赶去报告守丞前来迎接。

逄萌家境贫困，为生计所迫，曾担任驿亭长。县尉路过驿亭，逄萌候迎拜谒，感慨不已，喟然叹道："大丈夫怎能这样受人役使？"便去长安就学求官，当时正赶上王莽专权，逄萌对朋友说："三纲之义已经不复存在了，若不离开，定会有灾祸殃及于我。"于是把帽子挂在长安东郭城门上，回归故里，全家人渡海到辽东居住。

【原文】

循良①伏湛②，儒雅儿宽③。

【注释】

①循良：奉公守法。

②伏湛：字惠公，东汉琅琊东武（今山东诸城）人。

③儿宽：又作"倪宽"，西汉大臣，千乘（今山东广饶）人。

【经典原意】

伏湛更始（公元23年—公元25年）年间担任平原太守，奉公守法，廉洁爱民，在战乱中更是捐献自己的俸禄来赈济灾民，使整座城池得以保全。后来，东汉光武帝即位后，拜伏湛为大司徒。

儿宽少时家贫，常携带经书务农。开始时，儿宽在廷尉张扬府中做一个笔墨小吏，后因他所写的奏折简洁明晰，行文流畅而显露才能，被武帝召见后，擢升为中大夫，迁左内史。

【原文】

欧母①画荻，柳母②和丸。

【注释】

①欧母：宋代欧阳修的母亲，韩国夫人郑氏。

②柳母：唐代韩休的女儿，柳仲郢的母亲。

【经典原意】

欧阳修四岁时，父亲去世，和母亲相依为命。欧母恪守名节，亲自管教欧阳修。当时家中贫寒，母亲便用芦柴梗在地上书画，教导欧阳修学习。

柳母家教严谨，是缙绅家庭教子持家的典范，在管教儿子仲郢时，她曾将苦参、黄连研为细末，并用熊胆和成丸，让仲郢夜读时含在口中以激励他发奋苦读。

【原文】

韩①屏题叶，燕姞②梦兰。

【注释】

①韩：韩翠屏，唐僖宗时宫女。

②燕姞(jí 及)：春秋时期郑文公(公元前672年—公元前627年)的妻子。

【经典原意】

韩翠屏聪颖无比，擅长诗赋，一天，她看到红叶颇有感触，便在红叶上题诗道："流水何太急，深宫尽日闲。殷勤谢红叶，好去到人间。"红叶随着御沟的水流到宫外，学士于祐捡到后，也在红叶上提了首诗："曾闻叶上题红怨，叶上题诗寄阿谁？"把红叶放入御沟中，红叶随着风逆流进入宫中，恰巧翠屏又捡到了这片红叶。后来，唐僖宗下令放归宫人三千，翠屏也在其中，在丞相韩泳的极力撮合下，韩翠屏和于祐成婚。

燕姞曾梦见一名上天派来的使者送给自己一朵兰花，并说："我是你的祖父，这朵兰花就是你的儿子。"后来，燕姞生下穆公，取名为兰。

【原文】

漂母①进食，浣妇②分餐。

【注释】

①漂母：在河边洗衣服的老妇人。

②浣妇：在水边洗衣服的妇女。

【经典原意】

韩信小时候，家里很贫穷，一天他在淮阴城下钓鱼，有一位在河边洗衣服的老妇人看他饥饿，就拿吃的给他。韩信感激地说："我今后一定会好好地报答你。"老妇人说："我是看你可怜，才送给你吃的，哪里指望你报答我啊？"后来，韩信归汉，被封为淮阴侯，即楚王，韩信就送给那位好心的老妇人千金以示酬谢。

春秋时期，伍子胥逃到吴国，在溧阳濑水边看到了一个正在河边洗衣服的妇女，伍子胥便上前乞讨，妇女给了他一些食物。子胥又再三叮嘱他千万不要泄露自己的踪迹，没走几步回头看时，发现那妇女已经投河而死。后来，伍子胥在吴国受到了重用，想向那位妇女报恩，却不知她家在何处，就向濑水河中投下百两黄金以示报答。

十五　删

【原文】

令威①华表，杜宇②西山。

【注释】

①令威：丁令威，汉代辽东人。

②杜宇：古蜀国国君。

【经典原意】

丁令威起初在灵墟山学道，学成之后化成鹤飞回辽东，落在城门的华表柱上，有个少年要用箭射他，他飞到空中，盘旋高歌："有鸟有鸟丁令威，去家千年今始归。城郭如故人民非，何不学仙冢累累。"唱完振翼而去。

荆人鳖灵，随水而上，到了汶山脚下，杜宇封他为相国，命他率领百姓开峡治水，百姓们才得以生还。水患消除后，杜宇就把地位禅让给了鳖灵，自己则隐居西山，后来得道升天，号为望帝。望帝后化身为鸟，名为子规，即杜鹃。

【原文】

范增①举玦，羊祜探环。

【注释】

①范增（公元前277年—公元前204年）：项羽的谋臣，秦末居巢（今安徽巢湖市人），被项羽尊为"亚父"。

【经典原意】

楚汉相争，刘邦率先入关，欲称王天下，项羽大怒，随设鸿门宴邀请刘邦。席间，范增举起所配的玉玦（jué 绝）示意项羽要下定决心杀掉刘邦，项羽不听，放刘邦归去。

晋代羊祜五岁时，让乳母到邻居李氏园中的桑树下取出一枚金环。李氏说那是他家死去的小儿丢失之物。人们便传说羊祜是邻居李氏家的孩子转世再生的。

【国学故事】

霸王别姬

"力拔山兮气盖世，时不利兮骓（zhuī 追）不逝；骓不逝兮可奈何，虞兮虞兮奈若何。"这首《垓（gāi 该）下歌》是楚霸王项羽（公元前232

年—公元前202年)被刘邦逼至垓下时,与宠妃虞姬共唱的歌,一曲唱完,虞姬自刎而死,项羽则亲率精锐突围,但仍被围困在乌江,最后也自刎身亡。这首项羽与虞姬最后的诀别,就成了传唱千古的凄美绝唱。

“霸王别姬”是一个十分凄美的爱情故事,反映了项羽和虞姬感天动地的爱情。西楚霸王英雄末路,痴情虞姬自刎殉情,这悲情的一瞬,永远地定格在了中国文学的字里行间,成为了中国古典爱情中荡气回肠的经典。

【原文】

沈昭狂瘦,冯道痴顽。

【经典原意】

晋代沈昭晚上喝醉后,在娄湖苑遇到了王约,睁大眼睛看了看王约,问道:“你怎么这么肥,而且痴呢?”王约反问道:“那你怎么这么瘦,而且狂呢?”沈昭拍着手大笑道:“瘦比肥好,狂又比痴强,奈何奈何!王约啊,你怎么如此痴傻?”

五代冯道曾担任后晋司徒,被封为燕国公。后来,契丹灭晋,冯道前去拜见辽国国君耶律德光。辽主讥讽他说:“你是个什么样的老头?”冯道回答:“我是个无才又无德的痴顽老头。”德光大悦,封冯道为太傅。

【原文】

陈蕃下榻,郅恽拒关。

【经典原意】

汉代陈蕃担任豫章太守时,为人刚正不阿,气节高尚。虽是杜门谢客,却对豫章郡的贤士徐稚(字孺子)特别敬慕,还专门为他设置床榻接待,徐稚离开后就把床榻挂起来。乐安周(王谬),也是高尚之士,陈蕃也特意为他设榻接待。

东汉郅(zhì 志)恽(yún 云)担任上东门侯时,汉光武帝刘秀外出狩猎,深夜才回来,郅恽不让光武帝入关,光武帝只好从中东门入关。第二天,郅恽便上书向光武帝说明了拒绝光武帝入关的缘由,武帝赐给他百余匹布,贬黜中东门侯为尉。

【原文】

雪夜擒蔡①,灯夕②平③蛮。

【注释】

①蔡:唐代蔡州吴元济。

②灯夕:元宵节张灯结彩的夜晚。

③平:平息叛乱。

【经典原意】

吴元济叛乱,李愬奉命讨伐,但人微言轻,淮西之人对他很轻视,并不防备。李愬半夜趁着雪色偷袭蔡州。到悬弧城外,护城河中有很多的鹅和大雁,李愬便命令手下用箭群射,以乱军声。李愬一鼓作气擒住了吴元济,并用囚车将他送往京城以候皇帝发落。

宋代侬智高反叛,踞守昆仑关,狄青奉命前往讨伐,行军至宾州,正好赶上元宵节。狄青为了麻痹敌军,便命部下张灯结彩,欢庆佳节,并大摆筵席,宴请诸将官。三更时分,狄青率兵一举攻下昆仑山,大破敌军。

【文化常识】

三星高照

"人间福禄寿,天上三吉星",民间所谓的"三星高照",指的就是福、禄、寿三星,它们分别代表着福运、官禄和长寿,深受人们爱戴,特别是在春节期间,许多人家的墙上都换上了喜气洋洋的"三星"年画。

千百年来，我国民间一向将福、禄、寿三星作为交往礼仪和日常生活中幸福、吉利和长寿的象征。

【原文】

郭①家金穴，邓②氏铜山。

【注释】

①郭：郭况（公元9年—公元59年），东汉人。

②邓：邓通，西汉文帝宠臣。

【经典原意】

郭况是东汉光武帝时郭皇后的弟弟，因此常受到光武帝的赏赐，累计数亿两金，当时人们就称他家为“金穴”。郭况用珍珠来装饰台阁，把夜明珠悬挂在阁子的四周，白天看起来像星星一样闪闪发光，夜晚看夜明珠则像太阳一般耀眼，所以当时世人常说：“洛阳多钱郭氏室，夜日昼星富无匹。”

汉文帝派相士去相邓通，相士向文帝报告说邓通将来会因贫穷挨饿致死。文帝则说：“我会使他富有无比，怎么会让他饿死呢？”于是，文帝就将四川严道的铜山赏赐给他，让他烧铜铸钱，于是邓氏的钱币遍布天下。景帝继位后，邓通遭到贬黜，家产也被没收充公，后来，果然客死他乡。

【原文】

比干①受策，杨宝②掌环。

【注释】

①比干：汉代何比干，字少卿。

②杨宝：东汉华阴人（今属陕西），善良慈爱，隐居山中。

【经典原意】

据传，有位老妇人登门对何比干说："你前世积有功德，现在治理监狱又为多人平反，所以上天赐给你简策，让你家后代都能受到恩惠。"说完，便从怀中拿出九十九枚简策给他说："你家会日益繁盛，仅佩印的后代就能有这么多。"

传说，杨宝九岁时曾看到一只黄雀和一只鸱（chī 吃）鸮（xiāo 肖）搏杀后摔到了地上，很多蚂蚁都围上前来，杨宝觉得小雀很可怜，把它救起，带回家中治疗。后来，黄雀痊愈，变成了黄易童子，送给他四枚白玉环，叫他好好保存，并告诉他说："它会让您的子孙像玉一样洁白，还能保佑他们得到高官厚禄。"

【原文】

晏婴①能俭，苏轼为悭。

【注释】

①晏婴（公元前 578 年—公元前 500 年）：春秋时期齐国国相，字仲，谥平，也称平仲、晏子，夷维（今山东高密）人。

【经典原意】

晏婴虽身居高位，却力行节俭，妻妾从不穿帛衣，自己也不多吃肉食，一件裘皮衣能穿三十年，别人都觉得衣服太过破旧，很是难看，而晏婴却神态自若，丝毫不在意。

苏轼在给李公择的信中写道："我活到了五十岁，才知道过日子最重要的就是要悭吝，说得好听点就是节俭朴素。"

【原文】

堂开洛水，社结香山。

【经典原意】

宋代文彦博在仁宗、英宗、神宗、哲宗四朝中，出将入相五十年，待人接物谦恭礼让，尊德乐善。文彦博在洛阳时曾经与富弼、司马光等十三位德高望重者结为耆（qí 其）英会，在资政院设立耆英堂，并命人将他们的画像悬挂在堂中，成为一时盛事。

白居易晚年放意诗酒，和嵩山僧人如满结为空门友，平泉容韦楚为山水友，刘梦得为诗友，皇甫明之为酒友，又和胡杲（gǎo 搞）、吉旼（mín 民）、张浑、刘真、郑据、卢真、狄兼谟、卢贞等年高不愿为官者，共结香山社，平日以赋诗宴集为乐，人们都很仰慕他们。

【文化常识】

新乐府运动

新乐府运动，是由唐代诗人白居易、元稹等所倡导的一场诗歌革新运动。“新乐府”一名，是白居易相对于汉乐府而提出的，其含义就是以自创的新的乐府题目咏写时事，体现汉乐府的现实主义精神，故又名“新乐府运动”。白居易、元稹、李绅、张籍、王建是这一运动中的重要作家。

白居易在《与元九书》中提出：“文章合为时而著，歌诗合为事而作。”在《新乐府序》中全面提出了新乐府诗歌的创作原则，要求文辞质朴易懂，便于读者理解；语言直截了当，切中时弊，使闻者足戒；叙事有理有据，令人信服；还要词句通顺，合于声律，可以入乐，宣称要为君、为臣、为民、为物、为事而作，不为文而作。

白居易、元稹等诗人或“寓意古题”，或效法杜甫“即事名篇”，以乐府古诗之体，改进当时民间流行的歌谣，积极从事新乐府诗歌的创作。新乐府运动期间的作品，反映了中唐时期极为广阔的社会生活面，从各个方面揭示了当时存在的社会矛盾，提出了异常尖锐的社会问题，大都具有较强烈的现实意义和鲜明的倾向性。在艺术上，尽管各人的成就不同，风格互有差异，又大都体现出平易通俗，直切明畅的共同特色，展示了新乐府运动的实绩。

【原文】

腊花齐放，春桂同攀。

【经典原意】

唐朝武则天天授二年(公元691年)冬天，几名大臣假借上林苑腊梅花开，请武则天游览上林苑为由，以实现他们的图谋。武则天虽然应允，但仍然心存疑虑，便宣召说："明朝游上苑，火速报春知。花须连夜发，莫待晓风吹。"第二天凌晨，腊梅果然全部开放，群臣无不惊讶感叹，大臣们的图谋未能实现。

明代蒋南金、王大用二人，参加科举考试前，一同去寺庙中游览，当时恰逢桂花盛开，游人如织，二人闻花香，便各折了一枝桂花离去，有个孩子唱道："一布政，一知府，掇高魁，花到手。"游人都好奇地问他为什么这样唱，孩子便说："我随口唱的。"后来，蒋南金、王大用二人果然同时考中进士，蒋南金官居知府，王大用任职布政司。

卷 三

【导读】

信,诚也。即,诚实无欺,信守诺言,言行相符,表里如一,是做人的基本要求。“信”既是儒家实现“仁”这个道德原则的重要条件之一,又是其道德修养的内容之一。孔子及其弟子提出“信”,是要求人们按照礼的规定互守信用,借以调整统治阶级之间、对立阶级之间的矛盾。儒家把“信”作为立国、治国的根本。“信”作为儒家的伦理范畴,意为诚实,讲信用,不虚伪,汉儒更是把“信”列入“五常——仁义礼智信”之中,可见,“信”在儒家道德体系中是何等的重要。

无论是身在曹营心在汉的关羽,如数还钱的阎敞,还是如约挂剑的季札,忍辱偷生、含辛茹苦抚养赵氏孤儿的程婴,都以实际行动践行着“信”这一做人的基本准则。

一　先

【原文】

飞凫[①]叶令[②]，驾鹤缑仙。

【注释】

①凫(fú 浮):野鸭。

②叶(shè 射)令:汉明帝时叶县县令王乔，官至尚书郎，道教奉他为神仙。

【经典原意】

王乔到京城朝见明帝，不驾车，不骑马，而是施法术前往，只见两只野鸭从东南飞来，却不见王乔踪影。

周灵王太子晋，擅长吹笙，在缑(gōu 勾)氏山(也称缑山，在今偃师县府店镇)修道成仙，被称为“缑仙”，缑山因此而闻名。

【原文】

刘晨[①]采药，茂叔[②]观莲。

【注释】

①刘晨:东汉剡(shàn 善)溪人。

②茂叔:周敦颐。

【经典原意】

传说，永平(东汉明帝刘庄的年号，公元 58 年—公元 75 年)年间，刘晨和朋友阮肇进入天台山采药，在山中迷路，粮食也吃尽，远远望见山顶有桃子，便上前摘取食用。下山时，遇到两个女子，邀二人到家中做客。到了女子家中,家人盛情款待,并和刘晨结为夫妻。半年后,刘晨下山回家,却发现家中的人他都不认识,询问之下才知道,家中已是他的第七代孙。

周敦颐喜爱莲花,每当莲花盛开,周敦颐便会前往欣赏,写有《爱莲说》,是歌咏莲花的名篇,寓意深刻,文章中有"莲,花之君子者也"的词句。

【文化常识】

出淤泥而不染

周敦颐(公元1017年—公元1073年),字茂叔,号濂溪,北宋著名思想家、理学家、哲学家,原名敦实,因避英宗旧讳而改名为敦颐,道州营道县(今湖南道县)人,晚年定居庐山莲花峰下,以家乡营道之水名"濂溪"命名堂前的小溪和书堂,故人称"濂溪先生",谥号元公。周敦颐与邵雍,张载,程颢,程颐并称为"北宋五子"。

周敦颐是我国理学的开山祖,他的理学思想在我国哲学史上起了承前启后的作用。周敦颐继承了《易传》和部分道家以及道教思想,提出一个简单而有系统的宇宙构成论,说"无极而太极","太极"一动一静,产生阴阳万物。

周敦颐酷爱雅丽端庄、清幽玉洁的莲花,曾在府署东侧挖池种莲,并为池塘取名为"爱莲池",池宽十余丈,中间有一石台,台上有六角亭,两侧有"之"字桥。他盛夏常漫步池畔,欣赏着缕缕清香、随风飘逸的莲花,口诵《爱莲说》,自此莲池名震遐迩。

爱莲说

水陆草木之花,可爱者甚蕃。晋陶渊明独爱菊。自李唐来,世人盛爱牡丹。予独爱莲之出淤泥而不染,濯清涟而不妖,中通外直,不蔓不枝,香远益清,亭亭净植,可远观而不可亵玩焉。

予谓菊,花之隐逸者也;牡丹,花之富贵者也;莲,花之君子者也。噫!菊之爱,陶后鲜有闻。莲之爱,同予者何人?牡丹之爱,宜乎众矣!

【原文】

阳公①麾②日，武乙③射天。

【注释】

①阳公：战国鲁阳公。

②麾（huī 挥）：指挥。

③武乙：商王之一，姓子名瞿，商王康丁之子。

【经典原意】

《淮南子》中记载，鲁阳公与韩国作战，一直到日暮时分仍难分胜负，鲁阳公把矛头指向太阳，太阳随即倒退九十里。

商王武乙在位时，巫教势力对国家的治理产生了极大的负面影响，因此，武乙便想方设法极力打击巫术政权。一次，武乙命人制作了一只皮袋，袋里盛满兽血，挂在树枝上，他亲自挽弓仰射，射破皮袋，兽血喷涌而出，武乙称此为“射天”。经过种种斗争，终使巫权大为削弱，王权上升。

【原文】

唐宗①三鉴，刘宠②一钱。

【注释】

①唐宗：唐太宗。

②刘宠：字祖荣，东汉牟平人。

【经典原意】

公元 643 年，魏征去世，唐太宗悲痛至极，对大臣们说：“以铜为鉴，可正衣冠；以古为鉴，可知兴替；以人为鉴，可明得失。朕常保此三鉴，今魏征逝，吾亡一鉴矣！”

刘宠担任会稽太守时，勤政爱民，解除烦苛政令，监察官吏的非法行为，政绩卓著。后升职入京，山阴县（会稽郡的首县，即今浙江绍兴县）有五六位须眉皓齿的老人，特意从乡下赶来给他饯行，每人都带了一百文钱来送给他，刘宠不肯接受，只是从许多钱中挑选一个最大的收下，在出会稽地界时，把钱投到江里，后人把此江称作"钱清"，称刘宠为"一钱太守"。

【原文】

叔武①守国，李牧②备边。

【注释】

①叔武：春秋时期卫成公的弟弟。

②李牧：战国时期赵国人，著名军事家、统帅，官至赵国相，大将军衔。

【经典原意】

晋文公重耳为躲避朝廷迫害而出逃，到卫国时，卫成公拒绝接待他。重耳称霸后，讨伐卫国，卫成公被赶出卫国，而由弟弟叔武摄政守国。

李牧为提高部队战斗力，密切官兵关系，厚遇士卒，每天宰杀几头牛犒赏，让士卒们精练骑马射箭战术，全军将士士气高昂。针对匈奴特点，李牧采取先守后攻的策略，大胜匈奴，使匈奴十多年都不敢侵犯赵国边境，确保了赵国边境安全，使赵国君臣无后顾之忧地对付强秦的兼并战争，因功勋卓越，被封为武安君。

【原文】

少翁①致鬼，栾大②求仙。

【注释】

①少翁：汉代道士，会法术。

②栾（luán 峦）大：汉代道士。

【经典原意】

汉武帝李夫人病逝，武帝思念不已，少翁自称可招致李夫人魂魄，遂于夜晚点灯烛，设帷帐，摆酒肉，让武帝坐在帷帐中，武帝隐约看见李夫人的幻影，感慨道："是耶？非耶？立而望之，偏何姗姗来迟！"

栾大经由乐成侯丁义举荐，凭借自己三寸不烂之舌，骗得汉武帝宠信，武帝为了求仙，大肆奖赏栾大，封他为五利将军，并把自己的女儿卫长公主嫁给了他。栾大对武帝说："臣在海上往来时，见到安期、羡门，他们告诉我：'黄金可成，河决可塞，不死之药可得，仙人可致也。'"武帝对此深信不疑，命他入海去求长生不老药。后来，栾大的骗局被揭穿，武帝以欺君罔上的罪名将他腰斩。

【原文】

彧①臣②曹操，猛③相④苻坚。

【注释】

①彧(yù 欲)：东汉末荀彧(公元163年—公元212年)，字文若，颍川颍阴(今河南许昌)人，曹操部下谋臣，军事家、政治家。

②臣：名词动用，作为(曹操)的部下。

③猛：王猛(公元325年—公元375年)，字景略，晋代青州北海郡剧县(今山东寿光东南)人。

④相：名词动用，作为宰相。

【经典原意】

荀彧听闻曹操雄才大略，就带着侄子前去投奔，曹操任命他为司马，后官至汉侍中，守尚书令，谥号敬侯。因荀彧担任尚书令，居中持重达数十年，后人敬称他为"荀令君"。

王猛家贫如洗，但心存大志，勤学苦读。后经引荐，苻坚征召王猛入朝为官，二人一见如故，谈及国家大事，句句投机，王猛便留在苻坚身边做了前秦宰相，为他出谋划策，前秦日渐昌盛。王猛临死时，告诫苻坚千万不要攻打东晋王朝，苻坚不听，后自取亡国。

【原文】

汉家三杰①,晋室七贤②。

【注释】

①三杰:汉朝开国大臣张良、萧何、韩信三人,人称“汉家三杰”。

②七贤:晋代“竹林七贤”,包括:魏正始年间(三国魏齐王曹芳的年号,公元240年—公元249年)嵇康、阮籍、山涛、向秀、刘伶、王戎及阮咸。

【经典原意】

一次群臣集会上,汉高祖刘邦说:“运筹帷幄,决胜千里,我不如子房(指张良);镇抚百姓,馈饷不绝,我比不上萧何;连师百万,战胜攻取,我又比不过韩信。这三个人都是当今世上杰出的人才,都能为我所用,因此,我才能一统天下。而项羽连范曾一人都不能知人善任,所以他才被我所灭啊!”群臣听到后,无不心悦诚服。

嵇康、阮籍、山涛、向秀、刘伶、王戎及阮咸七人常在山阳县(今河南修武一带)聚会畅谈,肆意酣畅,世人称为“竹林七贤”。

【文化常识】

竹林七贤

中国魏晋时期七位名士的合称,成名年代较“建安七子”晚一些,包括:魏正始年间(公元240年—公元249年)嵇康、阮籍、山涛、向秀、刘伶、王戎及阮咸。七人常聚在当时的山阳县(今河南修武一带)竹林之下,肆意酣畅,故世谓“竹林七贤”。

“竹林七贤”是当时玄学的代表人物,他们的思想倾向虽略有不同。嵇康、阮籍、刘伶、阮咸主张老庄之学,“越名教而任自然”;山涛、王戎则好老庄而杂以儒术;向秀主张名教与自然合一,但他们在生活上都同样不拘礼法,清静无为,常聚众在竹林喝酒,纵歌。

七人的政治思想和生活态度不同于“建安七子”,他们大都“弃经典而尚老庄,蔑礼法而崇放达”。在政治上,嵇康、阮籍、刘伶对司马氏集团均持不合作态度,嵇康也因此被杀;山涛、王戎等则先后投靠司马氏,历任高官,成为司马氏政权的心腹。竹林七贤的文学作品基本上继承了建安文学的精神,但由于当时的血腥统治,作家不能直抒胸臆,所以不得不采用比兴、象征、神话等手法,隐晦曲折地表达自己的思想感情。

【原文】

居易识字,童乌①预玄②。

【注释】

①乌:汉代扬雄次子扬信,字子乌。

②玄:扬雄所写的《太玄》。

【经典原意】

相传,白居易自幼聪颖过人,七个月大时,就能识字,传为奇谈。

子乌聪慧无比,人称神童,扬雄在《法言》中写道:"我的孩子子乌,在九岁时就能看懂我写的《太玄》了。"

【原文】

黄琬①对日,秦宓②论天。

【注释】

①黄琬(wàn 万)(公元140年—公元192年):字子琰,东汉黄琼的孙子,早年丧父,机智过人。

②秦宓(fú 浮):字子敕,三国时期蜀国益州广汉绵竹(今四川绵竹)人,颇有才能,擅长雄辩。

【经典原意】

建和元年(公元147年,建和,东汉桓帝刘志的年号)正月魏郡出现了日食,京城看不到,时任魏郡太守的黄琼欲向朝廷报告此事,但不知如何描述日食的大小，这时，年仅七岁的黄琬在一旁说道："为什么不说日食之余，就像月亮初升呢？"

吴国使者张温出使蜀国时，问秦宓："天有头，有耳，有脚吗？"秦宓答："天有头，因为有'乃眷西顾'这样的诗句。天有耳，有诗句'鹤鸣九皋，声闻于天'为证。天也有脚，因为'天步维艰'。"张温又问道："天有姓吗？"秦宓回答："天有姓，姓刘，因当今天子姓刘。"

【原文】

元龙①湖海，司马②山川。

【注释】

①元龙：陈登，字元龙，东汉下邳淮浦（今江苏涟水县）人，性格桀骜不驯，学识渊博，智谋过人。

②司马：司马迁（公元前 145 年—公元前 90 年），字子长，西汉夏阳（今陕西韩城南）龙门人，史学家、文学家。

【经典原意】

刘备、许汜与刘表探讨天下贤士，谈到陈登时，许汜不以为然地说："陈元龙是湖海之士，狂傲习气至今犹在。"刘备虽对陈登十分熟悉，但他并没有立即反驳，而是问刘表："您觉得许君刚才说的对不对？"刘表说："如果说他说的不对，但许君是个贤士，不会随便评论；要是说的对，陈元龙又盛名满天下！"刘备又问许汜："为什么说陈元龙骄狂？"许汜答道："以前，我因世道动荡而路过下邳，见过陈元龙。他丝毫不懂待客之道，很久都没搭理我，只是自顾自地在床上休息，而让客人们坐在下床。"刘备应声道："您素有国士之风。现在天下大乱，帝王流离失所，元龙希望您能忧国忧民，有匡扶汉室之志，可是您却向元龙提出田宅屋舍的要求，言谈之中也没有什么新意，这当然是元龙所厌恶的，又有什么理由要求元龙和您说话呢？如果换作我，我肯定会上百尺高的楼上去高卧，而让你们睡在地下，哪里只是区区上下床的区别呢？”刘表听了，放声大笑。刘备又说道：“像元龙这样文武兼备、胆志超群的俊杰，只能在古代寻求，当今芸芸众生，恐怕很难有人能及其项背了。”

司马迁曾南游江淮，上会稽，探禹穴，窥九疑，浮沅湘，涉汉泗，讲业齐鲁，乡射邹峰，后过梁楚归来。司马迁著述《史记》一书时，早年的游历经历也为他的写作增添了许多难得的第一手资料。

【原文】

操[1]诛吕布[2]，膑[3]杀庞涓[4]。

【注释】

①操：曹操（公元155年—公元220年），即魏武帝。

②吕布：字奉先，东汉末五原郡九原（今内蒙古包头）人，骁勇善战，时人称“人中有吕布，马中有赤兔”。

③膑：孙膑，战国中期齐国人，著名军事家。

④庞涓（公元前475年—公元前221年）：战国时期魏国人。

【经典原意】

建安三年（公元198年，建安，东汉献帝刘协的年号）九月，曹操东征徐州，进攻久与他为敌的吕布，利用荀攸、郭嘉的计谋，生擒了吕布，并将其处死。

孙膑与庞涓同在山中跟随鬼谷子学习兵法，庞涓学业虽好，但和孙膑差很多，他为人奸猾，善弄权术。而孙膑天资聪颖，才能超群，一直被庞涓视作心腹大患。后来，庞涓下山回到魏国，深得魏王器重。因嫉妒孙膑的才能，又惧怕孙膑日后与他为敌，便设计陷害孙膑，孙膑被安上私通齐国的罪名，被剜去膝盖骨，脸上更是被人用刀刻上“私通齐国”四个字。后来，孙膑装疯扮傻才得以逃脱魔爪回到齐国。到齐国后，孙膑也深得齐王信赖，被封为军师，又有好友田忌相助。公元前354年，在孙膑指挥的“围魏救赵”一战中，齐国大军俘虏了庞涓，但念及同窗情谊，孙膑只将他训导了一番，便放他回国。公元前342年，魏国出兵讨伐韩国，韩国寡不敌众，遂向齐国求救，齐王依照孙膑计谋，在两国交战一年，双方实力大减的情况下出兵，又用增兵减灶的计谋诱敌深入，在马陵道将庞涓乱箭射死，并一举击溃了魏军。

【原文】

羽[①]救巨鹿，準[②]策澶渊。

【注释】

①羽：项羽（公元前232—公元前202年），名籍，字羽，下相（今江苏宿迁）人，楚国名将项燕之孙，我国古代起义领袖，著名军事家、战略家，我国军事思想“勇战”派代表人物，人称西楚霸王。

②準：寇準（公元961年—公元1023年），也作“寇准”，字平仲，华州下邽（今陕西渭南）人，北宋政治家、诗人，深得宋太宗赏识，曾官居宰相，谥号忠愍（mǐn敏）。

【经典原意】

秦军围困赵国巨鹿，正值阴雨连绵，起义军缺衣少粮，处于困境之中。楚怀王即任命宋义为上将，项羽为副将，引兵救援。宋义率军到达安阳（今河南安阳南）后，畏缩不前，原地屯兵四十六天，项羽当机立断，剑杀宋义，迫使楚怀王任命他为上将军，即刻挥师北上渡江救赵。由于对手是强大的秦国铁血精锐，赵军寡不敌众，士气低落，项羽遂命将士们凿沉渡江用的船只，打破煮饭的铁锅，只带三天干粮，军士们个个以命相抵，大破秦军，这就是“破釜沉舟”的由来。

景德元年（公元1004年，景德，北宋真宗赵恒的年号），辽军大举入侵北宋，寇準力主出兵抵抗，恳请真宗渡河亲征，与辽军在澶渊大战，真宗亲征鼓舞了宋军士气，宋军一鼓作气，大胜辽军，并与辽订立了“澶渊之盟”，稳定了国家局势。

【原文】

应融丸药，阎敞[①]还钱。

【注释】

①阎敞：字子张，东汉人，曾任五官掾（yuàn 院）。

【经典原意】

汉代祝恬应皇帝征召，在去京城的路上得了病。路过鲁国郎县时，时任郎县县令的应融的朋友谢著却因为祝恬得病而拒不接待他。祝恬只好拖着病体来到汲县，县里的儒生将此事告诉了应融，应融说道："祝恬是个难得的人才，将来定会成为国家栋梁，怎能让他无依无靠病在外面呢？"于是亲自安排他吃住，为他调制丸药，还命人制作棺木准备为奄奄一息的祝恬送终。在应融的精心照料下，祝恬竟奇迹般地康复，应融的这种救人于危难之中的高尚行为，被后人传为佳话。

阎敞与时任郡守的第五常来往密切，交情深厚，阎敞的正直诚恳，宅心仁厚更是深得第五常仰慕。后来，第五常被征调到京城任职，临行前将一百三十万贯钱交给阎敞保管，准备等在京城安顿好了再来取。第五常到京城后不久，就遇到了瘟疫，不幸遇难，全家只剩下一个九岁的小孙子靠亲友的救助生活。第五常在临终时，告诉孙子自己在阎敞那里寄存了三十万贯钱。孙子长大后找到阎敞，阎敞看着眼前这个熟悉的青年人，悲喜交加，遂将一百三十万贯钱全部归还第五常的孙子。第五常的孙子却说："祖父说是三十万贯，不是一百三十万贯钱。"阎敞道："一定是你祖父病重糊涂，信口说的，他确实是存放在我这儿一百三十万贯钱。"

【原文】

范[①]居让谁，吴[②]饮贪泉。

【注释】

①范：范柏年，南朝宋国人，曾任广州刺史。

②吴：吴隐之，字默处，东晋濮阳鄄城人，曾任中书侍郎，左卫将军，广州刺史等职，官至度支尚书，以清廉闻名于世。

【经典原意】

宋明帝与范柏年谈到广州附近的贪泉，就问他："梁州有没有像贪泉这样，人们一旦饮用就变得贪婪的泉水？"范柏年沉吟片刻，答道："梁州可没有这样的泉，只有文川、武乡、廉泉、让水。"宋明帝又问："那你住在什么地方？"范柏年又不无玩笑地回答："自然是居住在廉泉、让水之间了。"宋明帝非常欣赏范柏年的巧言善对，任命他为梁州刺史。

吴隐之赴任广州刺史时，遇到一眼山泉，当地人都说喝了此泉之水就会变得贪婪无比，所以取名"贪泉"。吴隐之则对家人说："如果没有贪欲，就不会见钱眼开。"说着走到泉边舀了一瓢泉水就喝，并赋诗一首："古人云此水，一歃怀千金。试使夷齐饮，终当不易心。"上任后，他廉洁奉公，勤政爱民，始终不渝。

【原文】

薛逢①羸②马，刘胜③寒蝉。

【注释】

①薛逢：字陶臣，唐代蒲洲河东（今山西永济县）人，会昌元年（公元841年，会昌，唐武宗李炎的年号）进士。

②羸（léi 雷）：极度瘦弱。

③刘胜：字季陵，汉代郑州登封（今属河南）人。

【经典原意】

薛逢曾任巴蜀刺史，颇有政绩，声誉很高，民众歌颂他的德行道："日出而耕，日落而归。吏不到门，夜不掩扉。有孩有童，愿以名垂。何以字之？薛孙薛儿。"后来，因恃才傲物，议论激切，而屡忤权贵，所以，薛逢晚年仕途多舛。他曾骑着一匹瘦弱的马入朝，巧遇新科进士出游，随从呵斥他让道，薛逢无奈道："不要瞧不起我，我年轻时，也曾如此风光。"

刘胜从四川辞官回归故里，常不出家门，在家诵读诗书，修身养性，从不参与地方政事，以“寒蝉”自喻。

【当代阐释】

寒蝉

寒蝉，指天冷时叫声低微的蝉，是一个极富诗意的名词，也是诗中重要意象之一。

夏末秋初，寒蝉的声音低微而颤抖，远不及盛夏时节那么高亢嘹亮，仿佛在以自己最后的能量，演绎生命的绝唱。也许就是因为这种略带凄凉的悲戚之声，使得寒蝉常被用来表达离别的伤感情绪。宋柳永的《雨霖铃》中有“寒蝉凄切，对长亭晚”的诗文，唐沈鹏的《寒蝉树》中也有“一叶初飞日，寒蝉益易惊”的句子。

临别时的感情是复杂的，有不舍，也有憧憬，不舍浓浓的情义，憧憬再次的相见。因此，送别时感伤的情绪使许多诗人提笔作诗，记录着每一次送别，也记录着朋友间的深情。王勃的“海内存知己，天涯若比邻”，使我们看到了诗人广阔的胸襟，但“无为在歧路，儿女共沾巾”，又让我们陷入深深的离别伤感。

每一次送别，朋友都会一送再送，想来“十八相送”也是出于情，感于怀，这个中滋味，恐怕只有离别的人才能够真切的体会吧。朋友走了，送别的人却久久伫立在分别的地方，望着朋友远去的背影，“孤帆远影碧空尽，唯见长江天际流”是怎样一番离别的愁绪啊！

【原文】

捉①刀曹操，拂矢贾坚②。

【注释】

①捉：执，握。

②贾坚：字世固，北朝人，擅长射箭，可百步穿杨。

【经典原意】

曹操被封魏王后，一次匈奴使者来拜访，他觉得自己相貌丑陋，不足以扬威，就叫部下崔琰扮作自己接见匈奴使者，自己则拿着大刀站在床头。匈奴使者回去后，曹操差人前去询问他对魏王的印象，使者说道："魏王雅致英武，非同寻常，但拿着刀站在床头的那个人才是真英雄啊！"

贾坚六十岁时，烈祖在一百步远的地方放了一头牛，并对贾坚说："你能射中吗？"贾坚则回答说："我年轻时也许射不中，现在年老了，定能中。"说完，贾坚便拉弓射箭，他共射了两箭，一箭擦着牛背而过，另一箭拂着牛腹而过。烈祖大笑，又问他："你还能射中吗？"贾坚答道："射中有什么难的？擦着皮毛而过才是最难能可贵的。"

【原文】

晦①肯负②国，质③愿亲贤。

【注释】

①晦：唐代徐晦（公元760年—公元838年），字大章，号兴胜。

②负：辜负。

③质：宋代王质，字子野，北宋莘县（今属山东）人。

【经典原意】

徐晦考试及授官都得益于杨凭的举荐，徐晦状元及第后又登贤良方正科和直言极谏科，官授栎阳尉。后来，杨凭因罪由京兆尹被贬黜为临贺尉，亲友们都害怕受到牵连，没人敢来为他饯行。宰相权德舆原与杨凭交情最深，也躲着而不来相送，唯独徐晦亲自为杨凭送行，并说："我一向深受杨公眷顾，现在杨公被贬，我怎能不来送行呢？"御史中丞李夷简虽是杨凭对头，却上奏举荐徐晦为监察御史。徐晦知道后问道："我向来不与您交往，您为什么要推荐我？"李夷简答："你不负杨凭，怎会负国呢？"

景祐三年（公元 1036 年），时值朋党之乱，范仲淹被贬黜到饶州（今江西鄱阳），满朝文武官员因惧怕受牵连，都不敢前往相送，唯独王质带病在城门口为范仲淹饯行，并说："范公是天下的贤人，我怎敢和他相提并论呢？如果我真的能够成为范公同党人，那就太荣幸了！"

【文化常识】

岳阳楼上范仲淹

范仲淹（公元 989 年—公元 1052 年），字希文，北宋名臣，政治家，文学家，军事家，谥号"文正"，苏州吴县（今属江苏）人。范仲淹少年时家贫但十分好学，当秀才时就常以天下为己任，有敢言之名。范仲淹曾多次上书批评当时的宰相，因而三次被贬，宋仁宗时官至参知政事，相当于副宰相。

宋仁宗庆历三年（公元 1043 年）范仲淹对当时的朝政弊病极为痛心，提出"十事疏"，主张建立严密的仕官制度，注意农桑，整顿武备，推行法制，减轻徭役。宋仁宗采纳了他的建议，史称"庆历新政"。可惜不久因保守派的反对而不能实现，范仲淹也被贬为陕西四路宣抚使，在赴颍州途中病死，著有《范文正公集》传世。

范仲淹工于诗词散文，所作文章富含政治意味，文辞秀美，气度豁达。《岳阳楼记》中的"先天下之忧而忧，后天下之乐而乐"两句，为千古佳句，也是范仲淹一生爱国的真实写照。

岳阳楼记

庆历四年春，滕子京谪守巴陵郡。越明年，政通人和，百废俱兴。乃重修岳阳楼，增其旧制，刻唐贤今人诗赋于其上。属予作文以记之。

予观夫巴陵胜状，在洞庭一湖。衔远山，吞长江，浩浩汤汤，横无际涯；朝晖夕阴，气象万千。此则岳阳楼之大观也。前人之述备矣。然则北通巫峡，南极潇湘，迁客骚人，多会于此，览物之情，得无异乎？

若夫霪雨霏霏，连月不开，阴风怒号，浊浪排空；日星隐曜，山岳潜形；商旅不行，樯倾楫摧；薄暮冥冥，虎啸猿啼。登斯楼也，则有去国怀乡，忧谗畏讥，满目萧然，感极而悲者矣。

至若春和景明，波澜不惊，上下天光，一碧万顷；沙鸥翔集，锦鳞游泳；岸芷汀兰，郁郁青青。而或长烟一空，皓月千里，浮光跃金，静影沉璧，渔歌互答，此乐何极！登斯楼也，则有心旷神怡，宠辱偕忘，把酒临风，其喜洋洋者矣。

嗟夫！予尝求古仁人之心，或异二者之为，何哉？不以物喜，不以己悲。居庙堂之高则忧其民；处江湖之远则忧其君。是进亦忧，退亦忧。然则何时而乐耶？其必曰“先天下之忧而忧，后天下之乐而乐”欤！噫！微斯人，吾谁与归？

【原文】

罗友[①]逢鬼，潘谷[②]称仙。

【注释】

①罗友：字它人，晋代襄阳人。

②潘谷：宋元祐歙县人，一生制墨，他所制之“松凡”、“狻猊”等被誉为“墨中神品”，他不但精于制墨，也善于辨墨，人称“墨仙”。

【经典原意】

桓温为一位出任郡守的朋友送行，罗友来晚了，桓温问他原因，罗友答道：“刚才在来的路上遇到一个鬼，那鬼嘲笑我说：‘只见你为别人迁任太守送行，怎么不见别人为你升任郡守送行？’”桓温即上疏举荐罗友为襄阳太守。

黄庭坚用锦囊装了潘谷所制的半丸墨，后来酒醉掉入枯井而死，手中仍拿着那半丸墨。陆友《墨史》卷中记载，潘谷死后，苏东坡曾写诗悼念，有“一朝入海寻李白，空见人间话墨仙”之句。

【原文】

茂弘[①]练[②]服，子敬[③]青毡。

【注释】

①茂弘：晋代王导（公元前276年—公元前339年），字茂弘，琅琊（今山东临沂）人。

②練：葛布。

③子敬：晋代王献之（公元344年—公元386年），字子敬，东晋琅琊（今山东临沂）人，书法家、诗人，王羲之的第七个儿子，官至中书令，为与后世书法家王珉区分，人称"王大令"，王献之与父亲王羲之并称"二王"。

【经典原意】

东晋初建，国库空虚，只存有一批葛布。王导善于因事运机，让大臣们都穿用葛布做成的衣服，于是葛布衣就成了当下流行趋势，葛布的价钱更是水涨船高，此时，他将国库中存留的葛布全部卖掉，为朝廷赚取了丰厚收入，使国库得以充盈。

小偷到王献之家里偷东西，王献之对小偷说："青毡是我家祖传的，你把它留下吧。"

【原文】

王奇雁字，韩浦①鸾笺。

【注释】

①韩浦：五代人，和弟弟韩洎（jì 季）的文学造诣都很高。

【经典原意】

宋代王奇年轻时，曾任县吏。县令在屏风上题了首关于雁的诗："只只衔芦背晓霜，昼随鸳鹭入寒塘。"王奇暗自续诗道："晚来渔棹（zhào 照）惊飞去，书破遥天字一行。"县令看到他的诗，异常惊喜，勉励他要勤学苦读。后王奇到京城游历，宋真宗偶然看到他写的诗，便召见了他，赐第，官至侍御史。

韩洎曾说："我兄长韩浦写文章，像茅草房一样，仅能躲风避雨；而我的文章则像五凤楼一样。"韩浦听闻后，就把新得的蜀产鸾笺送给了他,题诗道:“十样鸾笺出益州,新来寄至浣溪头。老兄得此全无用,助汝添修五凤楼。”

【原文】

安之[1]画地,德裕[2]筹边。

【注释】

①安之,严安之,唐代人,以为政严厉而著称。

②德裕:李德裕(公元787年—公元850年),字文饶,唐代真定赞皇(今河北省赞皇县)人,幼有壮志,苦心力学,精通《汉书》、《左氏春秋》,官至宰相。

【经典原意】

唐玄宗曾在五凤楼宴请群臣,人潮如涌。宫廷侍卫也无法让人群安静下来,请严安之前往处理。严安之到后,用手在地上画了条线,并说:“过这条线的人格杀勿论。”一连三天,竟无一人越过此线。

李德裕罢相后,出任西川节度使,在成都以西建造筹边楼,把山川险要全部画在图上,南面和蛮夷之地相接的地方在图的左边,右边则是西面和吐蕃相接之地,李德裕恩威并用,边境和平无战事。

【原文】

平原[1]十日,苏章二天。

【注释】

①平原:名赵胜,东周战国时期赵国的宗室大臣,封地在东武(今山东武城),号平原君。

【经典原意】

赵孝成王元年(公元前265年),秦昭襄王任用范雎为相,范雎在魏国时曾受到魏国宰相魏齐的侮辱,怀恨在心,便威胁魏国要杀了魏齐。魏齐逃到赵国，躲在平原君门下。秦昭襄王得知后，写信道："听说平原君诚实守信，又讲义气，愿意和平民结交，我想请您前来赴宴，痛饮十天。"平原君不敢不从。到秦国后，昭襄王就让平原君交出魏齐，平原君却答："在富贵时结交的朋友，都是为了贫贱时所预备的；魏齐既然是我的朋友，就算他在，我也不会交出来，何况他现在不在我那里。"一口回绝了秦王的要求。秦王扣留平原君，威胁赵孝成王交出魏齐，赵王紧急发兵包围了平原君的府邸。魏齐连夜逃到虞卿家中，虞卿觉得无法说服赵王，便带着魏齐逃到魏国，向信陵君求援。信陵君不愿见他们，魏齐得知此事后，自刎身亡；赵王于是取魏齐人头送到秦国，平原君才得以回国。

汉代苏章任冀州刺史时，一个官居清河太守的朋友，贪赃枉法，苏章为友人设宴，二人相聚叙旧，友人说："别人都只有一天，而唯独我有两天。"苏章则说："今天，我作为你的老朋友来宴请你，是咱们私下的情谊；明天我以冀州刺史的身份办案，那就得公事公办了。"第二天，苏章便依法惩治了友人。

【国学故事】

鸡鸣狗盗

秦昭襄王听说田文贤能，便把他请到秦国，想让他担任相国，但宰相樗里疾担心田文夺其相位，便指使门客公孙奭向昭襄王进谗言，道："田文是齐国人，他必定先齐后秦。再说，他的门客中藏龙卧虎，对秦国的事务了如指掌，一旦他背叛秦国，秦国就危在旦夕。"昭襄王去问樗里疾，樗里疾假作惊诧地说："奭说得对呀，田文是秦国的祸害，不如杀了他！"昭襄王将信将疑，把田文软禁在馆舍里。

秦泾阳君与田文要好，将实情告诉田文，并献策说："昭襄王宠爱燕姬，只有贿赂于她，让她在秦王面前求情，才有救"。田文找秦昭襄王宠妾燕姬求情，宠妾索要他的白狐毛皮袍子，但这件袍子已送给了秦昭襄王，幸好田文有一位下等门客，深夜里潜入库房，学狗叫骗过守库门吏，把袍子偷了出来，献给燕姬，燕姬向秦昭襄王求情，把田文放了。但不久,秦昭襄王后悔了,派兵去追,田文一行来到秦国边境函谷关,关口规定要鸡鸣才放人,由于时辰未到不肯开关。下等门客中又有一人学鸡鸣十分逼真,带动其他鸡一起叫了起来,田文及时地过了边关。到了赵国,赵国人取笑他矮小,田文大怒,其门客把取笑他的人全杀了。回到齐国后成为齐国相,孟尝君即。

【原文】

徐勉①风月,弃疾②云烟。

【注释】

①徐勉(公元466年—公元535年):字修仁,东海(今山东郯城)人,南朝梁政治家、一代宗臣,是一位贤相,更是一位难得的清官,谥号简肃。

②弃疾:辛弃疾。

【经典原意】

徐勉和门人夜坐,有人登门求官,他正色道:"今夕只可谈风月,不宜及公事。"意思是:今晚只可谈论清风明月之类的美景,不适合商讨公事。

辛弃疾写有《西江月》一词:"万事云烟忽过,百年蒲柳先衰。而今何事最相宜?宜醉宜游宜睡。早趁催科了纳,更量出入收支。乃翁依旧管些儿,管竹管山管水。"

【文化常识】

民族英雄辛弃疾

辛弃疾(公元1140年—公元1207年),原字坦夫,后改字幼安,号稼轩,南宋历城(今山东济南)人,我国历史上伟大的豪放派词人和爱国者,与苏轼齐名,并号称"苏辛",史上与李清照并称"济南二安",著有《稼轩集》,谥号忠敏。

辛弃疾平生以气节自负,以功业自诩,一生力主抗战,所上奏疏

《美芹十论》与《九议》，条陈战守之策，显示出了他卓越的军事才能与热忱的爱国之情。抗金复国是辛弃疾作品的主旋律，其中不乏英雄落寞的悲叹与壮士闲置的愤懑，具有鲜明的时代特色。辛弃疾还曾以生动细腻的笔触描绘江南农村四时的田园风光、世情民俗。他的词作题材广阔，又善化用前人典故，风格沉雄豪迈又不乏细腻柔媚之处。在苏轼的基础上，大大开拓了词的思想意境，提高了词的文学地位，后人以“苏辛”并称。

辛弃疾既是一位伟大的词人，更是一位能征善战、擅长军事的民族英雄。强烈的爱国主义思想和战斗精神是辛词的基本思想内容，另外，在《贺新郎》、《摸鱼儿》等词中，他用“剩水残山”、“斜阳正在断肠处”等词句讽刺苟安残喘的南宋朝廷，表达他对偏安一角不思北上的不满，以及胸怀壮志无处可用的不平之情。理想与现实的激烈冲突，为他的词构筑了悲壮的基调。

【原文】

舜钦①斗酒，法主②蒲鞯③。

【注释】

①舜钦：北宋苏舜钦（公元1008年—公元1048年），字子美，梓州铜山（今四川中江）人，诗人，诗歌奔放豪健，气象开阔，与梅尧臣齐名，人称“梅苏”，著有《苏学士文集》。

②法主：唐代李密（公元582年—公元619年），字法主，京兆长安人，隋末农民起义中瓦岗军后期领袖。

③蒲鞯（jiān 兼）：垫在牛背上的蒲草垫子。

【经典原意】

苏舜钦好饮酒，诵读《汉书》，边读边饮，每晚饮酒一斗，并说：“有如此丰盛的下酒物（指《汉书》），一斗酒也不多啊！”

李密文武兼备，志存高远，自小便十分好学。还未发迹时，总是骑着黄牛，身披蒲草垫，把书挂在牛角上，一手牵着缰绳，一手翻读经书。

【原文】

绕朝[1]赠策[2]，苻[3]卤投鞭。

【注释】

①绕朝：春秋时期秦国大夫。

②策：马鞭。

③苻：苻坚（公元338年—公元385年），十六国前秦皇帝。

【经典原意】

春秋时期晋国士会逃到秦国，晋国担心士会被秦国重用而对晋国不利，就派魏寿余佯装归附秦国，以离间士会与秦王的关系。秦王派士会出使魏国，士会趁机逃离秦国。临行前，绕朝送给士会一副马鞭，说："不要以为秦国没有人了，只是我的计谋未被采用罢了。"

建元十九年（公元383年），苻坚欲攻东晋，统一天下。大臣纷纷劝阻，苻坚不听，说："我百万大军，投鞭于江，可以断流，晋人有何依？"遂出兵伐晋，结果中了东晋的圈套，导致淝水惨败，不仅前锋统帅苻融被杀，苻坚自己也被流矢射中，落荒而逃。这就是历史上著名的"淝水之战"。

【原文】

豫让吞炭，苏武餐毡。

【经典原意】

晋出公二十二年（公元前453年）赵、韩、魏三国共同将智伯灭掉，他的头盖骨也被赵襄子漆成酒具。智伯对豫让有知遇之恩，豫让便下决心为智伯报仇。他用漆涂遍身，使皮肤溃烂，面目全非，又吞下木炭，声音嘶哑，暗伏桥下，谋刺赵襄子未遂，后被赵襄子捕获。临死时，求得赵襄子的衣服，拔剑刺向衣服，以示为主人复仇，然后自刎而死。

公元前100年，匈奴政权新单于即位，汉武帝为了表示友好，派遣苏武（公元前140年—公元前60年）率领一百多人，带了许多财物，出使匈奴。不料，就在苏武完成出使任务，准备回国时，匈奴发生了内乱，苏武一行受到牵连，被扣留下来，并被要求背叛汉朝，臣服单于。最初，单于派人向苏武游说，许以丰厚的俸禄和高官，苏武严词拒绝了。匈奴见劝说无用，就决定用酷刑。当时正值严冬，天上下着鹅毛大雪，单于命人把苏武关入一个露天的大地窖，断绝食品和饮水，时间一天天过去，苏武在地窖受尽折磨。渴了，就吃一把雪，饿了，就嚼身上穿的羊皮袄。就这样过了许多天，单于见濒临死亡的苏武仍未屈服，只好把苏武放了出来。又把他流放到西伯利亚贝加尔湖一带，让他去牧羊。临行前，单于召见苏武说："既然你不投降，那我就让你去放羊，什么时候公羊生了羊羔，我就让你回到中原去。"这一去就是十九年，苏武茹毛饮血，渴了喝雪水，饿了就吃毛毡，吃尽了苦头，但信念依然如故。后来终于得以返回汉朝，并加官晋爵，安享晚年。

【原文】

金台招士，玉署贮贤。

【经典原意】

燕昭王元年（公元前311年），燕王欲招揽贤才以自强，遂拜访郭隗，求计问策。郭隗建议："古时候，有人为求千里马，用五百金买下千里马的尸骨，不久，便得到千里马数匹。皇上若想招贤纳士，就先从我开始，这样，比我贤良的人看到您对我都如此敬重，定会来归附于您。"燕昭王便尊郭隗为师，又为他建造"黄金台"，不久，乐毅、邹衍、剧辛及其他有才能的人皆来归附燕国，燕国逐渐富强起来。

太平兴国五年（公元980年），苏易简（公元958年—公元997年）参加科举考试，太宗看了他的答卷，颇为赞赏，便擢为甲科第一，又题写飞白书"玉堂之署"四个字赏赐给他。

【国学故事】

千金买骨

古时有位国君，十分好马，愿用千金买千里马。可三年过去，千里马也未买到。有人自告奋勇请求去寻千里马，国君同意了。这人用了三个月的时间，打听到某处人家有一匹良马。可等他赶到这家时，马已死去。

此人便用五百金买回马的尸骨，进献给国君。国君看了这一堆花费千金购得的马骨，很不高兴。买马骨的人却说："我这样做，是为了让天下人都知道，大王您是真心实意地想出高价钱买马，并不是欺骗别人。"果然，不到一年，就陆续有人送来三匹千里马。

【原文】

宋臣宗泽①，汉使张骞②。

【注释】

①宗泽（公元1060年—公元1128年）：字汝霖，浙江义乌人，宋代抗金大臣。

②张骞（公元前164年—公元前114年）：字子文，汉中郡成固（今陕西省城固县）人，外交大臣。

【经典原意】

宗泽文武双全，受李纲举荐担任东京留守，大败金军，金人都十分怕他，称他"宗爷爷"。建炎元年（公元1127年，建炎，南宋高宗赵构的年号）七月起，一年上疏24次，这就是著名的《乞回銮殿疏》，上疏力劝宋高宗回京，恢复北方失地，但都被奸佞之臣阻挠，他的抗金强国之策均不为皇帝采纳，宗泽终忧愤成疾，疽发于背，临死前，慨叹道："出师未捷身先死，长使英雄泪满襟。"最后，疾呼"渡河杀敌"而死，谥号"忠简"。

张骞十多年间两次出使西域，历尽千辛万苦，后人踏着张骞的足迹，走出了誉满全球的"丝绸之路"。

【文化常识】

丝绸之路

丝绸之路，简称丝路，是指西汉时，由张骞出使西域开辟的以长安(今陕西西安)为起点，经由甘肃、新疆，到中亚、西亚，联结地中海各国的陆上通道，由于这条路上运输的货物以丝绸制品的影响为最大，因此得名“丝绸之路”。

张骞通西域后，正式开通了这条从中国通往欧、非大陆的陆路通道。这条道路，从西汉都城长安出发，经过河西走廊，然后分为两条路线：一条由阳关，经鄯善，沿昆仑山北麓西行，过莎车，西逾葱岭，出大月氏，至安息，西通犁靬(jiān 兼，今埃及亚历山大)，或由大月氏南入身毒。另一条则西出玉门关，经车师前国，沿天山南麓西行，出疏勒，西逾葱岭，过大宛，至康居、奄蔡。

丝绸之路是历史上横贯欧亚大陆的重要贸易交通线，不仅促进了欧亚非各国和中国的友好贸易往来，也在一定程度上促进了各国的文化交流与融合，对促成汉朝的兴盛产生了积极作用。这条丝绸之路至今仍是中西交往的一条重要通道，在我国当今的对外经济交流中，发挥着重要作用。

【原文】

胡姬人种，名妓①书仙。

【注释】

①名妓：唐代名妓曹文姬。

【经典原意】

阮咸与姑母家的鲜卑族婢女相恋，母丧期间，姑母回夫家，带走了婢女，阮咸正在会客，得知后，立刻借了客人的驴子前去追赶，并说：“人种不可失啊！”后来，两人结为夫妻，该婢女为阮咸生下一子，取名阮孚。

曹文姬擅长书法，为关中第一，时号为“书仙”。

二　萧

【原文】

滕王[①]蛱蝶[②]，摩诘[③]芭蕉。

【注释】

①滕王：唐代滕王李元婴，唐高祖第二十二子，唐太宗李世民的弟弟，贞观十三年（公元639年）被封为滕王。

②蛱（jiá 颊）蝶：蛱蝶科的一种，翅膀呈赤黄色，有黑色纹饰。

③摩诘：唐代王维。

【经典原意】

李元婴擅长画蝴蝶，人称“滕王蛱蝶”。

王维诗和画的成就都很高，苏轼曾称赞他说“味摩诘之诗，诗中有画；观摩诘之画，画中有诗。”王维曾画《袁安卧雪图》，画中有雪里芭蕉，可谓是得心应手，意到笔随，自成妙品。

【国学故事】

王维为秦观治病

王维是唐代著名的诗人，秦观是宋代著名的词人，两人生活在相距几百年的不同时代，而王维则跨越时间与空间治好了秦观的病。

秦观在河南汝阳县任职时，因连续几日处理政事而劳累过度，加上脾胃不调，出现了厌食、胸闷、恶心、腹胀等症状。家人延请当地名医诊治，吃了无数付汤药，仍未见好转，秦观一时忧心忡忡，病情也愈发严重。

秦观的朋友高氏，十分喜爱收藏古字画，平时也爱读些医书，粗晓医理，听闻此事后，便自告奋勇前来为秦观治病。高氏切过脉后，命人回住处取来一幅山水名画——王维的《辋川图》，并说："你的病不重，但须平心静气方可痊愈，你只要每天凝神观赏这幅画就可以了。"秦观将信将疑，但打开画一看，画中山青林秀，笔墨酣畅淋漓，顿时心情舒畅。此后，他每天都用心欣赏这幅名画，并细细揣摩其中的境界。日复一日，慢慢地觉得自己好像离开了病榻，进入到画中，似乎感觉到了山谷中的徐徐清风，仿佛听到了婉转的鸟鸣声，顿时神清气爽，豁然开朗。这样过了一段时间，秦观感觉身体渐渐痊愈，又重现词人的洒脱风度。

【原文】

却①衣师道②，投笔班超③。

【注释】

①却：拒绝。

②师道：宋代陈师道（公元1053年—公元1102年），字履常，一字无己，号后山，北宋彭城（今江苏徐州）人，著名诗人。

③班超（公元32—公元102年）：字仲升，扶风平陵（今陕西咸阳东北）人，东汉军事家、外交家。

【经典原意】

陈师道清正守节，任侍郎时曾随皇帝外出祭祀，需带上厚重衣物御寒，但家中贫寒，妻子只能到亲戚赵挺家去借了件皮衣。但他十分厌恶赵挺的为人，知道是赵挺的衣物，便放置一边，宁愿挨冻，后冻病而死。

班超年轻时为了生计，以为人抄书糊口，久觉劳苦，将笔一扔，慨叹道："大丈夫无他智略，尤当效傅介子、张骞立功异域，以取封侯，安能久侍笔砚间乎？"不久，班超即从军，因平定西域战事，而被封为定远侯。"投笔从戎"即来源于此。

【原文】

冯官[①]五代，季[②]相三朝。

【注释】

①冯官：冯道（公元882—公元954年），字可道，自号“长乐老”，五代瀛洲景城（今河北交河东北）人，我国大规模官刻儒家经籍的创始人，著有《长乐老自叙》。

②季：春秋时期季文子，也即季孙行父，春秋时鲁国正卿，谥号文子。

【经典原意】

冯道起初担任唐朝翰林学士，唐朝亡国后，在后唐、后晋担任宰相，契丹灭后晋，冯道便在契丹任太傅，并在后汉官居太师，后周时任太师、中书令。冯道先后事五代二十八位君主，他的叛国无耻，引起了千古毁誉。

季文子从公元前601年至前568年共在鲁国执国政33年，辅佐鲁宣公、鲁成公、鲁襄公三代君主，三朝皆官居宰相，为稳定鲁国政局做出了突出贡献。

【原文】

刘蕡下第[①]，卢肇[②]夺标。

【注释】

①下第：考试未被录取。

②卢肇（公元818年—公元882年）：字子发，唐代袁州宜春县（今江西新余）人，江西第一个状元。

【经典原意】

唐文宗时，刘蕡（fén 坟）参加廷试对策，极力贬斥宦官掌权，考官虽佩服他的见解和勇气，但无奈当时宦官当道，不敢录取。被录取的李郃感慨道：“刘蕡没有被录取，而像我这样的人却登科高中，深感羞愧。”上疏道：“刘蕡所对之策，臣等远远不及，臣乞求皇上收回对臣等的任命，而改录刘蕡，以嘉奖他的耿直与治国才干。”

卢肇与黄颇（唐代诗人，同为宜春县人）同时中举，太守只给黄颇饯行而不理会卢肇。第二年，卢肇高中状元回归故里，正赶上龙舟竞赛，太守请他前去观看。卢肇作诗道：“向道是龙人不信，果然夺得锦标归。”

【原文】

陵①甘降虏②，蠋③耻臣昭④。

【注释】

①陵：汉代李广之孙李陵，字少卿，西汉陇西成纪（今甘肃静宁南）人，名将。

②虏：古代中原地区对少数民族蔑称。

③蠋（zhú 逐）：王蠋，战国时期齐国画邑（今临淄区高阳乡）人，退隐大夫。

④昭：名职，战国时燕昭王，燕国第三十九任君主，简称昭王或襄王。

【经典原意】

汉武帝封李陵为骑都尉，命他率五千步兵讨伐匈奴。先在浚稽山大胜匈奴，但苦于无后援部队，仅五千步兵势单力薄，深入匈奴腹地后，被单于大军包围，弹尽粮绝，李陵无奈投降匈奴，汉武帝遂将他全家满门抄斩。后来，李陵客居匈奴二十多年后，疾病而终。

王蠋心怀大志，颇有报复，但齐湣王并不采纳他的谏议，王蠋退隐故里。公元前284年，燕国大将乐毅攻破齐国都城临淄，齐湣王出逃莒州。乐毅一直仰慕王蠋的贤良，便派人以重金礼聘，王蠋却说：“与其屈从敌人，倒不如以死来激励国人。”说完便自缢身亡。

【文化常识】

祭祀

原始时代，人们认为人的灵魂可以离开躯体而存在。祭祀便是这种灵魂观念的派生物。最初的祭祀活动比较简单,也比较野蛮。人们用竹木或泥土塑造神灵偶像,或在石岩上画出日月星辰、野兽等神灵形象,作为崇拜对象的附体。然后在偶像面前陈列献给神灵的食物和其他礼物,并由主持者祈祷,祭祀者对着神灵唱歌、跳舞。进入文明社会后,物质的丰裕,使祭祀礼节越来越复杂,祭品也越来越讲究,并形成了一定的规范。

祭祀要按着一定的仪式,向神灵致敬、献礼,以恭敬的动作膜拜它,请它帮助人们达成靠人力难以实现的愿望。"受人钱财,替人消灾",人们把这一人间的通则加诸神灵,成为祭祀的心理动因。所以,祭祀从本质上说,是对神灵的讨好与收买,是把人与人之间的求索酬报关系,推广到人与神之间而产生的活动。

【原文】

隆①贫晒腹,潜②懒折腰。

【注释】

①隆:晋代郝隆,字佐治,家中贫穷,但聪敏好学,饱读诗书,才华横溢。

②潜:晋代陶渊明。

【经典原意】

古代有七月七日晾晒衣被的传统,富人都拿出衣服来晒,唯独郝隆一个人跑到太阳底下,掀起衣服,晒自己的肚皮,一是借此来蔑视晒衣的习俗,另一方面也是夸耀自己满腹经纶,晒肚皮也就是晒腹中诗书。

陶渊明担任彭泽县令,到任八十一天,碰到浔阳郡派遣督邮到彭泽视察,下属小吏说:"您应当束带迎接。"陶渊明慨叹:"我岂能为五斗米向乡里小儿折腰?"便交出官印,辞去官职。五斗米,指当时县令的俸禄。

【原文】

韦绶[①]蜀锦，元载[②]鲛绡。

【注释】

①韦绶：唐朝万年人，德宗时任翰林学士。

②元载：字公辅，凤翔岐山（今陕西凤翔县）人，唐朝中期政治人物。

【经典原意】

一天，德宗带着妃子前往翰林院，看到韦绶正在睡觉，德宗不让下人叫醒他，当时天气寒冷，德宗便亲自把妃子的蜀锦袍盖在了韦绶身上，然后离去。

鲛（jiāo 交）绡（xiāo 肖）是传说中的一种薄纱，产于南海。据说用这种纱做成的帷帐，非常薄，几乎透明，冬天可抵御寒风，夏天可保持凉爽，不知道的还以为是屋内有紫气。这里是说元载家中就有用鲛绡做成的帷帐。

【原文】

捧檄[①]毛义[②]，绝裾温峤[③]。

【注释】

①檄（xí 习）：古代官府用以征召或声讨的文书。

②毛义：汉代庐江郡（今属安徽）人，家贫，以孝著称。

③温峤（qiáo 桥）（公元 288 年—公元 329 年）：字泰真，一作太真，是温羡的弟弟温襜之子，太原祁县（今山西祁县）人，东晋政治家，谥号忠武，博学能文。

【经典原意】

南阳张奉慕名前去探访毛义，恰逢毛义被任命为安阳县令，毛义兴奋地捧着檄文前去禀告母亲，张奉看到毛义对功名利禄如此热衷，感到很失望。不久，母亲去世，毛义随即辞官回家，朝廷多次征召他都辞而不去。张奉感慨道："贤良的人真是深不可测啊！之前看到毛义对功名利禄的热衷，原来是为了母亲而屈就啊！”

温峤即将赴任右司马时，母亲坚决不许，而温峤执意要入朝为官，最后扯断衣襟离去。

【原文】

郑虔[①]贮柿，怀素种蕉。

【注释】

①郑虔（公元685年—公元764年）：字若齐（一字弱齐、若斋），河南荥阳荥泽（今属河南）人，盛唐著名文学家、诗人、书画家，精通天文、地理、博物、兵法、医药近乎百科全书式的一代通儒，诗圣杜甫称赞他“荥阳冠众儒”、“文传天下口”。

【经典原意】

郑虔为官清廉节俭，淡泊名利，以致家贫无钱购买纸张，便在慈恩寺中储存了许多柿子叶来练字。

怀素自幼便聪明好学，勤学苦练的精神更是十分惊人。当时家贫买不起纸张，他就找来一块木板和圆盘，涂上白漆书写。后来，又觉得漆板过于光滑，不易着墨，就又在寺院附近的一块荒地里，种植了一万多株芭蕉树。等芭蕉长大了，摘下芭叶，铺在桌上，临帖挥毫。由于没日没夜地练字，老芭蕉叶剥光了，小叶又不舍得摘，于是他就又想了个办法，干脆带了笔墨站在芭蕉树前，在鲜叶上面书写，就算太阳照得他如煎似熬，刺骨的北风冻得他手僵肤裂，他依然坚持不懈地练字，毫无倦意，他写完一处，再写另一处，从未间断，这就是有名的“怀素芭蕉练字”。

【文化常识】

怀素和尚

怀素（公元737年—公元799年），俗姓钱，字藏真，唐代湖南零陵郡人。怀素是我国历史上杰出的书法家，他的草书称为“狂草”，用笔圆劲有力，使转如环，奔放流畅，一气呵成，与张旭齐名，后世有“张颠素狂”、“颠张醉素”之称。

【原文】

延祖①鹤立，茂弘②龙超。

【注释】

①延祖：晋代嵇绍，字延祖，曹魏中散大夫嵇康之子。

②茂弘：晋代王导（公元前 276 年—公元前 339 年），字茂弘，乳名阿龙，琅琊临沂（今山东临沂）人，出将入相，为三朝元老，官至太傅。

【经典原意】

稽绍十岁时父亲嵇康去世，奉养母亲十分孝顺慎重，武帝下诏书征他入朝担任秘书丞。嵇绍刚到洛阳，有人告诉王戎：“我昨天在人群中见到了嵇绍，他气宇轩昂，犹如一只高昂的野鹤屹立在鸡群之中。”王戎则说：“这是因为你没见过他的父亲嵇康。”“鹤立鸡群”的成语就出自于这里。

王导仪表非凡，风流倜傥，当时人们都感慨地说：“人言阿龙超，阿龙故自超。”

【国学故事】

血衣

嵇绍任御史中丞时，跟随晋惠帝到前方督战。恰逢王师在荡阴战败，晋军四散逃窜，只有嵇绍庄重地端正冠带，挺身护卫天子，敌军步步逼近，飞箭如雨，嵇绍最终被乱箭射死在皇帝身前，鲜血溅染了御衣，天子为他的死沉痛哀悼。战事平定后，侍从要为皇帝换洗御衣，晋惠帝则说：“这是嵇侍中的血，不要洗去。”

【原文】

悬鱼羊续[①],留犊时苗。

【注释】

①羊续(公元142年—公元189年):字兴祖,东汉大山平阳(今山东新泰东南)人。

【经典原意】

羊续曾任庐江太守,廉洁奉公,节俭自持。府丞曾向他进献活鱼,羊续收下后就把鱼挂在庭院中。后来,府城又送他鱼,羊续就把之前挂的那条鱼拿给他看,以告诫他以后不要再送。

东汉建中(公元780年—公元783年,建中,唐德宗李适年号)年间时苗出任寿春令,赴任途中拉车的黄牛在他上任的第二年产下一头小牛犊,时苗卸任时,将小牛留下说道:"我来时还没有这头小牛犊,它是在寿春境内出生的,理应留在寿春。"

【原文】

贵妃[①]捧砚,弄玉[②]吹箫。

【注释】

①贵妃:唐玄宗的宠妃杨贵妃(公元719年—公元756年),小字玉环,道号太真,陕西华阴人,擅长舞蹈和音律,与西施、王昭君、貂蝉并称为中国古代四大美女。

②弄玉:传说为春秋时期秦穆公的女儿。

【经典原意】

唐玄宗年间,李白进宫写诗,恰逢牡丹盛开,玄宗即命李白赋诗,杨贵妃为他捧砚研墨,李白乘酒醉挥毫泼墨,写成《清平调》三章,以赞叹贵妃闭月羞花、沉鱼落雁之美。诗词清新婉丽,玄宗很是喜欢,命人谱曲歌咏。

箫史擅长吹箫，秦穆公把女儿弄玉嫁给了他。他们住在凤楼，箫史常教弄玉吹箫。后来，箫史乘龙，弄玉成凤升天而去。

三 肴

【原文】

栾巴①救火，许逊②除蛟。

【注释】

①栾巴：字叔元，东汉蜀郡成都（今属四川）人，四次迁任桂阳太守，有道术。

②许逊（公元239年—公元374年）：字敬之，豫章南昌人，晋代道士，净明道派尊奉的祖师。

【经典原意】

葛洪《神仙传》中记载，一次，栾巴前去参加汉桓帝的宴会，席间，忽然把皇帝赐给他的酒喷向西南方向，皇帝大怒，要把他以大不敬的罪名论处，栾巴说："臣所管辖的县城东南失火了，我喷酒是为了灭火。"几天后，果然有人禀报说成都西南发生了火灾，一阵酒雨才将火浇灭。

许逊周游江湖诸郡铲灭毒害，为豫章地区斩蛇除蛟，解除民患。

【原文】

诗①穷五际，易②布③三爻④。

【注释】

①诗：《诗经》。

②易：《易经》，古代占卜的书。

③布：铺开，展开，分布。

④爻（yáo 摇）：《易经》中组成卦的符号，含有交错和变化之意。

【经典原意】

《韩诗内传》中记载："五际即：卯、酉、午、戌、亥。阴阳有终始际会之际。于此则有改变之形。"《诗纬》中写道："午亥之际为革命；卯酉之际为改正；辰在天门，出入候听。卯，《天保》也。酉，《祈父》也。午，《采芑》也。亥，《大明》也。然则亥为革命，一际也；亥又为天门，出入候听，二际也；卯为阴阳交际，三际也；午为阳谢阴兴，四际也；酉为阴盛阳微，五际也。"

《易经》中组成卦的符号："—"为阳爻，"一一"为阴爻，每三爻合成一卦，可以组成八卦，两卦（即六爻）相重则得到六十四卦，称为别卦。

【文化常识】

生辰八字

生辰八字或者说八字，其实是周易术语"四柱"的另一种说法。"四柱"是指人出生的时间，即年、月、日、时。在人用天干和地支各出一字相配合，分别来表示年、月、日、时，如甲子年、丙申月、辛丑日、壬寅时等，包含了一个人出生时天体运行的基本状态。每柱两字，四柱共八字，所以算命又称"测八字"。依照天干、地支，以含阴阳五行属性之相生、相克的关系，推测人的体咎祸福。

要得到正确的出生时间，白天以日晷仪测量最准。钟表时间是人为的平均时和地区标准时，必须依节气（太阳黄经）计算"真太阳时差"与依出生地计算"地方经度时差"，才能得到真正的出生天文时间。

八字之中，年的干支与日的干支是延续的，是实的；月与时的干支是依据年、日的干支推算的，可以说是虚的。

【原文】

清①时②安石③，奇计居鄛④。

【注释】

①清：形容词作动词用，为“使……清净”之意。

②时：时局，时事。

③安石：东晋谢安（公元320年—公元385年），字安石，号东山，政治家、军事家，祖籍陈郡阳夏（今中国河南省太康）。

④居鄛（cháo 朝）：古县名，今安徽省巢县，秦末范增的故乡，在这里是以地名代人名，即指范增（公元前277年—公元前204年），项羽主要谋士，著名政治家。

【经典原意】

谢安当政时，处处以大局为重，从不结党营私，不仅调和了东晋内部矛盾，还在淝水之战中击败前秦并北伐夺回了大片国土，使时局安定，国家富强。谢安北伐胜利，正是功成名就之时，更能急流勇退，不贪恋权位，因此被后世视为良相的代表，高洁的典范。

范增好用奇计，曾劝谏项梁立楚王族后裔为楚怀王。后担任项羽谋臣，政治眼光独到，善用奇计，项羽尊其为“亚父”。

【原文】

湖循莺脰①，泉访虎跑②。

【注释】

①莺脰（dòu 豆）：湖泊名称，位于江苏省吴江市平望镇，相传是吴越春秋时范蠡所游五湖之一，因形似莺的脖颈而得名。脰，脖颈。

②虎跑：泉名，在浙江杭州市西南大慈山白鹤峰下慧禅寺（俗称虎跑寺）侧院内。

【经典原意】

莺脰湖中有个小岛，为平波台，由道人周妙圆修建于明天启六年（公元1626年），有“平湖秋月”、“莺湖夜月”等美称。

相传，唐元和十四年（公元819年）高僧寰中（又名性空）来到此地，看到这里风景灵秀，很是喜欢，便住了下来。因附近没有水源，便准备迁往别处。当晚，梦见神人告诉他："南岳有一童子泉，我会派遣二虎将泉水搬到这里来。"第二天，果然看到二虎跑（即"刨"）地作地穴，清澈的泉水喷涌而出，故命名为"虎跑泉"。虎跑泉泉水晶莹甘甜，居西湖诸泉之首，和龙井泉一起被誉为"天下第三泉"。

【原文】

近游束晳①，诡术尸佼②。

【注释】

①束晳（公元 263 年—公元 302 年）：字广微，西晋阳平元城（今河北大名）人，著名学者、文学家。

②尸佼（公元前 390 年—公元前 330 年）：尸子，魏国人，一说鲁国人，先秦诸子百家之一，战国时期著名的政治家、思想家，也是先秦三晋思想文化杰出代表人物之一。

【经典原意】

束晳博学多闻，性情沉退，不贪慕荣华利禄，学术造诣深厚，著述丰厚，撰写有《七代通志》、《三魏人士传》、《五经通论》、《发蒙记》等著作，后世学者推崇备至。曾作《近游赋》。

尸佼著有《尸子》一书，共二十篇，六万多字，其中提出"四方上下曰宇，往古来今曰宙。"是迄今在中国典籍中找到的与现代"时空"概念最好的对应。

【原文】

翱①狂晞发，嵇②懒转胞③。

【注释】

①翱（áo 熬）：谢翱（公元 1249 年—公元 1295 年），字皋羽，晚号晞发子，福州长溪（今福建霞浦县）人，南宋末期著名散文家、诗人。

②嵇：晋代嵇康。

③胞：膀胱。

【经典原意】

景炎元年（公元 1276 年）七月，文天祥起兵抗元，谢翱率领乡兵数百人投效，倾尽家产。后文天祥被俘遇难，他不仕元，隐匿民间，自号“晞发子”，著有《晞发集》一书传世。

嵇康性情懒惰，曾说：“每次想要小便时，我都忍着不起来，直到转胞（膀胱肿胀，小便不通）了才起来。”后来，山涛任吏部尚书时，曾举荐嵇康代替他为官，嵇康为了不出仕，写信与他绝交。

【原文】

西溪晏①咏，北陇孔②嘲。

【注释】

①晏：晏殊（公元 991 年—公元 1055 年），字同叔，北宋抚州临川县文港乡（今南昌进贤）人，著名词人。

②孔：南齐孔稚珪（guī 归）（公元 447 年—公元 501 年），字德璋，南朝齐骈文家，会稽山阴（今浙江绍兴）人。

【经典原意】

晏殊在西溪作盐官时，亲手种了一株牡丹，并在一旁的石头上刻了首诗来吟咏。不久范仲淹来此处看到牡丹和诗篇，随即赋诗一首：“阳和不择地，海角亦逢春。忆得上林色，相看如故人。”后人都效仿晏殊和范仲淹在旁吟咏，此株牡丹也被用栏杆护卫起来，人们都不忍采摘，越来越枝繁叶茂，每到花季，都繁花似锦，成了海滨奇观。

孔稚珪的文章享有盛誉，最著名的作品是骈文《北山移文》，文中有“南岳献嘲，北陇腾笑”的诗句，借北山山灵的口吻，嘲讽了当时以隐居掩人耳目而醉心功利的所谓名士，文中语言尖刻泼辣，通过对山川草木拟人化描写，嬉笑调侃，历来为世人传诵。

【原文】

民皆字郑[1]，羌愿姓包[2]。

【注释】

①郑：郑浑，字文公，三国时期魏国人。

②包：包拯（公元999年—公元1062年），字希仁，北宋庐州合肥（今安徽合肥）人。

【经典原意】

郑浑历任下蔡长和邵陵令，所治理的地区都重视生产，当地居民生活日益富足，民心归拢。后来又被征辟为丞相掾属，迁任左冯翊。郑浑所到之处都实施了相应的政策措施发展农村经济，改善了当地百姓的生产生活状况，很得民心。因此，他所治理地区生育的子女多以"郑"字为姓。

包拯为官清正廉洁，刚正不阿，大公无私，从不趋炎附势，即使在皇帝面前，也直言不讳。西羌人俞龙珂归附北宋，因仰慕包拯，便请求皇上赐包姓，取名为包顺，为官尽忠职守，颇有政绩。

【文化常识】

"郑"姓来历

"郑"姓源于"姬"姓，以国名为姓氏，是繁衍较快的中国大姓之一。

西周时，周宣王封弟弟"友"于郑（今陕西华县东），即郑桓公。桓公见侄子周幽王昏庸无道，便率部族迁至河南荥阳一带居住。后幽王被杀，其子平王继位。桓公的儿子郑武公乘平王势弱无力之机先后灭掉东虢和郐国，在河南新郑一带建立起了郑国，并一度成为强国。后于公元前375年，即武公十三世孙郑幽公时，郑国被韩国所灭，其子孙散居各地，以原国名为姓，即为郑氏。

【原文】

骑鹏沈晦[①]，射鸭孟郊。

【注释】

①沈晦（公元1084年—公元1149年）：字元用，钱塘（今浙江杭州）人，官至著作佐郎。

【经典原意】

《春渚纪闻》中有记载，沈晦梦到自己骑乘大鹏，乘风而上，因此，作《大鹏赋》来记述梦境。

孟郊（公元751年—公元814年）任溧阳县尉时，曾在溧阳平陵城建造射鸭堂，并题诗纪念："不知竹枝弓，射鸭无是非。"

【原文】

戴颙[①]鼓吹[②]，贾岛[③]推敲。

【注释】

①戴颙（yóng）（公元377年—公元441年）：字仲若，与嵇康是同乡，都是谯郡铚县（今安徽宿州）人。

②鼓吹：宣扬，宣称。

③贾岛（公元779年—公元843年）：字浪仙（亦作阆仙），唐代范阳（今北京附近）人，著名诗人，早年在法乾寺出家为僧，法号无本。

【经典原意】

戴颙以孝行著称，曾带钳子和酒外出，旁人问他去何处，他答："去听黄鹂声，此乃针砭俗耳，鼓吹诗肠，汝知之乎？"

贾岛喜苦吟，往往一句诗要斟酌很久，每次骑驴出门，斟酌词句，从来不避讳公卿大臣的仪仗队。一次，他骑在驴背上斟酌诗句"僧敲月下门"中该用"敲"还是"推"，推敲之时，不觉冲撞了时任京兆尹的韩愈的马车。韩愈问明原因之后，思考了一会，答道："还是'敲'字好些。”“推敲”一词就是从这里产生的。

四 豪

【原文】

禹[①]承虞舜，说[②]相殷高[③]。

【注释】

①禹：古圣王大禹。

②说（yuè 悦）：傅说（公元前1335年—公元前1246年），殷商王武丁时任大宰相（即上三公第一位），政治家、军事家、思想家及建筑科学家。

③殷高：殷高宗（公元前1259年—公元前1200年），姓子，名昭，商王小乙的儿子，商朝军事统帅。

【经典原意】

舜担任四部落联盟首领，以受尧的“禅让”而称帝于天下，国号为“有虞”，故号“有虞氏帝舜”。舜帝时，水患频发，禹治水十三年，曾三过家门而不入。后大禹治水成功，为他建立了极高的威望，舜帝年老时，把帝位禅让给禹。

传说上苍托梦殷高宗，为他引荐一个可以辅政的圣人，就在王国之境中，名为“说”。高宗即命人按其梦中所见圣人面貌神态画成了画像，先对照王朝官员进行寻找，后又派郑达等大臣们四处找寻。后在傅县（即傅岩，今山西平陆县以东的圣人涧），找到一个相貌完全一致，名叫“说”的人。武丁请教他治国平天下的办法，傅说应对如流，条条切中要害，道理极其深刻，武丁听后赞赏不已，任命他为宰相。

【原文】

韩侯[①]敝[②]袴[③]，张禄[④]绨[⑤]袍。

【注释】

①韩侯:韩昭侯(公元前362年—公元前333年),战国时期韩国国君。

②敝:破旧。

③袴:裤子。

④张禄:范雎(jū 鞠)的化名,字叔,战国时期魏国人,秦国名相,政治家、军事谋略家,官至秦国相国。

⑤绨(tí 提):古代一种粗厚光滑的丝织品。

【经典原意】

韩昭侯有条破旧的裤子,命人将裤子收藏起来,侍从问他为何不把裤子赏赐给周围的人,韩昭侯则说:"我要等有功之臣出现,再把裤子赏赐给他!"

须贾出使秦国,范雎故意穿着破旧的衣服前往拜会,须贾大惊,便将自己的绨(tì 替)袍送给范雎。后来,须贾知道范雎官居秦国宰相,便前往认罪,范雎则说:"你顾念旧情,送我绨袍,可免你一死。"

【原文】

相如①题柱,韩愈焚膏②。

【注释】

①相如:西汉司马相如。

②膏:油膏,油脂,古时点燃油膏来照明。

【经典原意】

司马相如离开家乡,准备外出建功立业,在城北十里的升仙桥的石柱上题诗:"不乘高车驷马,誓不过此桥。"后来果然担任中郎将,通西南夷,立下汗马功劳。

韩愈自少年时起便发愤苦读,任国子监博士时,仍点膏油,勤奋苦读,笔耕不辍,不分昼夜。

【国学故事】

凤求凰

西汉司马相如(公元前179年—公元前117年),字长卿,四川蓬州(今南充蓬安)人,西汉文学家,有多篇赋流传至今,比如《子虚》《上林》等传世名作。司马相如善鼓琴,其所用的琴名为"绿绮",传说是最好的琴之一。

司马相如早已听说卓王孙有一位才貌双全的女儿,他趁一次作客卓家的机会,借琴表达自己对卓文君的爱慕之情,他弹琴唱道:"凤兮凤兮归故乡,游遨四海求其凰,有一艳女在此堂,室迩人遐毒我肠,何由交接为鸳鸯。"这种在今天看来也是直率、大胆、热烈的措辞,自然使得在帘后倾听的卓文君怦然心动,并且在与司马相如会面之后一见倾心,双双约定私奔。当夜,卓文君便走出家门,与早已等在门外的司马相如会合,从而完成了两人生命中最辉煌的事件。

卓文君与司马相如回成都之后,面对家徒四壁的境地,大大方方地在临邛老家开酒肆,自己当垆卖酒,终于使得要面子的父亲承认了他们的爱情。后人根据他二人的爱情故事,谱得琴曲《凤求凰》,流传至今。

【原文】

捐①生②纪信③,争死孔褒④。

【注释】

①捐:捐献,献出。

②生:生命。

③纪信:字成,巴郡阆中(今四川西充县)人。

④孔褒:东汉人,孔子第二十代孙。

【经典原意】

公元前204年,项羽派兵围攻荥阳城,两军对峙一个多月,城内粮食短缺，朝不保夕，将士们也都精疲力竭。将军纪信见情况十分危急，便设计乘坐黄幄车，扮作刘邦，佯装投降，刘邦则趁机逃脱。后来，项羽知道上当后，大怒，放火将纪信烧死在龙车中。

东汉末年，张俭因揭发当权宦官侯览和他家人所犯的罪行，遭到陷害，窘迫之中，只得逃到好友孔褒家中，恰巧孔褒不在，只有他年仅十五岁的弟弟孔融在家，孔融看出张俭神情紧张，定是遇到什么难事，便做主收留了他，几天后，张俭趁机出逃。不料，此事被告发，官府前来抓张俭，没抓到，便要抓孔褒和孔融两兄弟。孔融明白事情的严重性，便主动承担罪责，孔褒忙说："张俭是来投奔我的，是我把他藏起来的，是我的罪过！"官吏又问他们的母亲是谁的罪责，母亲道："家里的事情都是我说了算，这件事也是我的主意，抓我吧！"一家人争着承担罪责，传为美谈。

【原文】

孔璋①文伯，梦得②诗豪。

【注释】

①孔璋：东汉陈琳，字孔璋，广陵射阳（今江苏省扬州市宝应县射阳湖镇）人，诗、文、赋都很擅长，著名文学家，"建安七子"之一。

②梦得：刘禹锡（公元772年—公元842年），字梦得，彭城（今江苏徐州）人，唐代中期诗人、文学家、哲学家、政治家，有"诗豪"之称，世称"刘宾客"。

【经典原意】

陈琳初仕袁绍，后在官渡之战中，被曹军俘获，曹操很是欣赏他的才能，便既往不咎，任命他为司空军师祭酒，后又迁任丞相门下督。人们称赞他的文采，他却说："此间率少于文章，易为雄伯。"意思是：这里很少有能文善诗的人才，所以很容易显得出类拔萃。

刘禹锡擅长写诗，晚期更是精于诗赋，诗篇大都简洁明快，风情俊爽，兼具哲人的睿智与诗人的真挚情感，极富艺术张力和雄直气势，白居易推崇他为“诗豪”。

【原文】

马援①矍铄②，巢父③清高。

【注释】

①马援(公元前14年—公元49年)：字文渊，扶风茂陵(今陕西兴平东北)人，东汉著名军事家。

②矍铄：精神矍铄，形容老年人目光炯炯，精神健旺，老而强健。

③巢父：尧帝时的贤士。

【经典原意】

马援少有大志，光武帝时屡建战功，因功累官伏波将军，封为新息侯。建武二十四年(公元48年)，南方武陵五溪蛮暴动，武威将军刘尚前去征讨，冒进深入，全军覆没。马援当时已六十二岁高龄，请命南征，说：“臣尚能被甲上马”。随即披甲持兵，飞身上马，手扶马鞍，英姿飒爽，神采飞扬，真可谓烈士暮年，老当益壮。光武帝见马援豪气未减，雄心未已，很受感动，赞叹道：“矍铄哉是翁也！”

传说，尧帝要将帝位禅让给巢父，他却辞而不受，在山中隐居不问世事功利，人称他清高，他在树上筑巢而居，世人称他为“巢父”。

【原文】

伯伦①鸡肋，超宗②凤毛。

【注释】

①伯纶：晋代刘伶，字伯伦，西晋沛国(今安徽宿州)人，“竹林七贤”之一。

②超宗：谢凤，字超宗，南北朝陈郡夏阳人，著名的文人，祖父是谢灵运。

【经典原意】

刘伶与人争执，对方举起拳头要打他，刘伶则和气地说：“我这一把鸡肋骨，怎么能挡住您那强劲的拳头呢?”那人无奈地笑笑，放下拳头离开了。

《南史·谢超宗传》中记载，谢超宗勤奋好学，聪慧无比，颇有文采，享有盛誉，因此，得以选补新安王子鸾国常侍。王母殷淑仪去世，超宗作悼词上奏给孝武帝，孝武帝即对他的文采赞不绝口，并对谢庄说“超宗殊有凤毛，灵运复出”，觉得他的才能可以和祖父谢灵运相提并论。

【文化常识】

凤毛麟角

“凤毛”，指凤凰的毛，“麟角”，指麒麟的角。凤凰与麒麟是中国古代传说中鸟中之王与兽中之王，都用来象征祥瑞。凤毛、麟角，因十分稀少而异常珍贵。

“凤毛麟角”这一成语比喻极其稀少而珍贵的事物，也指难得的人才。明汪廷讷《种玉记·尚王》中道:“驸马是凤毛麟角，公主是玉叶金枝。”郭沫若《痛失人师》也有“有学问知识的人比较容易找，而有人格修养的人实在是如凤毛麟角”的句子。

【当代阐释】

千里马

骏马，日行千里，夜行八百，是为千里之马。

古时常以千里马来比喻难得的人才，而现代社会中，很多人都以千里马自居，慨叹自己怀才不遇，仰天长啸“千里马常有，而伯乐不常有”!

虽“世有伯乐，而后有千里马”，但千里马并非因伯乐的出现才能日行千里，伯乐只是起到了一个发现者的作用。真正决定马为千里骏马的乃是其自身的素质，对于马来说，自然是强健的体魄;而对于人来说，则是自身的修养与知识的积累。与其怨天尤人，感怀世事不公，倒不如在自己有生之年，多多积累知识，提升自身涵养。知书方能达理，是金子，哪怕深陷沙中，也能熠熠发光；是尘埃，即便在钻石上，也会被人轻轻拂去，关键是，你想作一颗沙中的金，还是愿当钻石上的尘埃？

【原文】

服虔①赁作②，车胤③重劳。

【注释】

①服虔：字子慎，初名重，又名祇，后更名为虔，汉代河南荥阳人，著名学者。

②赁作：为人雇佣。

③车胤（公元333年—公元401年）：字武子，晋代南平（今湖北公安）人。

【经典原意】

服虔少年清苦励志，很有才华，擅长文论，经学尤其受当世人所推崇。服虔想给《春秋》作注解，听说专讲《春秋》的学者崔烈正在讲解《春秋》，服虔便匿名到崔烈门下做工，以便偷听崔烈讲学。后来，崔烈觉察到他就是服虔，便与他交友探讨学术。郑玄听说服虔要为《春秋》写注解，便把自己已写好的部分文稿和资料全部送给服虔，由服虔完成了《春秋左氏传解谊》一书。

车胤曾听谢安、谢万讲解《孝经》，听完后对友人袁羊说："听二位讲学，有些问题不知道该问还是不该问，不问，内容会有遗漏；要问的话，又要重劳两位学者。"袁羊则说："哪有明镜因多照影像而感到疲劳，清泉会害怕和风的呢？"

【原文】

张仪①折竹，任末②燃蒿。

【注释】

①张仪：战国时期（公元前475年—公元前221年）魏国（今河南开封）人，政治家、外交家和谋略家。

②任末：字叔本，蜀郡繁（今属成都市新都区新繁镇）人，东汉学者，经学家和

教育家。

【经典原意】

张仪年少时聪颖好学，但苦于家贫，为人抄书时，遇有圣贤名句，便随手抄到自己手掌和大腿上，晚上回家再把白天抄写的文章誊抄到自制的竹简上，久而久之，便集结成册，成为完整的书了。

任末自幼勤奋好学，十四岁时，仍没有固定的老师，他常背着书箱，不怕路途的遥远和艰难险阻四处求学。有时，他在树林中搭个小茅棚住下，削荆条作笔，用树汁当墨。晚上，就在月亮和星星微弱的光亮下读书，遇上没有月亮的黑夜，他便点燃麻秆、蒿草之类来取光，继续读书。看到有好的词句，便随手写在衣服或者手掌中，以便日后查看。

【原文】

贺循①冰玉，公瑾②醇醪③。

【注释】

①贺循（公元260年—公元319年）：字彦先，晋代会稽山阴（今浙江绍兴）人。

②公瑾：周瑜（公元175年—公元210年），字公瑾，庐江舒县（今安徽舒城）人，东汉末年东吴将领，军事家。

③醇醪：醇香浓郁的美酒。

【经典原意】

贺循博览群书，才智卓绝，为官清厉，有节操。建武初年，晋元帝拜贺循为太常，遇有大事常向他咨询，贺循都依经据礼而对。元帝赞赏贺循："循冰清玉洁，位上卿，而居室才蔽风雨。"

公元208年，赤壁之战中周瑜大败曹军，奠定了三分天下的基础，因其杰出的军事才能，深得孙权器重。而老将程普心有不服，多次刁难侮辱他，周瑜一直忍让，并对程普以礼相待，后终使程普折服，并说：

"和公瑾交友,就好像喝醇香的美酒,不知不觉就沉醉其中。"

【原文】

庞公①休畅②,刘子③高操。

【注释】

①庞公:东汉末年庞德,字令明,南安狟道(今甘肃陇西东南)人,曹操部下重要将领,官至立义将军、关门亭侯,谥号壮侯。

②畅:畅快,尽兴。

③刘子:南北朝时刘讦(公元488年—公元518年)。子,古代对男子的敬称。

【经典原意】

庞德和司马德操隔襄阳河而居,相互友善,到对方家中就像在自己家里一样,毫不拘束。二人还常一同谈论时事,外出游玩,关系亲密友好。

刘讦是当时有名的隐士,节操高尚,人们称赞他:"讦超凡绝俗,如半天朱霞。"

【原文】

季札①挂剑,吕虔赠刀。

【注释】

①季札(公元前576年—公元前484年):春秋时吴国人,吴王寿梦少子。

【经典原意】

季札出使鲁国时,途径徐国,徐国国君非常喜欢他的剑,虽未开口向他索要,但季札看出了徐君的心意,可出使他国不可无剑,当时便没能把剑送给徐君。后来,季札从鲁国归来,再次路过徐国时,徐君已故去,季札就把剑挂在徐君陵墓旁的树枝上,并说:"我心中已经将这把剑给你了，怎能因你的故去而违背了自己的心意呢？”

晋代吕虔有一把佩刀，看相的人说只有三公才可佩戴此刀。吕虔便对他的好友王祥说：“你有公卿雅量，我就把这把佩刀送给你吧。”后来，王祥临死前又把刀送给弟弟王览，并说：“你日后一定能出将入相，足以佩戴这把刀。”后来果如王祥所言。

【文化常识】

古人佩玉

古人非常珍视玉，玉器不但用于祭祀、外交和社交等方面，还广泛用在服饰上。《礼记·玉藻》中就有“古之君子必佩玉”的说法，又说“君子无故，玉不去身”，可见佩玉是古代达官贵人很看重的衣饰。

据传，礼服有两套相同的佩玉，腰的左右各配一套，每套佩玉都用丝绳系着。上端是一枚弧形的玉，叫“珩”，“珩”的两端各悬着一枚半圆形的玉，名“璜”，中间缀着两片玉，叫做“琚”和“瑀”，两璜之间挂着一枚玉叫做“衝牙”。走起路来衝牙和两璜相碰触，发出铿锵悦耳的声音。《诗经·郑风·女曰鸡鸣》中写道：“杂佩以赠之”，其中的“杂佩”就是上面所说的一套佩玉。

【原文】

来护①卓荦②，梁竦矜③高。

【注释】

①来护：又作来护儿，字崇善，江都（今江苏江都县）人，隋朝大将。

②卓荦（luò 落）：聪明出众，颖慧卓绝。

③矜：自恃甚高，自尊，自大，自夸。

【经典原意】

来护儿聪颖卓绝，当读《诗经》中“击鼓其镗，踊跃用兵”，“羔裘豹饰，孔武有力”的句子时，放下书慨叹道：“大丈夫在世当如是，会为国灭贼以取功名，安能区区专事笔砚也”，同辈的人对他的言行都很震惊，对于他志向之高远，更是心存敬仰之情。

汉代梁竦自恃才高八斗，但郁郁不得志，曾说：“生当封侯，死当庙食。如其不然，闲居可以养志修身，读《诗》、《书》足以自娱。”朝廷征召他担任州郡官职，他拒不接受。

【原文】

壮心处仲①，操行陈陶②。

【注释】

①处仲：晋代王敦（公元266年—公元324年），字处仲，琅琊临沂（今山东临沂北）人，出身士族，东晋初权臣。

②陈陶：五代南唐人，操行高洁，擅长作诗，又善观天文历象。

【经典原意】

王敦任荆州刺史时，每次醉酒后，便用铁如意敲打壶边，唱道：“老骥伏枥，志在千里；烈士暮年，壮心不已。”唱罢，壶边也已被打破。

郡守严撰为试探陈陶，便命小妾莲花前去侍奉陈陶，莲花向陈陶献诗道：“莲花为号玉为腮，珍重尚书遣妾来；处士不生巫峡梦，空劳云雨下阳台。”陈陶对道：“近来诗思清如水，老去风情薄似云；已向升天得门户，锦衾深愧卓文君。”拒不接受小妾的侍奉，严撰愈发器重他。

【原文】

子荆①爽迈，孝伯②清操。

【注释】

①子荆：孙楚（公元221年—公元294年），字子荆，太原中都（今山西平遥西北）人，西晋文学家，官至冯翊太守。

②孝伯：晋代王恭，字孝伯。

【经典原意】

孙楚自幼才思过人，但却恃才傲物，卓尔不群，史称他“才藻卓绝，爽迈不群”。

王恭少年时起便颇有美誉，清操过人，十分自负，一直持有担任宰相的想法，与王忱齐名友善，仰慕刘惔的为人，谢安也常赞叹他说：“王恭将来一定可以成为相国。”皇帝征召他担任佐著作郎，他感慨道：“做官不任宰相，我的才志怎么能突显出来呢？”便称病拒绝了皇帝的征召。

【原文】

李①订六逸，石②与三豪。

【注释】

①李：唐代李白（公元701年—公元762年）。

②石：宋代石介（公元1005年—公元1045年），字守道，兖州奉符（今山东泰安市岱岳区徂徕镇桥沟村）人，文学家，因曾在家乡徂徕山下讲学，所以后人称他为“徂徕先生”。

【经典原意】

李白曾与孔巢父、韩凖、裴政、张叔明、陶沔六人隐居在徂徕山中，号称“竹溪六逸”。

石介在《徂徕集》中作有《三豪》诗，诗中称：“欧阳修豪于文，石延年豪于诗，杜牧豪于歌。”

【原文】

郑弘①还箭，元性②成刀。

【注释】

①郑弘：字巨君，汉代山阴（今浙江绍兴）人。

②元性：姓蒲，三国时期蜀国人，工匠。

【经典原意】

郑弘到白鹤山中砍柴，偶然拾得一箭，不一会儿就有人过来找箭，郑弘便将箭归还失主，那人问他要什么报酬，郑弘则答道："我常因要用溪水运柴而犯难，我希望早晨刮南风，傍晚刮北风。"后来，果如他所说，世人便称他为"郑公风"。

元性曾在斜谷口为诸葛亮打造了三千口刀，并说："汉水钝弱不堪淬，而蜀江爽烈，是大金之元精。"便命人前去取蜀江的水来淬火。水取来后，元性则说水中有杂水八升，细问后才知道，由于取水途中洒了水，就地取了八升涪水。元性又命人再次前往蜀江取水，水到才开始淬刀，制成的刀果然锋利异常，世人称此刀为神刀。

【原文】

刘殷①七业，何点②三高。

【注释】

①刘殷：字长盛，东晋新兴（今甘肃武山西）人，官至刘聪太保。

②何点（公元437年—公元504年）：字子晳，南北朝人。

【经典原意】

刘殷非常孝顺，博通经史，有济世之志，俭而不陋，清而不介。刘殷有七个儿子，分别专读五经（《诗》、《书》、《礼》、《易》、《乐》五经）、《史记》、《汉书》，世人称："一门之内，七业俱兴。"

何点与兄长何求、弟何胤三人曾谢绝宋、齐、梁三朝的多次征召，隐居南岳山麓，潜心著述，为当时著名隐士，人称"何氏三高"。

五　歌

【原文】

二使入蜀，五老①游河。

【注释】

①五老:传说中的五星之精。

【经典原意】

东汉和帝时,李郃(hé 合)担任地方接待使,观天象后,了解到和帝派遣两位使臣入蜀地益州进行巡察。

《论语谶(chèn 趁)》中记载,孔子曾说:"我听说尧帝率领舜等同游首山,在河边驻足观看,恰逢五老也在河边游玩,第一位说河图将要来禀报帝期,第二位说河图将要禀报帝谋,第三位说河图将要禀报帝书,第四位说河图将要禀报帝图,第五位说河图将要禀报帝符。后来,五老便幻化成流星,飞入土星和昴星之中。"

【文化常识】

祭孔大典

农历八月二十七日为孔子诞辰日,各地学校(主要是中学或乡中心小学),儒绅聚集一起举行纪念活动。蓼泉、沙河在文昌宫或文庙举行,有的在"魁星楼"举行,多数在学校举行。

这一天,人们设祭堂,供奉"大成至圣先师孔宣王"牌位,社会地位较高者被推为主祭人,主持祭祀活动,儒绅按长辈、晚辈秩序排列,依次焚香叩拜,由唱礼人宣读仪程,如奏乐、鸣炮、献供撰、读祭文、焚香、化表等。

【原文】

孙登①坐啸,谭峭②行歌。

【注释】

①孙登:字公和,号苏门先生,三国时代魏汲郡共人(今河南卫辉西南)人。

②谭峭:字景升,泉州府清源县(今属莆田市华亭)人,唐末五代道士,著名道教学者。

【经典原意】

《晋书·阮籍传》中记载，阮籍曾在苏门山遇到孙登，和他讨论终古及栖神导气之术，孙登都不应答，阮籍长啸而退。到了半山腰，忽然听到像鸾凤鸣叫般的声音，响彻山野，乃知是孙登长啸。因孙登精通音律，所以他的“啸”是最高境界。

谭峭幼时便聪慧过人，博闻强记，长大后辞家出游，足迹遍及天下名山，后来跟随嵩山道士学道十多年，学得辟谷养气之术，常边走边吟唱。后又到南岳衡山修炼，隐居青城山，并在此仙逝。

【原文】

汉王①封齿②，齐主③烹阿④。

【注释】

①汉王：汉高祖刘邦（公元前256年—公元前195年）。

②齿：汉朝开国大将雍齿，沛（今江苏沛县东）人。

③齐主：齐威王（公元前356年—公元前320年），姓田，名因齐，齐桓公之子，战国时期齐国国君，自称“齐王”。

④阿（ē）：古地名，今山东省东阿县。

【经典原意】

秦二世二年（公元前208年）雍齿跟随刘邦起兵反秦，后经魏国人周市策反，背叛刘邦，几经反复后，再次归附刘邦，因战功显赫，刘邦并未杀他。西汉王朝建立后，刘邦大封同姓人为王为侯，引起朝中非刘姓大臣不满，为了安抚臣心，稳固江山，便听从了张良的计策，封雍齿为侯，才使得大臣安心辅佐，共谋大业。

齐威王在位时，传来即墨大夫的坏话，威王立即派人前去查看，结果发现即墨地区治理得很好。后来，又有赞美阿大夫的好话传来，威王也派人前去查看，却发现阿地很混乱，并不像传闻中那样。于是，齐威王便分封给即墨大夫食万户，并将阿地的大夫以及赞美阿地的人处以了烹刑。从此朝中大臣都各尽其职，再也不敢隐过饰非，齐国大治。

【原文】

丁兰①刻木，王质烂柯②。

【注释】

①丁兰：东汉河内（今河南黄河北）人，“二十四孝”之一。

②柯：斧柄。

【经典原意】

丁兰幼年时父母双亡，因常思念父母养育之恩，便用木头刻成双亲雕像，像双亲在世时一样侍奉，遇事便和木像商议，每日三餐都是孝敬过双亲后才吃，出门前一定要向双亲禀告，回家后也一定面见请安，从不懈怠。

《述异记》中记载，晋代衢州王质上山砍柴，看到两个童子正在下棋，便将斧子放到一边，驻足观看，一个童子给了王质一枚枣核大小的东西让他含在口中。童子棋局结束后，王质回头去拿斧子准备下山，斧柄已腐烂，回到家中，竟发现家人、邻居都不认识了，细问之下才知道，原来已过了数百年，自己的同辈人早已死去。后来，王质入山修道，这座山就被称为“烂柯山”。

【原文】

霍光忠厚，黄霸宽和。

【经典原意】

西汉霍光跟随汉武帝近三十年，处处小心谨慎，从未有任何纰漏，受到武帝极大地信任。霍光忠于汉室，老成持重，又知人善任，重视贤良，武帝临终前，下诏命霍光辅佐少主昭帝刘弗陵，并封为博望侯。

西汉黄霸为官明察秋毫，心思敏捷，通晓文法，而又性情温良，谦恭礼让。武帝时担任县丞，处理事情颁布决议都合乎法律，而又温良有让，足智多谋，太守非常信任他，官吏百姓也都很爱戴他。昭帝继位后，由霍光主持朝政，承袭武帝时法度，官吏们多依法严刑，唯独黄霸采用宽和的法度治理地方。后来，宣帝继位后，黄霸迁任颍川太守，施行仁政，地方大治，宣帝即赏赐黄金百斤，迁任扬州刺史。又因宽厚清明，吏民拥戴，户籍人口每年都在增加，治理状况全国最好，迁任丞相。

【原文】

桓谭[①]非[②]谶，王商止讹。

【注释】

①桓谭：字君山，东汉沛国相（今安徽濉溪县西北）人，哲学家、经学家。

②非：否定，反对。

【经典原意】

光武帝时，桓谭担任议郎给事中，因坚决反对谶纬神学，极力谏言谶纬神学非经，被光武帝认为目无法圣，险遭处斩，遭贬黜为六安郡丞，在赴任途中病逝。

汉成帝时，王商担任左将军，成帝三年（公元前 30 年）秋，京城长安有传言说要发大水，长安城就要被水淹没，霎时间，整个长安城的百姓都惊慌失措，大家扶老携幼，争相逃命。消息传到宫中，汉成帝立即召集文武百官商量对策。成帝的舅父、大将军王凤也十分惶恐，劝成帝和太后赶快躲到船上准备撤离，大臣们也都纷纷附和王凤的意见。只有王商坚决反对，他分析大水不可能突然而来，一定是谣传，在这个关键时刻更不能轻易撤离，扰乱民心，成帝采纳了王商的意见。过了不久，谣言便不攻而破，城里的秩序也慢慢恢复。经过调查，水患确是谣传，成帝对王商能力排众议，思维缜密很是赞赏。

【原文】

隐翁龚胜[①]，刺客荆轲[②]。

【注释】

①龚胜（公元前68年——公元前11年）：字君宾，西汉彭城人，哀帝时征召为谏议大夫，后任渤海太守。

②荆轲：战国末期卫国人，也称庆卿、荆卿、庆轲，著名刺客，喜好读书击剑，为人慷慨侠义。

【经典原意】

王莽篡政后，龚胜隐居乡里，号为隐翁。王莽数次派人征召，要拜他为上卿，他都辞而不受，对门人说："我怎能一身侍二主呢？"遂绝食十四天而死。

荆轲游历到燕国，被称为"荆卿"（或荆叔），经田光举荐，太子丹拜他为上卿。秦灭赵后，兵锋直逼燕国南界，太子丹非常震惊，与田光密谋派荆轲入秦行刺秦王。公元前227年，荆轲带着燕督亢地图和樊於期首级，前往秦国刺杀秦王，临行前，众人在易水边为荆轲送行，场面十分悲壮，"风萧萧兮易水寒，壮士一去兮不复还"。荆轲到秦国后，秦王在咸阳宫隆重召见了他，荆轲在献燕督亢地图时，图穷匕见，但刺秦王不中，被杀。"图穷匕见"一成语就出自这个典故。

【原文】

老人结草，饿夫倒戈。

【经典原意】

春秋时期晋国大夫魏武子有一小妾，无子嗣，魏武子得了重病，告诉儿子魏颗，在自己死后要让小妾改嫁，但临死前，却改变主意，说："我死后，一定要让小妾为我陪葬。"武子死后，魏颗宅心仁厚，没让小妾陪葬，而是找了户好人家，将小妾嫁了出去。后来，魏颗大战秦国杜回，有一位老人结草作绊，将杜回绊倒，被魏颗生擒，晋国大胜。夜里，魏颗梦到一位老人对他说："我就是你救下的那个小妾的父亲，今天特意'结草'报恩。"

赵盾上山打猎，途中看到一个人饿倒在路边，赵盾下马给了他一些食物，又送了些让他带回去孝敬老母亲。后晋灵公要杀赵盾，赵盾奋力逃脱时，一个卫士倒戈挡在赵盾前面，全力保护赵盾逃走，这个卫士就是当初他救下的那个人，名叫灵辄。

【原文】

奕宛李讷，碑嗛孙何。

【经典原意】

唐代李讷性情急躁，但十分喜好下棋，每次下棋时，便非常沉着冷静。因此，每当李讷性急，家人都和他一起下棋，让他在下棋布局时，平静下来。

宋代孙何曾任转运使，性情苛刻急躁，但他好古文，尤其喜好研究碑帖，于是，州县就找来很多古文碑帖送到他的驿馆中。孙何每次到达驿馆，都会潜心辨识古文碑帖，几乎无暇理会公事。

【原文】

子猷①啸咏，斯立②吟哦。

【注释】

①子猷（yóu 油）：东晋王徽之，字子猷，琅琊临沂（今山东临沂）人，王羲之的第五个儿子，文章为世人推崇，又擅长书画。

②斯立：唐代崔立之，字斯立，元和（公元806年—公元820年，元和，唐宪宗李纯的年号）初年任蓝田丞。

【经典原意】

王徽之生性卓荦不羁，非常喜好竹子，每次搬家，都命人在院中栽种竹子，有人问他为何，王徽之答道："我一天也离不开竹子啊！"他时常在竹林中长久地啸吟。

崔立之家中庭院里种有四行老槐树，南面有千余株竹子，他常在林中吟哦，有时连政事也不过问。

【原文】

奕世①貂珥②，闾里③鸣珂④。

【注释】

①奕世：一代接着一代。

②貂珥：也称“珥貂”，貂，貂尾；珥，插。汉代的侍中、常侍的官帽上都插着貂尾来做装饰，以此来借指帝王贵近之臣。

③闾里：乡间。

④珂：装饰在马笼头上的似玉美石。

【经典原意】

金日（mì 密）磾（dī 滴）（公元前 134 年—公元前 86 年），字翁叔，驻牧武威的匈奴休屠王太子。汉武帝元狩二年（公元前 121 年，元狩，汉武帝的年号），骠骑将军霍去病两次出兵讨伐匈奴，大获全胜，休屠王被杀，年仅 14 岁的金日磾及其家人沦为官奴，被送到黄门署养马。由于金日磾容貌威严，善于审时度势，又十分孝敬母亲，做事小心谨慎，深得汉武帝器重，赐姓金，名日磾，先拜他为马监，后又迁任侍中、驸马都尉、光禄大夫。子孙后代也因忠孝而享有盛名，七世不衰，历时 130 多年。

唐代张嘉贞（公元 666 年—公元 729 年）在开元（公元 713 年—公元 741 年，开元，唐玄宗李隆基的年号）年间，曾任中书令，他的弟弟张嘉佑为将军，每次上朝，车驾马匹上的装饰物响彻乡间，当时人们称二人居住之地为“鸣珂里”。

【原文】

昙①辍②丝竹③，衰④废蓼莪⑤。

【注释】

①昙:晋代羊昙,谢安的外甥,谢安对他有知遇之恩。

②辍:停止。

③丝竹:泛指音乐。

④裒(póu 抔):王裒,字伟元,城阳营陵人。

⑤蓼莪(lù'é 陆俄):指两种植物名。《蓼莪》是《诗经》中的篇章,表达了子女对于双亲抚养之情的追思。后以此代指对双亲的悼念及哀思。

【经典原意】

谢安死后,羊昙一年之内都未曾奏乐高歌,以示哀悼。一次,羊昙大醉,在路上边走边唱,不知不觉走到了州门,旁人说是西州门,羊昙悲痛不已,捶胸顿足,吟咏曹子建的诗:"生存华屋处,零落归山丘。"恸哭而去。

王裒的父亲因直言敢谏被晋文帝杀害,王裒非常悲痛,自此后,从不向西而坐,以示不臣服于晋。他的母亲十分害怕雷声,母亲死后,每次打雷,王裒都跪到母亲墓前去守护。读到《诗经》中《蓼莪》一章中"哀哀父母,为我劬(qú 渠)劳(劬劳,即操劳,劳累的意思)"时,王裒痛哭流涕,因而不读此篇文章,学生为了不让他伤心,也从不在他面前读这篇文章。

【文化常识】

白喜事

旧时办丧事有多道程序,要做道场、烧灵屋、唱夜歌等等,还要用白纸写对联,所以民间办丧事也称为"白喜事"。我国向来把生与死看得同等重要,民间相信人死后,灵魂不死,转世投胎还有来生。人死后家人为其举行隆重的丧葬仪式,不但对生者有利,对死者也有利。

在我国多种多样的丧葬形式中,土葬是以前最为普遍的葬式,《说文解字》中对"葬"字的解释是"藏也",冬藏春发,是自然万物的生长规律,"入土为安",葬于土中,带有来年春天重生的希冀。

【原文】

箕①陈五福,华②祝三多。

【注释】

①箕：箕子，商纣王的叔父。

②华：华山的地方官员。

【经典原意】

箕子官居太师，封地在箕（今山西太谷东北）。箕子因直言敢谏被纣王囚禁，周武王灭商后，才被释放。箕子曾向周武王讲解"五福"，即寿、富、康宁、攸好德、考终命。

尧帝巡视华山时，地方官员祝愿尧帝"三多"，即多福、多寿、多男子。

六 麻

【原文】

万石[1]*秦氏，三戟*[2]*崔*[3]*家。*

【注释】

①石（dàn 但）：旧时计量单位，古肛三十斤为钧，四钧为石，即一百二十斤为一石，现制一百斤为一石。

②戟（jǐ 挤）：棨戟，即有缯衣或油漆的木戟。古代官吏所用的仪仗，出行时作为前导，后亦列于门庭。

③崔：唐代崔琳。

【经典原意】

秦彭家族中同时封为两千石俸禄官位的有五人，当时人称"万石秦氏"。

唐代崔琳开元年间担任中书令，弟弟珪为太子詹事，瑶为光禄大夫，三人出行都有棨戟来作为仪仗，时称"三戟崔家"。

【原文】

退之[①]驱鳄，叔敖[②]埋蛇。

【注释】

①退之：唐代韩愈。

②叔敖：孙叔敖（公元前630年—公元前593年），字孙叔，一字艾猎，春秋时期楚国江陵人，军事家。

【经典原意】

唐宪宗时，韩愈担任刑部侍郎，因上疏表《谏迎佛骨》，触怒了宪宗，被贬为潮州刺史。当时潮州地区鳄鱼成灾，百姓苦不堪言，韩愈作《祭鳄鱼文》，临江诵读，据传当夜风雨大作，鳄鱼西迁六十里，潮州鳄鱼患才得以解除。

孙叔敖少年时在山上看到一条两头蛇，传说看到两头蛇会死去，他为了不让别人再次看到而遭遇灭顶之灾，就把蛇打死埋了起来。回到家后，孙叔敖把自己打蛇的事告诉母亲，并说自己必死无疑，以后不能再孝敬母亲了。母亲则说："积德行善的人必有善报，你埋蛇是善行，不会死的。"孙叔敖的德行受到族人的钦佩和赞赏，那座山丘也因此而得名"蛇入山"。

【原文】

虞诩易[①]服，道济[②]量沙。

【注释】

①易：改变，改换。

②道济：檀道济，南朝宋将领，高平金乡（今属山东）人，屡立战功，官至征南大将军。

【经典原意】

东汉虞诩任任武都太守时，羌人有万余人前来进犯，因手下将士不满三千，便命令将士们改换服装悄悄从东门出去，再换上士兵的服装，整队从西门入城，接连数日，羌人以为援军到了，恐不能取胜，便退兵。

元嘉八年（公元431年，元嘉，南朝宋文帝刘义隆的年号），檀道济领兵伐魏，与魏军大战三十多次，宋军大捷。檀道济行军至历城时，因军粮短缺而准备撤军，魏军趁机追赶，为了安全撤离，檀道济亲自带领一批管粮的士兵在营寨里查点粮食，一些士兵手里拿着竹筹唱数，另一些则用斗子在量米，所量的米其实是一斗斗的沙土，只是在上面覆盖着少量白米。魏兵的探子以为一只只米袋里面都是米，赶快回去告诉魏将，说檀道济营里军粮还绰绰有余，魏将就把前来告密的宋军斩杀了，也不再穷追不舍，宋军得以安全撤离。

【原文】

伋①辞馈肉，琮②却③饷瓜。

【注释】

①伋（jí及）：孔伋（公元前483年—公元前402年），字子思，孔子的孙子，孟子的老师，战国初期鲁国（今山东曲阜）人，儒家学派主要代表人物之一。

②琮：苏琮，字珍之，北齐武强郡（今属河北）人。

③却：推却，拒绝。

【经典原意】

《孟子》中记载，孔伋曾被鲁缪公尊为贤者，以师礼相待。鲁缪公经常送给孔伋熟肉，他都作揖行礼后再接受馈赠，对于鲁缪公的此种行为，孔伋深感不满，他认为，作为一国之君尊重贤者，却不加以重用，不是明君应有的作风。因此，最后一次，孔伋便把国君派来送肉的人赶出了大门，拒不接受鲁缪公送来的礼物。

苏琮清廉谨慎，担任南清河太守六年，从不收礼。南清河郡人赵颖，曾任乐陵郡太守，八十岁告老还家，依仗自己年事已高，亲自送来新摘的瓜，竭力请求苏琼收下，苏琼无奈，只得把瓜留下，把瓜挂在大堂梁上。人们知道苏琼收下赵颖的瓜后，争相送来礼物，来到府上，看到赵颖送来的瓜还是完好无损地挂在梁上，只得转身离去。

【原文】

祭遵①俎豆②，柴绍③琵琶。

【注释】

①祭（zhài 债）遵：字弟孙，颍川颍阳（今河南许昌）人，东汉大将，“云台二十八将”之一。

②俎（zǔ 阻）豆：“俎”和“豆”都是古代祭祀用的器具，俎豆也有奉祀、祭祀、崇奉的含义。

③柴绍：字嗣昌，唐代晋州临汾（今山西临汾）人，当朝大将，凌烟阁二十四功臣之一，娶唐高祖李渊的女儿平阳公主为妻。

【经典原意】

祭遵虽身在军中，但从不忘记祭祀之礼，又以礼待人，受到光武帝及军中将士的一致赞赏与钦佩。

柴绍在西域镇守边疆时，吐谷（yù 欲）浑与党项前来进攻，因居高位，占据地形优势，遂向柴绍大军射箭，一时，箭下如雨。柴绍则安然端坐，令人弹奏胡人琵琶曲，两名舞女相对而舞，胡人感到很奇怪，不知为何，便放下手中弓箭，前来观看，柴绍趁敌军松懈之际，派军从敌后突袭，大获全胜。

【原文】

法常①评酒，鸿渐②论茶。

【注释】

①法常：南宋河阳僧人，号牧溪，著名画家，擅长画龙、虎、猿、鹤、芦雁、山水、人物，造型严谨，形象准确，画作于秀逸清冷中透出禅意，有《观音图》、《猿图》、

《鹤图》、《罗汉图》、《写生蔬果图》、《花果翎毛图》等传世。

②鸿渐：唐代陆羽（公元733年—公元804年），字鸿渐，号竟陵子、桑苎翁、东冈子，又号“茶山御史”，唐朝复州竟陵（今湖北天门市）人。

【经典原意】

法常喜好饮酒，酒醒后，吟诵诗句：“悠游曲世界，烂漫枕神仙。”评论酒趣道：“酒天虚无，酒地绵邈，酒国安恬，无君臣贵贱之拘，无财利之图，无刑罚之避。陶陶焉，荡荡焉，乐其可得而量也。转而入于飞蝶都，则又懵腾浩渺而不思觉也。”

唐代陆羽一生嗜茶，精于茶道，著有世界第一部茶叶专著——《茶经》，论述茶的功效及煮茶方法，闻名于世。陆羽对我国茶业和世界茶业发展作出了卓越贡献，被誉为“茶仙”，尊为“茶圣”，祀为“茶神”。

【文化常识】

茶

饮茶起源于神农氏，到鲁周公时正式对茶做了文字记载后才流传于世。此后，春秋齐国宰相晏婴，汉朝扬雄、司马相如，三国时吴国韦曜，晋代刘琨、谢安等，都是十分爱茶的人。到了唐朝，饮茶之风盛行，西安和洛阳两都城及荆州、巴渝等地，几乎家家户户都饮茶。

唐代陆羽所著的《茶经》，是世界上最早的茶叶专著，它的问世是中国茶文化形成的标志，在国际茶文化界具有巨大而深远的影响。

【原文】

陶①怡②松菊，田③乐烟霞。

【注释】

①陶：陶渊明（公元365年—公元427年），又名陶潜，字元亮，自号五柳先生，浔阳柴桑（今九江市）人，东晋末期南朝宋初期诗人、辞赋家、散文家，世称靖节先生。

②怡：喜悦，愉快。

③田：唐代田游岩，京兆三原人，很有文才。

【经典原意】

陶渊明喜好松菊，归隐田园后，更是在院中亲自栽种，写了许多关于松菊的诗句，如《归去来兮辞》中"三径就荒，松菊犹存"，便是以松菊来自娱的名句。

田游岩曾隐居太白山，后又到箕山、嵩山，高宗多次征召他入朝为官，他都不接受。后高宗游幸嵩山，身着便服，亲自来到田游岩家中，询问近况，田游岩答："臣所谓泉石高肓，烟霞痼疾者。"高宗封他为崇文馆学士，亲自为其住宅题字："处士田游岩宅"。

【原文】

孟郇九穗，郑珏一麻。

【经典原意】

北齐孟郇曾任东郡太守，为政仁德宽厚，亲民如子，深受当地百姓爱戴。当时，郡内有一株麦苗竟长出九个穗，人们都说是孟郇的仁政感动上苍，是德政祥瑞的征兆。

后唐郑珏和李愚同时担任学士时，窗外突然长出一株白麻，李愚便说："你要迁任宰相了。"后来，郑珏果升任宰相。当时，拜任宰相的诏书都用白麻纸。

【原文】

颜回①练②马，乐广杯蛇。

【注释】

①颜回（公元前521年—公元前481年）：字子渊，也就是颜渊，孔子得意门生，春秋末鲁国人。

②练：白练，白布。

【经典原意】

孔子和颜回同游泰山，孔子问颜回："你看见吴国阊门（皇宫正门）外有什么东西了吗？"颜回答："有像是一匹白布模样的东西。"孔子则说："那是白马。"颜回定睛细看，果然是白马。以后就用"匹"来作为马的度量单位。

晋代乐广在家中大宴宾客，客人举起酒杯，看到杯中有一条小蛇随着酒进入了肚中，回家就病了。乐广前去探望，问明病因后，再次请那位客人到家中做客，还是坐在以前的位置，客人举起酒杯时，又看到了那条蛇，很是害怕，乐广解释说，那只是挂着的弓的影子，说完便把墙上挂着的弓拿给客人看，又再次举杯验证，客人才相信，病也就痊愈了。"杯弓蛇影"的成语就出自这里。

【原文】

罗珦持节，王播笼纱。

【经典原意】

唐代罗珦（xiàng 向）小时候，家中很是贫穷，曾到福泉寺中和僧人一起吃斋饭。二十年后，罗珦考中进士，拿着皇帝赏赐的仪仗回到家乡，再次来到福泉寺，吟诗道："二十年来此布衣，鹿鸣西上虎符归。故时宾从追前事，到处松杉长旧围。野老共遮官路拜，沙鸥遥认隼旗飞。春风一宿琉璃殿，唯有泉声惬素机。"

唐代王播年少时，家境贫寒，无以为继，只得到扬州木兰寺中吃斋饭，寺中僧人对他很不友好，一天，钟声响了，王播听到钟声，以为开饭了，便放下手中的书，到饭堂去吃饭，到了才发现，原来僧人早就吃完饭了，故意饭后敲钟，不让他吃饭，看到僧人们那副幸灾乐祸的样子，王播又愧又恨，提笔在墙上写了首诗："上堂已了各西东，惭愧阇黎饭后钟。"诗还没写完，手中的笔就被一个和尚夺走了。王播发奋苦读，终于高中进士，被封为节度使，再次来到木兰寺中，却看到他以前在墙上写的那两句诗已用绿色的薄纱罩着保护起来，提笔续诗道："三十年前尘扑面，而今始得碧纱笼。”

【原文】

能言李泌①，敢谏香车。

【注释】

①李泌（公元722年—公元789年）：字长源，唐代宗时官居京兆尹。

【经典原意】

李泌能言善辩，足智多谋，高宗第五子李弘被武则天杀害，次子李贤惶恐不安，便作《黄台瓜辞》：“种瓜黄台下，瓜熟子离离。一摘使瓜好，两摘使瓜稀。三摘犹可为，四摘抱蔓归。”李泌将这首诗呈给高宗，高宗看后，十分愕然，当场泪下，悔恨不已。

战国齐宣王建造百亩大屋，历时三年都未竣工，劳民伤财，但群臣无人敢向宣王谏言，唯独香车敢于进谏，后齐宣王采纳了他的建议，立刻下令停止了大屋的建造。

【原文】

韩愈辟①佛，傅奕②除邪。

【注释】

①辟：破除，反对。

②傅奕（公元555年—公元639年）：唐初学者，相州邺（今河南安阳）人。

【经典原意】

唐宪宗崇尚佛教，欲派人前去迎接佛骨，劳民伤财，时任刑部侍郎的韩愈，不顾个人安危，极力谏言，反对宪宗迎佛骨，触怒了宪宗，被贬为潮州刺史。

傅奕精于天文历数，坚持唯物主义自然观和儒家伦理道德，坚决反对佛教，曾上疏谏言唐太宗废除佛法。一次，一名胡僧曾说自己可咒人立死，傅奕斥责为巫术，并让胡僧在朝堂上验证，后果然不灵验，胡僧惧怕太宗怪罪，而又羞愧难当，跌倒而死。

【原文】

春①藏足垢，邕②嗜疮痂。

【注释】

①春：南北朝阴子春，字幼文，武威姑臧（今甘肃武威）人，官至刺史。

②邕（yōng 拥）：南北朝刘邕，南朝宋开国功臣南康文宣公刘穆之的孙子，继承刘穆之爵位。

【经典原意】

史书记载，阴子春满身污垢，衣服脏了不去洗，脚也是多年才洗一次，每次洗脚都会失财败事。后来，梁州之战大败，阴子春便认定是洗脚所致，遂终身不洗脚。

刘邕有一个怪癖，就是喜欢吃人身上的疮痂，觉得它十分美味，可与鳆鱼媲美。一次，刘邕到孟灵休家中做客，灵休因灼伤而落下疮痂，疮痂掉到床上，刘邕把它拾起来吃了。孟灵休大为震惊，刘邕则说道："这只是我的喜好罢了。"孟灵休便把身上所有的疮痂都剥取下来送给刘邕食用。刘邕南康封国境内有二百多官吏，不管他们是否有罪，都让他们互相鞭打，然后取伤口上的疮痂来食用。

【文化常识】

药葫芦

葫芦，古称"壶"，俗称葫芦瓜。《诗·豳风·七月》中"八月断壶"，指的就是盛药的葫芦，即"药葫芦"。

古今许多神话故事，几乎涉及药就有葫芦。传说中的"八仙"之一的铁拐李就常背着一个装有"灵丹妙药"的葫芦，周游江湖，治病救人。

晋代葛洪《神仙传》中也记载了这样一个故事：汉代的某年夏天，河南一带闹瘟疫，根本无法医治，死了很多人。一天，一个神奇的老人来到了这里，在巷子里开了间小中药铺，门前挂了一个药葫芦，里面装满药丸，专治这种瘟疫，凡是前来求医之人，"壶翁"赠药分文不取，就这样，吃了药丸的人逐渐康复。之后东汉名医费长房慕名前来求学，老翁尽授其"悬壶济世"之术。后来，人们就称卖药、行医者为"悬壶"，赞美医生的职业为"悬壶济世"。

【原文】

薛①笺成彩，江②笔生花。

【注释】

①薛：唐朝名妓薛涛（公元 678 年—公元 831 年），字洪度，长安（今陕西西安）人，著名女诗人。

②江：江淹（公元 444 年—公元 505 年），字文通，济阳考城（今河南民权）人，南朝著名文学家。

【经典原意】

唐代女诗人薛涛迁居浣花溪旁，创制十色彩笺，用以写诗，名为"薛涛笺"。

江淹早年仕途坎坷，但这坎坷的经历反而造就了一位大文学家，起伏跌宕中江淹把自己无限感慨诉诸笔端，生花妙笔令人拍案叫绝，他的许多作品都写于此时。江淹被贬黜到浦城当县官时，漫步浦城郊外，在一小山上休息，睡梦中，一位神人送给他一支闪着五彩的神笔，自此江淹文思如涌，成了一代文章风流魁首，人称"梦笔生花"。

【国学故事】

江郎才尽

江淹中年以后，虽官运亨通，但却出现了创作上的低潮期。传说，一天晚上，江淹梦见一人，自称是郭璞（晋代文学家），那人对江淹说："我有一支五彩的笔留在你这儿很多年了，现在该还给我了。"江淹便将笔从怀中取出，还给了那人。后来，他的文章就逐渐失去了往日的风采，于是便有"江郎才尽"一说。

实际上是富贵安逸的环境，使得江淹才思减退，到齐武帝永明后期，江淹就鲜有传世之作。

【原文】

班昭①汉史，蔡琰②胡笳。

【注释】

①班昭：又名姬，字惠班，东汉扶风安陵人（今陕西咸阳），班彪的女儿，班固、班超的妹妹，班昭十四岁嫁给同郡的曹世叔为妻，人们又把班昭叫做曹大家（gū孤，通"姑"）。著名的文学家，我国第一个女历史学家。

②蔡琰（yǎn 掩）：字昭姬，为避司马昭讳，改为文姬，名琰，东汉末年陈留（今河南开封杞县）人，大文学家蔡邕的女儿，我国历史上著名的才女和文学家。

【经典原意】

班昭父亲班彪在世时，就开始编写《汉书》，父亲死后，班固继续写书，快完成时，不幸冤死狱中，班昭痛定思痛，接过亡兄未完成的工作。班昭在班固在世时就参与了全书的编撰，后又得到汉和帝的恩准，可到东观藏书阁参考典籍，因此，写起来得心应手。班昭四十岁时，终于完成了《汉书》的写作。

东汉末年，社会动荡，蔡文姬被掳到南匈奴，嫁给匈奴左贤王，饱尝异族异乡异俗生活的痛苦，在遥远的塞外生儿育女。十二年后，曹操统一北方，想到恩师蔡邕对自己的教诲，用重金赎回蔡文姬，文姬忍痛离开深爱自己的丈夫和年幼的孩子，孤身一人回归故里，嫁给董祀，写下动人心魄的《胡笳十八拍》和《悲愤诗》，历史上把"文姬归汉"传为美谈。

【原文】

凤凰律吕，鹦鹉琵琶[①]。

【注释】

①琵琶：蔡确（公元1037年—公元1093年）侍女的名字。

【经典原意】

相传伶伦为黄帝时代的乐官，是发明律吕以制乐的始祖。《吕氏春秋·古乐》有"昔黄帝令伶伦作为律"的一段记载，说伶伦模拟自然界的凤鸟鸣声，选择内腔和腔壁生长匀称的竹管，制作了十二律，暗示着"雄鸣为六律"，是六个阳律，"雌鸣亦六吕"，是六个阴吕。《抱朴子》中有"轩辕听凤凰鸣而调律"的记载，即轩辕黄帝命人按照凤凰的叫声制定十二律，依照雄鸟的鸣叫定六律，依照雌鸟的鸣叫定六吕，制作乐器十二管。

蔡确被贬黜时，侍女琵琶和鹦鹉相伴左右，后来侍女死去，鹦鹉时常还会呼唤侍女的名字，蔡确非常伤感，便写诗抒怀："鹦鹉言犹在，琵琶事已非。伤心漳江水，同渡不同归。"

【原文】

渡传桃叶[①]，村[②]名杏花。

【注释】

①桃叶：东晋王献之爱妾，桃叶的妹妹名叫桃根。

②村：杏花村，有两处，一个是在山西汾阳县东部，以产"汾酒"而著称；一个在安徽贵池县城西，以产酒而闻名。

【经典原意】

王献之曾在渡口迎接爱妾桃叶的归来，并唱："桃叶复桃叶，渡江不用楫。但渡无所苦，我自来迎接。桃叶复桃叶，桃树连桃根，相怜两乐事,独使我殷勤。”桃叶感动至极。此渡口后来便被人们叫做桃叶渡(今南京市秦淮河畔)。

唐代诗人杜牧担任池州太守时,作有“借问酒家何处去,牧童遥指杏花村”的千古佳句。

【文化常识】

月神

月神,我国民间流传最广的神仙之一,又叫月光娘娘、太阴星主、月姑、月光菩萨等。对月神的崇拜,由来已久,主要是源于原始信仰中的天体崇拜。黑夜中,月亮给人们带来光明;月色朦胧,又会使人产生许多遐想,许多美丽动人的故事也因此而生。“嫦娥奔月”就是其中著名的一个。

男女热恋时在月下盟誓定情,拜祷月神,有些分离的恋人也拜求月神祈求团圆。元代大戏剧家关汉卿就写过一出《拜月亭》,《西厢记》里的崔莺莺也虔诚地对月神倾诉希望遇到意中人的情怀。

有些单相思的男女也会请月神评理,或倾诉衷肠。我国许多少数民族也盛行拜月风俗,如苗族就有“跳月”的活动,青年男女在“跳月”中,寻求心上人,倾吐爱慕之情,希望永结同心。

七　阳

【原文】

君起盘古,人始亚当。

【经典原意】

盘古,即盘古氏,我国古代传说中开天辟地的神,也是我国最早的君主,从他开始才有了君臣之分,才有君主开始治理国家。

《圣经》中记载,上帝用水和土所造的第一个男子,名叫亚当,后来,上帝又从亚当身上取下一根肋骨,造了一个女人,名叫夏娃,由此,亚当和夏娃开始繁衍后代。

【国学故事】

盘古开天地

传说在天与地还没有开辟前，宇宙就像个大鸡蛋一样混沌一团。有个叫盘古的巨人在这个“大鸡蛋”中酣睡了18000年后醒来，发现周围一片黑暗，便张开巨大的手掌向黑暗劈去，一声巨响，“大鸡蛋”碎了，千万年的混沌黑暗被搅动，又轻又清的东西慢慢上升并渐渐散开，变成蓝色的天空；而那些厚重混浊的东西则慢慢地下沉，变成了脚下的土地。盘古站在这天地之间非常高兴，但他怕天地再合拢起来还变成以前的样子，就用双手撑着天，双脚踏着大地，让自己的身体每天长高一丈，天地也随着他的身体每天增高一丈。这样又过了十万八千年，天越来越高，地也越来越厚，而盘古的身体长得已有九万里那么长。

盘古凭借自己的神力终于把天地开辟出来，但他也累了。临死前，盘古把嘴里呼出的气变成了四季飘动的云；把声音变成了天空的雷霆；左眼变成了太阳，右眼变成了月亮；头发和胡须变成了夜空的星星；身体变成了东、西、南、北四极和雄伟的三山五岳；血液变成了江河；筋脉变成了道路；肌肉变成了农田；牙齿、骨骼和骨髓变成了地下矿藏；皮肤和汗毛变成了大地上的草木，汗水变成了雨露；而盘古的精灵魂魄也在死后变成了人类。

盘古就这样开辟了天地，化育了万物，衍生了乾坤。因而，他被我们古老中华民族的祖先衷心称誉。

【原文】

明皇①花萼，灵运②池塘。

【注释】

①明皇：唐玄宗李隆基（公元685年—公元762年），因他谥号为“至道大圣大明孝皇帝”，所以简称“唐明皇（公元712年—公元756年在位）”，庙号“玄宗”。

②灵运：谢灵运（公元385年—公元433年），陈郡阳夏（今河南太康）人，东

晋诗人，我国山水诗的开创者，被誉为“山水诗鼻祖”，南北朝时与陆机齐名。

【经典原意】

李隆基所建造的离宫中有“花萼相辉楼”，常和各位兄弟同登楼，共享乐。

一次，谢灵运作诗想不出佳句，晚上睡觉时，梦见弟弟——擅长诗文的惠连，即得“池塘生春草，园柳变鸣禽。”的千古名句。

【原文】

神威翼德①，义勇云长②。

【注释】

①翼德：张飞，字翼德，三国时期涿郡涿县人（今河北省涿州市）人，蜀国猛将。

②云长：关羽。

【经典原意】

张飞侠肝义胆，骁勇善战，人称神威猛将。

关羽作战勇猛，有信有义，曾被迫暂投曹操军中，曹操非常欣赏关羽的为人，对他的军事才能也是十分赞赏，派张辽前去游说，被关羽直言拒绝。后在战场上斩杀颜良，以示对曹操的报答，但最终放下曹操所赏赐的一切，回到蜀汉刘备麾下。

【文化常识】

关帝

关公身材魁梧，赤面美髯，丹凤眼，卧蚕眉，手提青龙偃月刀，下跨赤兔千里马，千里走单骑，过五关斩六将，单刀赴会，水淹七军。传说中，关羽是一位忠贞不贰、见义勇为的英雄好汉，在百姓心中是勇武和忠义的化身。宋代，宋哲宗封他为“显烈王”；宋徽宗封他为“义勇武安王”；元代，又加封为“显灵义勇武安英济王”；元末明初，长篇历史小说《三国演义》的出现，更使关羽名声大振；明代，明神宗加封其为“协天护国忠义帝”；清代，又封为“关圣大帝”。明清时代，关羽的地位达到了登峰造极的地步，和“文圣人”孔子排在一起，称为“武圣人”。

关羽声名日盛，佛教各寺院纷纷将关羽列为本寺护法神，道教遵其为“关圣帝君”、“荡魔真君”、“伏魔大帝”，甚至喇嘛教也供奉起关羽来。民间更是将关帝视为万能之神，既能给人福禄，保佑科举，又能治病消灾，驱邪避恶，诛罚叛道，甚至还能招财进宝，庇护做生意的人。

【国学故事】

桃园三结义

刘焉出榜招募义兵，已二十八岁的刘备看到张贴的榜文，慨然长叹。随即听到身后一人厉声道：“大丈夫不为国出力，怎在此长吁短叹？”刘备回头打量这个人，只见那人身高八尺，豹头环眼，燕颔虎须，声若巨雷，势如奔马。刘备见他形貌异常，非等闲之辈，便问他姓名，那人答道：“姓张名飞，字翼德。我家世居涿郡，以卖酒屠猪为生，专好结交天下豪杰。”刘备也自我介绍道：“我本是汉室宗亲，姓刘，名备。听闻黄巾叛乱，我有破贼安民的志向，却力不从心，只能长叹。”张飞听后，说道：“我有部分钱财，可用来招募勇士，与您共举大事，如何？”两人交谈甚欢，一同到店中饮酒。

两人酒意正酣，看到了一个身材魁伟的大汉推着一辆车子，来到了店中，此人边落座，边唤酒保道：“快斟酒，拿些吃的来，我还要进城去投军！”刘备仔细打量了这个人：身高九尺，胡须二尺；面色如红枣，唇色像施了胭脂；丹凤眼，卧蚕眉，相貌堂堂，威风凛凛，便邀他一同落座，问他姓名，那人答道：“姓关名羽，字云长，本是河东解良人，却因本地豪强仗势欺人，我杀了他，只得逃来此地。这次听说要招募士兵，我特地前来应征。”刘备将自己与张飞的志向告诉了关羽，三人一拍即合。

第二天，三人便一同来到桃园，焚香结拜，起誓道：“念刘备、关羽、张飞，既结为兄弟，则同心协力，救困扶危；上报国家，下安黎庶。不求同年同月同日生，只愿同年同月同日死。皇天后土，实鉴此心。背义忘恩，无人共戮。”

【原文】

羿①雄射日，衍②愤飞霜。

【注释】

①羿：后羿，传说是尧时候（伊放勋）的人，擅长用箭。

②衍：邹衍，战国时期齐国人。

【经典原意】

当时，十个太阳同时出现在天空中，天气酷热异常，太阳把大地都烤焦了，草木和庄稼也都枯萎了，民不聊生。后羿以精准的箭法，射下了九个太阳，使万物得以正常生长，人们安居乐业，被尊称为“箭神”。

邹衍博学多才，为当时名士，投奔燕昭王，被尊为师，以礼相待。后昭王逝世，惠王听信谗言，将邹衍关入牢中。他有冤不能伸，仰天大哭，感动了天地，炎热的六月天，忽然气温骤降飞霜漫天。

【原文】

王祥①求鲤，叔向②埋羊。

【注释】

①王祥（公元185年—公元269年）：字休征，西晋琅琊（今临沂）人，经历了汉、魏、西晋三代，东汉末年隐居20年，晋朝时官至太尉、太保，以孝著称，二十四孝之一。

②叔向：羊舌肸（xī西），复姓羊舌，名肸，字叔向，又称叔肸、杨肸肿，春秋时期荀国绛州王守庄人，王守庄俗称羊舌村，晋国大夫，历事晋悼公、晋平公、晋昭公三朝。

【经典原意】

王祥对父母很是孝顺，继母冬天想吃鲤鱼，他便解开衣服，趴在结冰的河面上，用体温融化厚厚的冰层，捕鱼给继母食用。“王祥卧冰”的典故就出自于此。

一个偷羊的人把羊头送给叔向，母亲让他埋掉，后来，偷羊的事败露，人们挖出羊头，羊头上的骨肉都已经腐烂，羊舌却完好无损，人们都感到十分惊异，叔向的后代便以“羊舌”为姓。

【原文】

亮①方②管③乐④，勒⑤比⑥高⑦光⑧。

【注释】

①亮：诸葛亮（公元181年—公元234年），字孔明，号卧龙，琅琊阳都（今山东临沂）人，三国时期杰出的政治家、战略军事家，蜀汉丞相，谥号忠武侯。

②方：比，比拟。

③管：管仲，春秋时期齐国宰相，足智多谋。

④乐：乐毅，战国时期燕国大将。

⑤勒：石勒，字世龙，原名匐勒，上党武乡（今山西榆社北）人，羯族，十六国时期后赵的开国君主，是一位从奴隶发展到皇帝的伟大人物，谥号明帝，庙号太祖。

⑥比：比拟。

⑦高：汉高祖刘邦。

⑧光：东汉光武帝刘秀。

【经典原意】

诸葛亮父亲诸葛玄死后，他和弟弟在荆州避难，躬耕与隆中。诸葛亮平日好念《梁父吟》，又常以管仲、乐毅自比，时人都不以为然，只有好友徐庶、崔州平、孟建、石韬相信他的才干，徐庶曾说：“诸葛孔明者，卧龙也。”世人皆称他为“卧龙”。

大臣徐光说石勒的才能高于汉高祖刘邦和东汉光武帝刘秀，石勒谦虚地说：“你说的太过了，人哪能不自知呢？我要是遇到刘邦，甘愿俯首称臣；若是遇到光武帝刘秀，则可并驱中原。”

【原文】

世南①书监，晁错②智囊。

【注释】

①世南：虞世南（公元558年—公元638年），字伯施，唐朝余姚人（今属浙江），著名诗人，凌烟阁二十四功臣之一，谥号文懿。

②晁错（公元前200年—公元前154年）：汉代颍川（今河南禹州）人，政论家。

【经典原意】

一次，唐太宗外出，侍者请求带些书籍，太宗则说："完全没必要带书，虞世南就是行走的秘书监。"

汉文帝时，晁错曾任太常掌故、太子家令，才华横溢，能言善辩，号称"智囊"。

【原文】

昌①囚羑里②，收③遁④首阳。

【注释】

①昌：姬昌（公元前1152年—公元前1056年），中国商代末年西方诸侯之长，商纣时任西伯，即西部诸侯（方国）之长，也称西伯昌，谥号为文王，次子姬发继位，即为周武王。

②羑（yǒu有）里：古地名，在河南汤阴一带。

③收：薛收（公元592年—公元624年），字伯褒，隋唐时蒲州汾阴（今山西万荣县西南）人，孝敬父母，刻苦治学。

④遁：逃遁，逃跑。

【经典原意】

姬昌担任西伯时，在岐山之下建国，施行仁政，积德行善，地方大治，但因崇侯虎向纣王进谗言，而被囚于羑里。传说中他在羑里将伏羲的八卦演变为六十四卦，并著有《易经》一书。

隋朝末年，薛收曾遁入首阳山，李渊起兵反隋，薛收起兵响应，后任秦王李世民主簿。薛收才思敏捷，骁勇善战，为唐朝的建立立下了卓越的功勋。

【国学故事】

伏羲与八卦

传说在伏羲生活的远古年代，人们对大自然一无所知。每当刮风下雨、电闪雷鸣时，人们既害怕又困惑。天生聪慧的伏羲想把一切都搞清楚，于是常站在卦台山上，仰观天上日月星辰，俯察周围地形方位，有时还研究飞禽走兽的脚印和身上的斑纹。

有一天，他又来到卦台山上，正苦苦地思索他长期以来观察的现象。突然，听到一声奇怪的吼声，只见卦台山对面的山洞里跃出一匹龙马。说它是龙马，那是因为这个动物长着龙头马身，身上还有非常奇特的纹路。这匹龙马一跃就跃到了卦台山下渭水河中的一块大石上，这块石头形如太极，配合龙马身上的花纹，顿时让伏羲有所感悟，于是画出了八卦。

【原文】

轼①攻正叔②，浚③沮④李纲⑤。

【注释】

①轼：苏轼（公元1037年—公元1101年），字子瞻，又字和仲，号“东坡居士”，四川梅州眉山人，北宋著名文学家，唐宋八大家之一，与父亲苏洵、弟弟苏辙合称“三苏”。

②正叔：程颐（公元1033年—公元1107年），字正叔，人称伊川先生，北宋洛阳人，哲学家、教育家，“程朱理学”代表人物。

③浚：张浚（公元1097年—公元1164年），字德远，汉州绵竹（今属四川）人，南宋名相、抗金统帅。

④沮：诋毁。

⑤李纲(公元1083年—公元140年):字伯纪,号梁溪先生,北宋末、南宋初抗金名臣,民族英雄。

【经典原意】

宋哲宗时,程颐担任讲官,自视过高,持礼过严,苏轼认为他不近人情,因而多次攻击他。

南宋钦宗在位时,李纲担任宰相,张浚为侍御史,以招兵买马的罪名弹劾李纲,被贬黜,担任侍御史仅七十七天,时人都为他感到惋惜。

【文化常识】

苏轼与中草药

苏轼是我国北宋时期文坛魁首,他不但对文学、诗、词、赋和书法精通,而且在中医药学、养生学方面也颇有建树。

苏轼在杭州做知府时,正值瘟疫暴发,为了使黎民百姓免于疫病之苦,苏轼从个人的俸禄中拿出五十两黄金,在城中建了一座"安乐坊",三年之中就医治了近千名病人。

苏轼对中医理论也有研究,认为重虚有实候,而大实有羸状,差之毫厘,便有死生祸福之异,并批评那些士大夫"秘新患而求诊,以验医之能否,使索病于鱼漠之中,辨虚实冷热于疑似之间"。苏轼有医论、医方存世,著名的《苏学士方》便是他收集的中医药方。后人们把苏轼收集的医方、药方与沈括的《良方》合编成《苏沈良方》,至今犹存。

【原文】

降金刘豫,顺虏邦昌①。

【注释】

①邦昌:张邦昌(公元1083年—公元1127年),字子能,北宋末年永静军东光(今属河北)人,举进士,历任礼部侍郎、少宰、太宰等职。

【经典原意】

金兵南下时刘豫弃官潜逃,经举荐,重新被任命为济南知府,后要求到南方作官,遭拒,而投降金国,担任金傀儡政权伪齐皇帝,后被废为王。

靖康元年(公元1126年)金军围攻东京(今河南开封),张邦昌时任河北路割地使,力主对金投降。第二年,金兵攻陷东京,他便建立了傀儡政权,号为"楚帝"。宋高宗即位后张邦昌被流放到潭州(今湖南长沙),后被处死。

【原文】

瑜①烧赤壁②,轼③谪黄冈。

【注释】

①瑜:周瑜(公元175年—公元210年)。

②赤壁:山名,在今湖北武昌县西赤矶山。

③轼:苏轼(公元1037年—公元1101年)。

【经典原意】

东汉建安十三年(公元208年),周瑜联合刘备,依照诸葛亮的计谋采用火攻法在赤壁大败曹军。

苏轼任杭州通判时,被中丞李定、御史舒亶摘抄他的诗文、罗织罪名下狱,后因曹太后谏言苏轼无犯上之心,定是被人所陷害,才得以轻判,仅被贬黜为黄州团练副使。

【原文】

马融①绛帐,李贺②锦囊。

【注释】

①马融(公元79年—公元166年):字季长,东汉右扶风茂陵(今陕西兴平东北)人,儒家学者,著名经学家,尤长于古文经学,马融博通今古文经籍,世称"通儒"。

②李贺（公元790年—公元816年）：字长吉，唐代著名诗人，与李白、李商隐三人并称唐代"三李"。

【经典原意】

马融曾任校书郎、议郎、太守等职位，被免官后，在家中设置绛纱讲学，从游者数以千计，卢植、郑玄便是其中的佼佼者。

李贺常苦吟，每次骑马出门，都身背锦囊，但凡想到好句，就写下放进背囊。

【原文】

昙迁[①]营葬，脂习临丧。

【注释】

①昙迁（公元384年—公元482年）：祖先为月支人，俗姓支，南朝宋、齐时代僧人。

【经典原意】

昙迁与范晔私交甚好，范晔因罪一家十二口被诛杀，昙迁挺身为范晔的家人安葬。宋孝武帝知道后，对昙迁的行为十分赞赏，并嘱咐臣子著《宋书》时一定要把昙迁的事迹收录其中。

东汉孔融被曹操斩杀后，无人敢为孔融收尸，唯独脂习抚尸痛哭，曹操见此种情况，大怒，要杀死脂习。后文帝曹丕因脂习有弈布般高洁的情操，加封他为散中大夫。

【原文】

仁裕[①]诗窖，刘式墨庄。

【注释】

①仁裕：五代人王仁裕（公元880年—公元956年），字德辇，甘肃礼县人，著名政治家、文学家，历事岐王李茂贞、前蜀、后唐、后晋、后汉、后周，官至户部尚书、

兵部尚书、太子少保，病逝后诏赠太子少师。

【经典原意】

王仁裕曾梦见自己被剖肠胃，用西江水冲洗，自此以后文思益进。王仁裕一生著作很多，主要有《秦亭篇》、《锦江集》、《归山集》、《入洛集》、《南行记》、《紫泥集》、《华夷百题》、《西江集》等共685卷，又撰写《周易说卦验》3卷，《转轮回纹鉴铭》22样，诗、赋、图并行于世，著述之多，流传之广，唐代以来很少有能和他相媲美的，被当时的人誉为"诗窖子"。

宋代刘式官至刑部员外郎，浮沉仕途十多年，死后却家徒四壁，毫无积蓄，只留下了数千卷书籍。妻子陈氏对孩子们说："你们的父亲廉洁奉公，一生清白，留给你们这数千卷的书籍，这是墨庄，你们可以在其中耕耘劳作。"刘式的子孙都学业有成，夫人陈氏被誉为"墨庄夫人"。

【原文】

刘琨①啸月，伯奇②履霜。

【注释】

①刘琨（公元271年—公元318年）：字越石，西晋中山魏昌（今河北无极东北）人，著名诗人、音乐家和爱国将领。

②伯奇：周代尹伯奇。

【经典原意】

永嘉（公元307年—公元313年，永嘉，是西晋怀帝司马炽的年号）初年，刘琨担任并州刺史，转战晋阳，被胡人围困，城中告急，便在月夜登临城楼，仰天长啸，又弹奏胡笳，胡人深受感动，凄然长叹，随后弃城而去。

传说，尹伯奇母亲去世后，父亲吉甫续弦，后母生下伯邦后，很是嫌弃伯奇，父亲听信后母，将伯奇赶出家门。伯奇痛苦异常，作《履霜操》，并高歌。恰逢宣王出游，伯奇的父亲吉甫跟随，听到伯奇的歌声，宣王感慨道："这是孝子所做的辞赋啊！"吉甫便四处去寻找伯奇，而伯奇已经化为伯劳鸟飞走了。

【原文】

塞翁失马，臧谷亡羊。

【经典原意】

《淮南子·人间训》中记载了这样一个故事：一个塞上的老人丢了马，人们都很同情他的不幸，而他却说："这未必不是件好事啊！"几个月之后，他的马又回来了，还引来了一匹好马，人们纷纷前来祝贺，这时，他又说道："怎么能断定这不是一场灾祸呢？"后来，他的儿子因骑马而折断了胳膊，人们又说这是不幸，老翁则说："这未必不是件好事啊！"不久，战事兴起，很多男子都被应征入伍，而且很多都在战争中死去，而他的儿子因为折断了手臂而幸免于难。

《庄子·骈拇》中记载：曾经有姓臧和姓谷的两个孩子同去放羊，都把羊给弄丢了。虽然两人丢羊的原因不同——臧说是看书太过认真而丢了羊，谷则是因为游戏下棋而丢了样，但两人造成的后果却是相同的。

【原文】

寇①公枯竹，召伯②甘棠。

【注释】

①寇：寇準（公元961年—公元1023年）。

②召伯：召公姬奭（shì是），和周王同姓，名奭，武王时，封地在召（今陕西岐山县西南），所以称为召公或召伯。

【经典原意】

传说，寇凖因大臣丁谓等陷害遭贬，远徙雷州，经过湖北公安时，曾剪下一节竹子，插在神祠前，祈愿道："我寇凖如果不辜负朝廷，祈愿枯竹再生。"不久，枯竹果然起死回生。几年后，寇凖在雷州去世，灵柩经过公安时，百姓折竹挂纸以祭奠一代名相寇凖。不久之后，所折的竹子都已生笋成林，人们为寇凖建筑庙宇来纪念他，并把这片竹林命名为"相公竹"。

召公曾在甘棠树下决议政事，秉公执法，公正合理，百姓便作《甘棠赋》来歌颂他，那株甘棠树也被人们保护了起来。

【原文】

匡衡①凿壁，孙敬悬梁。

【注释】

①匡衡：字稚圭，东海承人（今山东枣庄峄城）人，西汉经学家，以说《诗》著称，元帝时位至丞相。

【经典原意】

匡衡家境贫寒，但十分好学，当时县里有一大户人家，资产殷实，家中有很多藏书，匡衡为了能读到那些藏书，便前去作佣工，而不取任何报酬。匡衡昼夜苦读，家贫没有膏烛可以照亮，匡衡就在墙上凿了个洞，借邻居家的烛光来读书。"凿壁偷光"的成语便来源于此。

汉代孙敬学习十分刻苦，常年闭门苦读。晚上读书时，为了防止自己睡得太久，便用绳把头发系在梁上，一旦读书觉得疲倦想睡觉，系在梁上的头发就会被拉痛，借此提醒自己坚持学习。

【原文】

衣芦闵损①，扇枕黄香②。

【注释】

①闵损(公元前536年—公元前487年):字子骞,春秋末期鲁国人,孔子弟子,七十子之一,以字广为人知,在孔门中以德行和老成持重而著称,尤其以孝行超群闻名于世。

②黄香(公元18年—公元106年):字文强,东汉江夏安陆人,文化名人,官至尚书令。

【经典原意】

闵损早年丧母,父亲另娶后妻,后母只疼爱自己的亲生儿子,而对闵损毫不关心。一年冬天,继母用芦花给闵损做棉衣穿,而给自己亲生的儿子用棉花做棉衣,父亲知道后,便要赶走继母,闵损则阻止说道:"母在一子寒,母去三子单。"继母备受感动,从此像待亲生儿子般疼爱闵损。

黄香九岁时,母亲就去世了,他对父亲格外孝敬,夏天将床枕扇凉,冬天则用身体把被褥温暖,让父亲安睡。

【当代阐释】

前人辛苦　后人幸福

"百善孝为先",《十三经》中的《孝经》把孝当作天经地义的最高准则。汉代时,朝廷开始以孝治天下,孝被人们视为做人的根本。

毛泽东在母亲坟前的一句"前人辛苦,后人幸福",告诉了天下儿女,父母的辛苦为的是子女们的幸福。

现代社会,物欲横流,人际关系往往淡如清水,父子兄弟之间有时为利而疏,所以,更要提倡现代文明。首先,要家和,家和乃万事兴,家和首推孝道。自古大义孝为先,孝是父母跟前的知热知冷,孝是工作再忙再累,不忘记父母的生活起居。一曲《常回家看看》道出了孝道之道。为人儿女心存孝字,心志自然敦厚,社会自然和谐,国家自然昌盛。

父母为子女们的付出是天底下最无私的,不求任何回报,只希望孩子平安,希望孩子幸福。那些大地震中以身体护住孩子的父母们是多么的伟大，为了孩子，舍弃自己的生命。伟大的父母们是无悔的，可身为儿女的我们都能体会到父母爱的无私吗？

【原文】

婴①扶赵武，籍②杀怀王。

【注释】

①婴：春秋时期晋国程婴，与公孙杵臼同为晋国卿赵朔门客。

②籍：项羽（公元前232—公元前202年），名籍，字羽，下相（今江苏宿迁）人，楚国名将项燕之孙，古代起义领袖，著名军事家、战略家，我国军事思想“勇战”派代表人物，人称“西楚霸王”。

【经典原意】

晋景公三年（公元前597年），司寇屠岸贾追究刺杀晋灵公的主谋，屠岸贾公报私仇，陷害忠良，把罪名加在赵朔的父亲赵盾身上，赵氏全族都被诛灭，只有赵朔的妻子幸免于难，因为她是晋成公的姐姐，在宫中避祸。她身怀六甲，如果生男，则是赵氏不灭。不久，赵朔妻产下一个男孩。屠岸贾风闻后，便带人到宫中搜索，赵朔妻把婴儿藏在衣服下，又幸亏婴儿没有啼哭，才躲过搜捕。程婴和公孙杵臼设计救出赵家孤儿，即赵武，但公孙杵臼也被害，程婴背负着卖友的恶名，忍辱偷生，全心抚养赵武长大成人。十五年后，赵武已长成一个翩翩少年，文武双全。韩厥利用机会，向景公说明了赵家案件的始末，景公召见赵武，并让他继承父业，重为晋国大族，列为卿士。程婴、赵武带人攻杀屠岸贾，诛杀屠家全族，终于为全家报仇雪恨。赵武二十岁那年，程婴觉得自己已完成夙愿，就与赵武等人告别，跟随赵朔殉难而去。数百年来广为人知的历史剧《赵氏孤儿》即来源于此。

秦末，项梁和侄子项羽起兵，拥立楚怀王的孙子芈心为王，也称“楚怀王”，定都盱眙（今江苏盱眙东北）。后项梁战死，项羽摧毁秦军主力，并于公元前206年，自立为王，号“西楚霸王”，并命人杀死了楚怀王。

【原文】

魏征①妩媚②，阮籍③猖狂。

【注释】

①魏征（公元580年—公元643年）：字玄成，河北魏州曲城人，直言敢谏，深得唐太宗器重。

②妩媚：形容姿态美好、可爱。

③阮籍（公元210年—公元263年）：字嗣宗，陈留尉氏（今属河南）人，"建安七子"之一的阮瑀的儿子，曾任步兵校尉，世称阮步兵。

【经典原意】

魏征在贞观年间先后上疏二百余条，强调"兼听则明，偏听则暗"，这对千古称颂的"贞观之治"起到了举足轻重的作用。唐太宗将魏征视为自己的一面镜子，并说道："别人都说魏征疏慢，而我则觉得他非常妩媚。"

阮籍容貌瑰杰，任情不羁，有时闭门读书，数月不出家门，有时又登山临水，终日忘归。阮籍嗜酒成性，善弹琴，得意之时，便会放浪形骸，当时人们说他"狂"。唐代王勃《滕王阁序》中有"阮籍猖狂，岂效穷途之哭"之句。

【原文】

雕龙刘勰①，愍②骥应玚③。

【注释】

①刘勰（xié 协）（约公元465年—公元520年）：字彦和，南北朝琅琊（今山东临沂）人，我国历史上著名的文学理论家，曾任县令、步兵校尉、宫中通事舍人等职，为官清正廉明。

②愍（mǐn 敏）：通"悯"，怜悯，同情。

③应场：字德琏，东汉南顿县（今河南项城）人，文学家，擅长诗赋，“建安七子”之一。

【经典原意】

刘勰32岁时开始写《文心雕龙》，历时五年，终于完成了我国最早的文学评论巨著，全书共三万七千多字，分为十卷五十篇，堪称前无古人后无来者，风格迥异，独树一帜，对后世有很深的影响。

汉、魏战乱时期，社会动荡，百姓流离失所，民不聊生，应玚也怀才不遇，未能施展自己的远大抱负，怀着对百姓灾难的深深同情，也为了抒发自己不得志的惆怅，写出了《愍骥赋》。

【文化常识】

文心雕龙

《文心雕龙》是我国文学理论批评史上第一部有严密体系，“体大而虑周”的文学理论专著，由南朝刘勰所著。

《文心雕龙》十分强调情感在文学创作过程中的作用，全面而系统地论述了写作上的各种问题，尤为难得的是其对应用文写作也有很多评论。全书以孔子美学思想为基础，兼容道家和佛家思想，全面总结了齐梁以前的美学成果，细致地探索和论述了语言文学的审美本质及创造、鉴赏的美学规律，对文学语言的有限与无限、确定性与不确定性之间相互统一的审美特征，作了比前人更为具体的说明。刘勰对文学的形式也给予了极大的重视，从文学语言的角度总结了平衡、对称、变化统一等形式美的规律。

【原文】

御车泰豆①，习射纪昌②。

【注释】

①泰豆：周朝人，周穆王的御手造父的老师。

②纪昌：周朝人，擅长射箭。

【经典原意】

起初，造父跟随泰豆学习驾车，造父对他很是恭敬，但泰豆三年都未教授造父任何关于驾车的知识，而是告诉造父："古人说：'要想做出好弓箭，必须要先学会编制簸箕；要想成为擅长冶炼的工人，就必须要先学会如何集腋成裘。'你现在先看我怎样快步走路，你能走得和我一样熟练之后，才可手握六根马缰绳，驾驭六匹马拉车。"造父听后，对师傅愈加恭敬，泰豆深觉造父识得他的真心，又聪颖无比，善于学习，便将御车的绝技全部传授给他。

纪昌曾跟随飞卫学习射箭技术，飞卫先让他练习眼力，要使眼睛看东西不眨眼，又叫他学习如何视小如大，视微如著，最后纪昌竟练习到看虱子就像车轮一样清晰。然后，飞卫才教纪昌箭术，纪昌以箭射击悬挂着的虱子，竟能射中虱心而且悬着的那条线依然未断。

【原文】

异人彦博[①]，男子天祥[②]。

【注释】

①彦博：文彦博（公元1006年—公元1097年），字宽夫，汾州介休（今属山西）人，北宋政治家，谥号敬仲。

②天祥：文天祥（公元1236年—公元1283年），原名云孙，字宋瑞，又字履善，自号文山、浮休道人，庐陵（今属江西吉安）人，南宋杰出民族英雄和爱国诗人，著作有《文山全集》、《文山乐府》，名篇有《正气歌》、《过零丁洋》等。

【经典原意】

文彦博历经仁宗、英宗、神宗、哲宗四朝，担任将相达五十年之久，执政于国家承平之时，史称："公忠直亮，临事果断，皆有大臣之风，至和以来，共定大计，功成退居，朝野倚重。"文彦博相貌堂堂，颇具威严，契丹使者赞叹他为"天下异人"。

宋理宗宝祐四年(公元1256年)文天祥高中进士第一名(即状元),和陆秀夫、张世杰被称为"宋末三杰"。他晚年的诗词,风格慷慨激昂,苍凉悲壮,具有强烈的感染力,反映了他坚贞的民族气节和顽强的斗争精神。文天祥坚决抗金,被俘后不屈不挠,后被杀害,元帝称赞他道:"文丞相称男子,本朝将相皆不能及,诚可惜也。"

【原文】

忠贞古弼[①],奇节任棠[②]。

【注释】

①古弼:南北朝时北魏人,在魏为官,以直言敢谏闻名于世。

②任棠:字季卿,上邽(今甘肃省天水市)人,东汉著名学者,但不入朝为官,而是修居教书。

【经典原意】

公元444年,古弼入朝上奏减少苑囿圈地之事,恰巧碰上太祖拓跋焘正在和给事中刘树下围棋,两人交战正酣,古弼进来,拓跋焘就像没有看到一样,继续下棋。古弼在旁边坐了很久,也没有等到奏事的机会,便发起火来,突然站起来,揪住刘树的头发,把他拉下床,然后扑上去,对刘树拳打脚踢,边打边骂:"国家没治理好,皇帝不理朝政,都是你的罪过!"拓跋焘当时脸色都变了,十分尴尬,连忙丢下手中的棋子说:"不听你奏事,是我的过错,刘树有什么罪过?快停手不要打了!"古弼这才放过刘树,把事情奏给皇帝听。太祖称他为社稷之臣,又称为国宝,封为灵寿侯。

《后汉书·庞参传》中记载,汉阳太守庞参前去拜访任棠,任棠一语不发,而是端出一盆水,拔出一根薤(xiè谢,又名藠头或作剃头,百合科葱属多年生草本,一种蔬菜类植物,可食用,也可入药),放到门前,接着抱出孙子站在门口。庞参思考了一会,终于领会了任棠的意思——水,是希望我能像水一样清清白白;拔薤,是希望我能够不惧强大的恶势力；抱着孙子站在门口，是希望我能够开门抚恤孤苦无依的人，庞参慨叹着离开。

【原文】

何晏谈易，郭象注庄。

【经典原意】

三国时期魏国何晏，著名玄学家，虽精通《易经》，但从不与别人谈论。

晋代郭象（公元252年—公元312年）是我国著名的玄学家，曾为《庄子》作注，据说他的注释是窃取向秀的著作，而向秀未写完《庄子注》即去世，郭象仅做了补注，只有《秋水》、《至乐》两篇的注释是郭象所写。

【原文】

卧游宗子①，坐隐王郎②。

【注释】

①宗子：南北朝宗炳（公元375年—公元443年），字少文，南阳涅阳（今河南镇平）人，南朝宋画家、美术理论家，喜好抚琴、诵读诗书，擅长作画，又精通玄理。

②王郎：王坦之（公元330年—公元375年），字文度，东晋太原晋阳（今山西太原市）人。

【经典原意】

宗炳好山水，爱远游，每到风景如画的山水佳处，都流连忘返，并将所看到的美景付诸笔端，作画挂在家中。宗炳晚年，体弱多病，想起年轻时游历山水的畅快，感慨道："现在我年老多病，只能卧在床上，看着以前的画作，在家中旅游了。"

王坦之曾任中郎将，人们称他"王中郎"。王坦之擅长围棋，《世说新语》中记载："王中郎以围棋为坐隐，支公以围棋为手谈。"

【原文】

盗酒毕卓①,割肉东方②。

【注释】

①毕卓:字茂世,晋代鲖阳(今鲖城)人,少年时豁达豪放,很有才华。

②东方:西汉东方朔(公元前154年—公元前93年),字曼倩,平原羌次(今陵县神头镇)人,西汉辞赋家。

【经典原意】

毕卓曾经在夜里喝醉后,到邻居家中偷酒喝,被绑在酒瓮边。天亮后,主人一看是毕吏部,大吃一惊,连忙为他松绑,并请求责罚,毕卓却大笑道:"你让我闻了一夜的酒香,多谢。"至今民间仍有"瓮边醉倒毕吏部,马上扶归李太白"的劝酒对联。

西汉武帝赏赐给群臣肉食,东方朔先割去一块,武帝责备他不该如此,东方朔却说:"受赐不待诏,何无礼也!拔剑自割,何壮也!割之不多,何廉也!归赠细君(指妻子),又何仁也!"武帝笑道:"我让你自责,你反而赞誉自己。"又赏赐给东方朔一些酒肉。

【原文】

李膺破柱,卫瓘①抚床。

【注释】

①卫瓘(公元220年—公元291年):字伯玉,河东安邑人(今山西夏县北),出身书法世家,曾任三国魏镇东将军,西晋时任司空、太保等职。

【经典原意】

东汉李膺任司隶校尉时,内侍张让的弟弟张朔任野王令,贪残无道,为躲避李膺的追捕,逃到京城,藏在张让家的合柱之中。李膺闻讯便亲自带人进入张宅,破柱捕获张朔,经审讯录供后,当场处死了张朔,轰动京城。

晋武帝立太子(即惠帝),大臣都一致认为太子不能继承天子大业。卫瓘趁着酒醉,向晋武帝谏言,跪在武帝床前,抚摸着床沿说道:“此座可惜了。”武帝虽有感悟,但并未另立太子。

【原文】

营军细柳①,校猎长杨②。

【注释】

①细柳:地名。

②长杨:汉朝专供皇族狩猎的围场。

【经典原意】

公元前158年,匈奴进犯北部边境,西汉文帝急忙调边将镇守防御。文帝为鼓舞士气,亲自到三路军队里去犒劳慰问。他先到灞上,再到棘门,这两处都不用通报,见到皇帝的车马来了,军营都主动放行,两地主将直到文帝到才知道,迎接时慌慌张张。送文帝走时也是亲率全军送到营寨门口。而到周亚夫营中,却完全不同,文帝的随从先行到军营通报,军门的守卫都尉却说:“将军有令,军中只听将军命令,不听天子诏令。”直到文帝来到拿出符节进去通报,周亚夫才命令手下开寨门迎接文帝。进入营区后,又让文帝下马而行,到了军中大帐前,周亚夫一身戎装,出来迎接,手拿兵器,只向文帝行了拱手礼,并说:“身披铠甲的将士不拜,请陛下允许臣下以军中之礼拜见。”文帝听了,很是感动,并向军中将士行军礼以表慰问。出营门后,文帝感慨道:“这才是真正的将军啊!那些灞上和棘门的军队,简直是如同儿戏一般。如敌人来偷袭,恐怕他们的将军也要被俘虏了。周亚夫是不会让敌人有可乘之机的”一个月后,匈奴退兵而去,周亚夫擢升为中尉,掌管京城的兵权,负责京师的警卫,后来官至骠骑将军。

汉武帝喜好打猎,命农民活捉野兽送入围场,以供狩猎之用,大文豪扬雄跟随武帝打猎归来，写了《羽猎赋》和《长杨赋》两篇文章，来讽谏汉武帝。

【原文】

忠武具奠，德玉居丧。

【注释】

①忠武：南宋大将岳飞（公元1103年—公元1142年）。

②德玉：顾德玉，字润之，唐代人。

【经典原意】

岳飞少年时，曾向周同学习射箭，后周同去世，岳飞不忘师恩，每月初一、十五都要到老师周同墓前祭拜。

顾德玉曾师从俞观光，观光一生无子嗣，顾德玉便承担起照顾老师饮食起居的重任，像亲生儿子般，服侍病重的老师，送汤端药，丝毫不敢怠慢，又亲自为俞观光料理后事，服丧送终，并把俞观光安葬在顾氏的墓地旁。

【原文】

敖曹[①]雄异，元发[②]疏狂。

【注释】

①敖曹：高昂（公元491年—公元538年），字敖曹，渤海蓨县（今河北景县东）人，南北朝时期东魏大将。

②元发：宋代滕达道（公元1020年—公元1090年），字元发，神宗时的重臣名将。

【经典原意】

高昂年少时就器宇轩昂，长大后更是身材魁梧，风流倜傥，胆力过人。《北齐书·高昂列传》中称他“龙眉豹颈，姿体雄异”。

滕达道性情豁达疏狂，少年时曾在范仲淹处读书学习，从不拘礼节。

【原文】

寇[①]却例簿[②]，吕[③]置夹囊。

【注释】

①寇：寇凖（公元961年—公元1023年）。

②例簿：人事档案一类的文件资料。

③吕：宋代吕蒙正，字圣功，河南洛阳（今属河南省）人。

【经典原意】

寇凖担任宰相时，任人唯贤，吏部呈上的例簿，他退回不用，从不以资历深浅来作为评判人才的标准，而是以真正的学识与才干来任用贤才。

吕蒙正淳化（北宋太宗赵炅的年号，公元990年—公元994年）、咸平（北宋真宗赵桓的年号，公元998年—公元1003年）年间两居相位，夹囊中有一本小册子，分门别类地记载各地贤良之才，每遇人来拜谒，都会问有没有什么人才，后再细心记录。遇朝廷寻求治国贤才时，他便拿出囊中的小册子，从里面选出合适的人才举荐给朝廷。

【原文】

彦升[①]白简[②]，元鲁[③]青箱。

【注释】

①彦升：南朝梁任昉（公元460年—公元508年），字彦升，小字阿堆，乐安博昌（今山东博兴）人。

②白简：用白色竹片制成的简书。简，我国古代用来书写的竹片，白简比较重，而黄简较轻。

③元鲁：王淮之（公元378年—公元433年），字元鲁，南北朝北海（今山东潍

坊南）人，从曾祖父彪之起四代人都博学多才，也都曾担任御史中丞。

【经典原意】

任昉初仕齐国时，任太学博士，后梁武帝时，官至御史中丞，每次上疏弹劾官员时，都用白色的竹简，并说："臣仅奉白简以闻。"

王淮之将朝中发生的事情和江南的旧事都记录下来，放在一个青色箱中，世称"王氏青箱"，当朝的文武百官大都对王淮之很是敬畏。

【原文】

孔融了了①，黄宪汪汪②。

【注释】

①了了：聪颖，聪慧。

②汪汪：深广博大。

【经典原意】

孔融小时候聪颖无比，小小年纪，在社会上已享有盛名。十岁时，跟随父亲到洛阳，当时在洛阳的河南太守，是很有声望的李元礼，到他家去的人，都是一些才智出众、品行高洁的人以及李府的亲戚才能通报。孔融径直来到李府门前，对守门人说："我是李太守的亲戚。"太守接见了他，问道："你和我有什么亲戚关系呢？"孔融则答道："过去我的先祖仲尼曾经拜您的先祖伯阳为师，所以我和您是世世代代友好往来的亲戚关系。"在座的人听到孔融的这番话无不惊讶于他的智慧与才情。太中大夫陈韪后来才到，别人就把孔融说的话告诉了他，陈韪却不屑地说道："小时了了，大未必佳。"（意思是：人小的时候很聪明，长大了却未必会很有才华。）孔融听了之后则说："那我猜想您小的时候一定很聪明。"陈韪听了后非常窘迫。

东汉黄宪谈吐不凡，以学术闻名于世，著名学者郭泰曾称赞黄宪道："叔度汪汪若千顷波，澄之不清，淆之不浊，不可量也。"

【文化常识】

建安七子

建安时期,是我国古代文学史上一个创作繁荣、成就突出的重要时期。这一时期的著名作家,除"三曹"(曹操、曹丕、曹植)外,当推曹丕在《典论》中提出的"七子",即孔融、陈琳、王粲、徐干、阮瑀、应瑒、刘祯等七人,世称"建安七子"。

"建安七子"生活的年代,从汉桓帝元嘉三年(公元153年)孔融出生,至汉献帝建安二十三年(公元218年)徐干最后辞世,前后共六十多年,正处于汉末社会动乱的时期。"建安七子"虽出身各不相同,但经历了混战后,建安元年后相继投奔曹操,成了他手下著名的文士。随着东汉王朝的崩溃,儒家思想日渐失去主导地位,这就为文学发展提供了有利条件。曹氏父子又对文学十分热衷,更吸引了大量文人志士集结于此,从事文学创作。因此,在曹操统治地区,文学取代了传统经术,得到了空前繁荣。在数以百计的作家中,七子表现十分活跃,也最能引起时人关注。

"建安七子"文学创作成就不一,又各有特色,孔融长于奏议散文,作品体气高妙。王粲诗、赋、散文,号称"兼善",其作品抒情性强。刘桢擅长诗歌,所作气势高峻,格调苍凉。陈琳、阮籍,以章表书记闻名当时,在诗歌方面也都有一定成就,其风格的差异在于陈琳比较刚劲有力,阮籍比较自然畅达。徐干诗、赋皆能,文笔细腻、体气舒缓。应瑒亦能诗、赋,其作品和谐而多文采。但在创作风格上,七子的作品都在不同程度上表现出了昂扬奋发、积极向上的进取精神。

【原文】

僧岩①不测,赵壹②非常③。

【注释】

①僧岩:赵僧岩,南北朝人。

②赵壹:字元叔,东汉汉阳郡西县人(今礼县大堡子山东),著名的辞赋家、诗

人和最早的书法评论家。

③非常：非同寻常。

【经典原意】

赵僧岩气量远大，行为变化无常，忽然之间还俗，忽然之间又出家为僧，深不可测，后来，出家为僧，身边总带着一把酒壶。一天，赵僧岩对他的弟子说："我今夜会死在这把壶中。"夜里，他果然饮酒而亡。

赵壹博学多才，为人耿直，狂傲不羁，朝廷多次征召他入朝为官，他都辞而不去，非常人所能理解。

【原文】

沈思好客，颜驷为郎。

【经典原意】

传说，仙人吕洞宾曾饮沈思酿造的酒数斗而不醉，酒后向沈思道谢，说道："我很久没有游历吴中了，你积有阴德，我写首诗送给你吧。"说完，就提笔在墙上写道："西邻已富犹不足，东老虽贫乐有余。白酒酿成缘好客，黄金散尽为收书。"

颜驷在汉文帝时担任郎官，直到须发皆白，都还未曾升迁。一次，武帝在郎署见到了他，就问他为何多年未曾升迁。颜驷则答道："文帝喜好文，而我则喜欢武；景帝喜欢美好的事物，而我却相貌丑陋；陛下喜欢年少体强的人才，而臣已经老了，所以，三朝都未能得到升迁的机会。"武帝便擢升他为都尉。

【原文】

申屠[①]松屋，魏野[②]草堂。

【注释】

①申屠：申屠蟠，字子龙，东汉陈留外黄（今河南民权西北）人。

②魏野(公元961年—公元1020年):字仲先,号草堂居士,陕州(今河南三门峡)人,宋初诗人。

【经典原意】

申屠蟠九岁丧父,哀伤不已,当世人称他为孝子。虽家境贫寒,但博学多才,朝廷多次征召他入朝为官,都不愿出任,而是隐居治学,依松建屋,闭门读书,精通《五经》,又兼治图纬。

魏野亲自在陕州的东郊建造茅屋居住,常在泉林间弹琴赋诗,当时的显贵名流如寇準等多与他交游。宋真宗西行汾水时曾要召见他,但他却迴避不见,终生不仕,死后追赠著作郎。魏野写有"数声离岸橹,几点别州山"(《题普济院》);"洗砚鱼吞墨,烹茶鹤避烟"(《书友人屋壁》);"烧叶炉中无宿火,读书窗下有残灯"(《晨兴》)等名言佳句。

【原文】

戴渊①西洛,祖逖②南塘。

【注释】

①戴渊:字若思,广陵(今江苏扬州)人,东晋忠臣。

②祖逖(公元266年—公元321年):字士雅,河北范阳遒县(今河北涞水)人,东晋名将。

【经典原意】

《世说新语》中记载,戴渊年少时喜好游侠,不注重礼节,经常率领同伴抢劫来往的商旅。一天,陆机坐船去洛阳,行李很多,戴渊便指使一帮人前来抢劫。陆机在船上看见戴渊在岸上指挥众人掠劫,井井有条,又见戴渊仪表堂堂,丰姿神秀,虽做盗贼之事,而神气非凡。于是陆机便上岸面见戴渊,问道:"你有这样的才能,为何偏偏要去做强盗呢?"戴渊闻听后,十分震惊,感动流泪,表示愿悔过自新。陆机见他情真意切,举荐他为官,因骁勇善战,足智多谋,戴渊后官至征西将军,督管北方军事。

祖逖想收复北方失地，但刚过江时很是穷困，便率部下到南塘家资殷实的富户商贾家中抢劫财物。

【原文】

倾城妲己[①]，嫁虏王嫱[②]。

【注释】

①妲(dá 达)己：商纣王的宠姬。

②王嫱：王昭君，名嫱，字昭君，西汉南郡秭归(今属湖北)人，绝色美女。

【经典原意】

纣王因宠幸美姬妲己而不理朝政，荒淫无道，暴虐成性，最终亡国自刎而死。

汉元帝时，王昭君入宫，元帝以画像为据召见妃子，宫中嫔妃争相贿赂画匠，唯独王昭君绝世独立，从不贿赂，以致被画匠丑化，未得到元帝宠幸。后来汉朝对匈奴实行和亲联姻政策，王嫱自愿远嫁匈奴，元帝此时才看到昭君的绝世美貌，但后悔已晚，遂将画匠杀掉。

【原文】

贵妃[①]桃髻，公主[②]梅妆。

【注释】

①贵妃：杨贵妃(公元719年—公元756年)。

②公主：南朝宋武帝的女儿寿阳公主。

【经典原意】

唐玄宗禁苑中桃花盛开，唐玄宗与杨贵妃一同游玩，玄宗亲自折下一朵桃花戴在杨贵妃的发髻上，为她平添几分姿色。

寿阳公主卧在含章殿屋檐下休息，一片梅花瓣飘落到她的额心，显得十分妩媚动人，当时人们争相效仿，这种妆容被称作“寿阳妆”。

【原文】

吉了①思汉，供奉②忠唐。

【注释】

①吉了：秦吉了，文学作品中一种鸟，样子像八哥，而从心慧舌巧，能模仿人说话，据说产于陕西，所以叫秦吉了。

②供奉：唐昭宗所养猴子的名字。

【经典原意】

传说，一只吉了被夷人买了去，吉了道：“我是汉朝禽鸟，不能进入蛮夷地方。”便一头撞向鸟笼死去。

昭宗对供奉很是喜爱，常带在身边赏玩，后朱温起兵灭唐，供奉忠心于唐，奋起袭击朱温，被杀。

卷 四

【导读】

和，谐也。

《周易·乾卦》:“乾道变化，各正性命，保合太和，乃利贞”。首次道出了“和合”思想的内涵和精神实质，事物的发展变化尽管错综复杂，但在整体上却始终保持着平衡与和谐，也正因如此，世界才是如此美好。儒家追求人与人的和谐，“天时不如地利，地利不如人和”；道家探索的是人与自然的和谐，“万物负阴而抱阳，冲气以为和”。

但所谓的“和”，并非放弃独立见解，只求与人一致，人云亦云的小人之同，而是经审慎思考后，不同见解和谐共存的君子之和。西周太史史伯在与郑桓公分析天下形势，谈论“兴衰之道”与“生死之道”时，提出了“和实生物，同则不继”的命题。“同”，是无差别的绝对同一，而“和”则意味着不同的事物构成一个整体，形成多样性的统一。“以他平他谓之和，故能丰长而物归之；若以同裨同，尽乃弃矣。”意思即是说，和谐是事物存在和发展的基础，多种因素相互配合、协调，求得矛

盾的均衡和统一，事物才能生长、发展，达到理想的效果，而完全相同的元素合在一起，"以同裨同"，将无差别的事物凑在一起，就会导致不利的后果。一种音调无法构成美妙的乐音，一种色彩无法勾勒出多彩的世界，一种味道无法媲美五味俱全的人生。

盲目附和并非美事，和而不同，才是真正的君子之道。

八 庚

【原文】

萧[1]收[2]图籍[3],孔[4]惜繁缨[5]。

【注释】

③萧:萧何(公元前257年—公元前193年),沛(今江苏沛县)人,西汉初期政治家,汉初三杰之一,谥号“文终侯”。

④收:接收,整理。

⑤图籍:图书典籍,这里主要指一些档案资料。

⑥孔:孔子(公元前551年—公元前479年)。

⑦繁(pán盘)缨:古时天子辂马的带饰,用来代表天子的名号和礼器。

【经典原意】

萧何曾任秦朝沛县狱吏,秦末辅佐刘邦起义。起义大军攻克咸阳后,众将士都去争夺金银财宝,唯独萧何去整理秦国丞相、御史府所藏的律令、户籍资料和相关书籍,掌握了全国山川险要、郡县户口、各地强弱多寡,并知晓了民间疾苦,为日后制定合理的政策法令,施政治理,取得楚汉战争的胜利奠定了坚实的基础。

春秋时期,卫国孙桓子领兵伐齐,大战后铩羽而归,幸好遇到新筑人仲叔,才得以幸免。孙桓子要赏赐仲叔土地以示感恩,但仲叔不要田地,而要代表国君名号和礼器的装饰品繁缨,桓子为了报恩,答应了他的要求。孔子知道后,叹息道:“可惜啊!不如多给他些土地城池。这代表名号和礼器的繁缨是不能随便赏赐的!”

【国学故事】

孔子与老子的会面

老子为孔子饯行时，告诉孔子："我听说，有钱人给人送行，会送钱；而有道德有学问的人给人送行时，则是赠送几句话。我没钱，姑且冒充一下有学问的人，送你几句话吧。第一句：你所研究的，多半是古人的东西，但古人已死，恐怕连骨头都已经腐烂了，就剩下那么几句话，你不能把它看得太死；第二句：有道德有学问的人，生的是时候，固然应出门坐车，阔绰一下，如生不逢时，只要能说得过去，也就罢了；第三句：我听说有句老话，会做买卖的人都不把东西摆在外面，有极高道德的人都很朴实。你应该去掉骄傲，去掉贪恋，去掉妄想，一切事情不要太随自己的性。我要说的，就是这些话了。"

孔子深深体味着老子的叮咛，怀着感激之情回到鲁国。见到众弟子，感慨道："鸟，我知道它会飞，但即便是会飞，也常被人射杀；鱼，我知道它会游泳，可游水时，常被人捕捉；兽，我知道它会走，但还常落网。只有一种东西，我们无法控制，它总是云里来，风里去，无比的自由，无拘无束，这就是传说中的龙。我没法琢磨老子这个人，大概他就和龙一样吧。"

【原文】

卞庄①刺虎，李白骑鲸。

【注释】

①卞庄：卞庄子，春秋时期鲁国大夫，有勇有力。

【经典原意】

卞庄子看到两只虎正在吃一头牛，准备刺杀老虎，旁人道："两虎同吃一牛，定会因争抢肉食而互相搏斗，两虎相争，必有一死，弱小的那只会死去，强壮的那只也会受伤，那时，你再去刺杀，不是很轻易就能得到两只虎吗？"卞庄子听后，觉得很有道理，便依照那人说的去做，果然不费吹灰之力就捕获了两只虎。

传说,李白和族人李阳冰在采石矶江中泛舟赏月畅饮,大醉,看到水中月亮的倒影,以为是月在水中,便伸手捞月,不幸溺水而亡。后人们在江边建了个捉月亭,以示纪念。还有一种说法,说他在水中骑乘鲸鱼升天而去。当时的盐官徐仲华题诗:“舟舣江千吊嫡仙,吟风弄月笑当年。骑鲸直上天门去,诗在人间月在天。”以纪念这位伟大的浪漫主义诗人。

【文化常识】

诗仙李白

李白(公元701年—公元762年),字太白,号青莲居士,又号“谪仙”,有“诗仙”之称,与杜甫并称“李杜”。

李白诗风格豪放洒脱,想象丰富,语言流转自然,音律和谐多变,善于从民歌、神话中汲取营养,构成了特有的瑰丽色彩,是屈原以来浪漫主义诗歌的新高峰。唐文宗御封李白的诗歌、裴旻的剑舞、张旭的草书为“三绝”。

李白生活在唐代极盛时期,具有“济苍生”、“安黎元”的进步理想,毕生为实现这一理想而奋斗。他的大量诗篇,既反映了那个时代的繁荣气象,也揭露和批判了统治集团的荒淫和腐败,表现出蔑视权贵,反抗传统束缚,追求自由和理想的积极精神。在艺术上,他的诗想象新奇,构思奇特,感情强烈,意境奇伟瑰丽,语言清新明快,气势雄浑巍然,风格豪迈潇洒,形成豪放、超迈的艺术风格,达到了我国古代浪漫主义诗歌艺术的高峰。李白存诗近千首,有《李太白集》,是盛唐浪漫主义诗歌的代表人物。

【国学故事】

少年李白

自汉末起,绵州地区道教就十分活跃。李白少年时,常去戴天山寻找道观的道士谈论道经。后来,与一位号为东岩子的隐者隐居于岷山，潜心修学。他们在山林中，饲养了许多奇禽异鸟，这些美丽而驯良的鸟儿，定时飞来求食，好像能听懂人的语言似的，一声呼唤，便从四处飞落阶前，甚至可在人手里啄食谷粒，一点都不怕。渐渐地，这件事被传为奇闻，最后绵州刺史竟亲自前来查看。刺史见其能指挥鸟类行动，认定他们有道术，便想推荐二人去参加道科考试，被二人婉言谢绝。

【原文】

王戎[①]支骨，李密陈情。

【注释】

①王戎（公元234年—公元305年）：字浚冲，琅琊（今山东临沂北）人，西晋大臣，官至司徒、封安丰县侯，“竹林七贤”之一。

【经典原意】

王戎是晋代有名的孝子，武帝时为母亲守丧，哀伤欲绝，虽逾越礼制，饮酒食肉，但面容憔悴，身体虚弱，连起身都要扶着拐杖。尚书和峤也遭遇了父亲去世的打击，虽寝苫食粥，但哀毁不逾越礼制，虽每天痛哭流涕，但气色和往常一样。武帝知道后，很是担心和峤的身体，便要刘仲雄前去劝慰，仲雄说：“和峤虽悲痛，但并不伤神，王戎虽未痛哭，生活照旧，却悲伤到了骨子里，损伤了元气，臣认为和峤生孝，王戎死孝，您应该多担心王戎才是。”

李密写作《陈情表》，向皇上表达自己不愿入朝为官，请求留下来照顾年迈的祖母，文章言辞恳切，委婉动人，声情并茂，感人肺腑，千百年来一直被人们广为传诵。

【文化常识】

李密陈情

李密（公元224年—公元287年），名虔，字令伯，犍为武阳（今四川省彭山县东)人,西晋文学家。李密身世坎坷,刚出生六个月父亲就去世了,四岁时母亲何氏改嫁,只得与祖母刘氏相依为命。

李密以孝敬祖母闻名天下,写作《陈情表》,陈述自己不能奉诏赴任的原因,提出终养祖母的要求。为了唤起武帝的怜悯心,李密不是直陈其事,而是凄切婉转地表明心意,围绕"情""孝"二字反复陈述自己家庭的不幸,与祖母相依为命的苦况,表达对新朝宠遇的感激涕零,以及孝敬祖母的哀哀衷情。

李密在陈述"孝"的同时,融入自己蒙受皇恩而不能上报的矛盾心情与狼狈处境。至于不能报恩的原因,则是由于祖母已日薄西山,自己希望能为祖母养老送终,体现出他的至孝。接着,笔锋一转又写自己"不矜名节",并非"有所希冀",不应诏做官,确实是因为"祖母无臣,无以终余年"。在排除了晋武帝的怀疑这个前提下,再抒发对祖母的孝情,就显得更真实,更深切,更动人。

【原文】

相如①完璧,廉颇②负荆。

【注释】

①相如:蔺相如,河北曲阳人,战国时期著名的政治家、思想家、外交家、军事家,官至赵国上卿。

②廉颇(公元前327年—公元前243年):山东德州陵县人,战国时期赵国杰出的军事家,与白起、王翦、李牧并称"战国四大名将"。

【经典原意】

赵王得到一件无价之宝,一块和氏璧,秦王知道后,写了封信,愿用十五座城池来交换。赵王收到信后,立即召集大臣前来商议,讨论中,大臣一致认为秦王不会拿十五座城池来交换,但当时秦国实力雄厚,军事力量强大,若不答应,定会引来秦国出兵讨伐,两国兵戎相见,秦国兵力自然更胜一筹。就在大家一筹莫展时,有人推荐蔺相如,说他足智多谋，定能解决这个难题。于是，赵王派蔺相如带着和氏璧前往秦国。到秦国后，蔺相如见到秦王，献上和氏璧，秦王拿着璧反复把玩，丝毫没有交换城池的打算，蔺相如便以给秦王指出璧上瑕疵为由，夺过和氏璧，怒发冲冠争于朝堂之上，后又命手下将和氏璧先行遣送回去，秦王无奈，只得将蔺相如放回赵国，这就是著名的“完璧归赵”。

经过完璧归赵和渑池之会两件事后，赵王以蔺相如的功绩，将其封为上卿，官位高居廉颇之上。而廉颇则认为自己战功赫赫，蔺相如只是逞口舌之能，却被奉为上卿，位高于己，很是不服，便扬言要当众羞辱蔺相如。蔺相如则以国家利益为重，处处忍让，从不与廉颇争执，门人都觉得羞耻，蔺相如却说：“秦国之所以不敢侵犯我国，是因我二人同在朝中，如为个人利益相互争斗，定会两败俱伤，秦国必将趁机攻打赵国。我只是把国家安危放在个人恩怨之上罢了。”廉颇知道后，深感惭愧，光着上身，身背荆条到蔺相如家中请罪，是为“将相和”，“负荆请罪”的成语就来源于此。

【原文】

从龙①介子②，飞雁苏卿③。

【注释】

①龙：晋文公重耳（公元前671年—公元前628年），姓姬，名重耳，春秋时期著名的政治家，春秋五霸之一。

②介子：介子推，后人尊称介子，周代晋国大臣，夏县裴介村（今山西灵石县旌介村）人。

③苏卿：苏武（公元前140年—公元前60年），字子卿，西汉杜陵（今陕西西安西南）人。

【经典原意】

重耳被父亲献公、兄弟惠公追杀，四处逃亡，经常食不果腹、衣不蔽体，介子推一直忠心跟随。

天汉元年（公元前100年），苏武被封为中郎将，当时中原地区的汉朝和西北少数民族政权匈奴的关系时好时坏，公元前100年，匈奴政权新单于即位，汉武帝为表示友好，派遣苏武率领一百多人，带了许多财物，出使匈奴。苏武因拒绝单于的劝降，而被流放到寒冷的西伯利亚贝加尔湖一带，茹毛饮血，渴了喝雪水，饿了就吃毛毡，吃尽了苦头，但信念依然如故。后昭帝继位，与匈奴达成了和议协定，派遣使者到匈奴去寻找苏武等人。到匈奴后，单于却说苏武已死。苏武的一名部下拜见汉朝使者，并把这些年在匈奴的遭遇原原本本告诉了来使，汉使便扬言，大汉天子在上林苑中射落一只大雁，雁脚上系着帛书，书中清楚地写着苏武在北海，单于十分惊讶，但也只能无奈地将苏武等九人送还。

【文化常识】

清明节的来历

重耳在逃亡中，一次饥饿难耐，忠臣介子推将大腿上的肉割下来煮汤给重耳喝，重耳知道后，深受感动，说："今后，我如有幸能当上国君，定会重重赏赐你！"

十九年后，重耳终于在秦国的援助下，回国继位，是为晋文公。登上帝位的重耳，遍赏群臣，唯独将介子推忘在脑后，介子推是位仁人君子，不计较个人得失，也不追逐功名利禄，带着母亲隐居绵山。

后晋文公想起介子推，到绵山中请他出山为官，介子推死活不肯，一些嫉妒介子推的人就向晋文公进献计谋，让他放火烧山，只从三面烧，流出一面出口给介子推出逃，晋文公听信了奸臣的话，但奸臣却暗中命令手下四面一起放火烧山，介子推和母亲被活活烧死在山上。晋文公知道后，悲痛欲绝，下令全国在这一天不许燃灯，不许烧火煮饭，只能吃生冷食物，由此，便有了寒食节。后来介子推临死时抱着的那个大柳树被称作清明柳，因此，寒食节又叫清明节。

【原文】

忠臣洪皓[①]，义士田横。

【注释】

①洪皓(公元1088年—公元1155年):字光弼,饶州鄱阳(今江西乐平市洪岩)人,宋徽宗年间进士。

【经典原意】

洪皓作为使者出使金国,与其议和,但金国并无议和之意,洪皓到达金国后,完颜宗翰不许洪皓请归二帝的要求,而逼迫他到金廷操纵的伪齐刘豫政权去当官,洪皓严词拒绝,完颜宗翰大怒,下令即刻斩首。这时,有大将感慨道:"真是忠臣啊!"并跪求完颜宗翰免除洪皓一死,洪皓虽免于一死,但却被流放到遥远的冷山(今黑龙江五常境内的大青顶子山),十多年后才得以返回大宋。

田横出身齐国贵族家庭,领导秦末起义。秦灭齐后,田横自立为齐王,与汉将灌婴大战,败于嬴(今山东莱芜西北),后投奔彭越。刘邦建立西汉政权后,封彭越为梁王,田横不肯向汉朝称臣,率领五百多人逃亡到海上,在岛中(今青岛即墨市田横岛)避难。后刘邦为除后患,诏令赦免田横的罪行并对他的部队进行招抚,田横被迫带两位门客赶赴洛阳,还未走出三十里,田横便自杀死去,那两位门客将田横安葬后,也随田横殉葬而死。留在海岛的壮士们,听闻田横的死讯,全部自杀,刘邦知道后非常震惊,感慨于田横能得士,以王者之礼安葬了田横。

【原文】

李平鳞甲,苟变干城①。

【注释】

①干城:盾牌和城墙,比喻捍卫国家的将士。

【经典原意】

诸葛亮在祁山驻军时,李平督运粮草不力,不但不认罪,还狡辩并推卸责任,诸葛亮训斥他“心怀鳞甲”(即心术不正),将李平贬为平民。

战国时期孔伋向卫国侯举荐苟变为官,但卫侯却因苟变任小吏时曾吃百姓两个鸡蛋没给钱,而不想起用他。孔伋道:“选举贤才来就任官职,就和木匠用木头一样,要取他的长处,舍他的短处,苟变是一个能够捍卫国家安全的大将之才,现处在战国这样一个动乱时期,不应因两个鸡蛋而舍弃大有作为的人。”卫侯听后便委苟变以重任。

【原文】

景文①饮鸩②,茅焦③伏烹。

【注释】

①景文:王景文(公元413年—公元472年),南北朝琅邪临沂(今属山东)人。

②鸩:传说中的一种毒鸟,把它的羽毛放在酒里,可以毒杀人。

③茅焦:战国时期齐国人,被秦始皇封为上卿。

【经典原意】

宋明帝赐鸩酒给王景文,传令的人到王景文家时,他正和朋友下棋,棋下完后,王景文把棋子、棋盘等收好,端起毒酒对客人说:“我奉旨要饮鸩酒而死,这杯酒不能劝客。”说罢,喝下毒酒。

秦始皇因太后和嫪(lào涝)毐(ǎi矮)私通的事情异常震怒,嫪毐恐被杀,先发制人,谋反叛乱,后被镇压,被处以车裂的酷刑,太后也被驱逐出宫,迁往雍地。二十七位大臣劝谏秦始皇,都被杀害,茅焦作为第二十八人劝谏,秦始皇不但不听取他的意见,更要将他处以烹刑,茅焦道:“皇上您应以天下大业为重!您现在这样,犯了四个致命的错误:您对假父处以车裂的酷刑,杀害两个同母异父的弟弟,又将亲生母亲赶出皇宫,迁到雍地,还杀害了二十七个前来劝谏的大臣,天下百姓知道这些事后,哪还会有人心向秦国呢?您这样残暴乖戾是不可取的,会毁了大秦王朝的江山社稷啊!所以,臣才冒死谏言。”说罢,就解开衣服，准备行刑。秦始皇听了这番话，醒悟过来，拜茅焦为上卿，亲自前去迎接太后回宫。

【原文】

许丞[①]耳重，丁[②]掾[③]目盲。

【注释】

①许丞：汉代颍川县丞，年事已高，耳朵重听。

②丁：丁仪，字正礼，沛国（今安徽濉溪西北）人，三国时期魏国文学家。

③掾（yuàn 愿）：原为佐助的意思，后作为副官佐或官署属员的通称。

【经典原意】

黄霸任颍川太守时，由于许县丞年事已高，又有些重听，督邮想革除他的官职，黄霸道："许县丞是位廉洁的官员，虽上了年纪，但还能做些迎来送往的接待工作，他只是稍微有些耳聋罢了，能有什么大碍呢？你应该好好地帮助他，我们不能失去贤者的心啊！"

曹操因十分欣赏丁仪的才能，便想将女儿嫁给他，曹丕因丁仪目盲而不同意，曹操则说："丁仪就算是双目失明，我也会将女儿嫁给他，更何况他仅是视力有点问题呢？"

【原文】

佣书德润[①]，卖卜君平[②]。

【注释】

①德润：阚（kàn 看）泽（公元 170 年——公元 243 年），字德润，会稽山阴人（今浙江绍兴），三国时期著名学者，官至太子太傅。

②君平：严遵，字君平，西汉蜀郡（今四川）。

【经典原意】

阚泽性情谦恭笃慎，家中一贫如洗，但十分好学，常为人抄书，一方面可借机读书，另一方面，还可用抄书赚来的钱购买笔墨纸砚，以供学习之用。

严遵喜好研究老庄思想，隐居不仕，而在成都以占卜为生，著有《老子指归》一书，更加条理化地将老庄的思想呈现在世人面前。严遵只要为人占卜得到一百枚钱，可满足他的日常生活，便闭门研究《易经》，从不追求功名利禄。

【原文】

马当王勃，牛渚袁宏[①]。

【注释】

①袁宏（约公元328年—公元376年）：字彦伯，小字虎，陈郡阳夏（今河南太康）人，东晋文学家，才思敏捷，文笔典雅。

【经典原意】

王勃去马当山探望父亲，梦见水神说："我会助你一路顺风。"后果然如此，王勃一天就行船七百里到达南昌。当时恰逢都督阎伯屿重修滕王阁，设宴款待四方宾客，王勃也去参加宴会，并当场作《滕王阁序》一文，全文一气呵成，对仗工整，言语华丽，在座之客无不啧啧称奇。

袁宏年少时，家境贫寒，一次，为人帮佣运租到牛渚，正好赶上中秋之夜，作了首《咏史诗》来抒怀。征西将军谢尚听到后，迎其上船，二人促膝长谈，从此，袁宏名声远播。

【原文】

谈天邹衍[①]，稽古[②]桓荣[③]。

【注释】

①邹衍（约公元前324年—公元前250年）：战国末期齐国人，哲学家，阴阳家代表人物。

②稽古：研究古籍，考查古事，援引古人的事迹来证实自己的论点。

③桓荣：字春卿，谯国龙亢（今安徽怀远县）人，东汉经学大师。

【经典原意】

邹衍把五行学说附会到社会历史变迁和王朝兴替上，因此，《战国策》写道："邹衍大言天事，号为谭天衍。"

东汉建武十九年（公元 43 年），桓荣 60 多岁，才得到光武帝刘秀赏识，被封为议郎，请他教授太子，后又迁任太子少傅、太常、五更等职，封关内侯。桓荣曾将光武帝所赐的车马、印绶都摆出来，说："今日所蒙，稽古之力也，可不勉哉！"

【原文】

岐①曾贩饼，平②得分羹。

【注释】

①岐：东汉赵岐，原名嘉，字台卿，后避难而改名为岐，字邠卿，京兆长陵（今陕西咸阳）人。

②平：郑平，唐代人。

【经典原意】

桓帝延熹元年（公元 158 年），赵岐数次谏言宦官党羽京兆尹唐玹无德，怕有灾祸降临，隐姓埋名逃到北海（今山东昌乐西北），以贩卖胡饼为生。孙嵩看赵岐不是普通人，便问："这饼是你自己做的吗？"赵岐答道："不是，我贩卖的。"孙嵩又问："你进价多少？卖价又是多少？"赵岐回答："进价三十，卖价也是三十。"孙嵩随即把他带回家，藏在复壁（两层墙壁中间隔出的小间，面积很小，只有几平方米）内三年之久。赵岐隐忍困厄，以坚强的毅力在复壁中著《孟子章句》一书，内容精审翔实，有许多独到的见解。

据说，郑平的须发都是白的，一次，到岳父李林甫家做客，李林甫拿出皇上赏赐的甘露羹，分给郑平，郑平吃下后，一夜之间须发全部变黑。

【原文】

卧床逸少①，升座延明②。

【注释】

①逸少：王羲之（公元321年—379年）。

②延明：刘昞，字延明，南北朝人。

【经典原意】

王羲之二十岁时，太尉郗鉴到王导（王羲之的父亲）家去选女婿。王导的儿子和侄子们听说太尉家要来提亲，纷纷乔装打扮。唯有王羲之，完全不顾及形象，袒露着肚子躺在东边竹榻上一手吃烧饼，一手笔划着衣服，郗太尉看到那个不动声色的王羲之，不禁拍手赞叹道："这正是我想要的女婿啊！"就把女儿郗浚嫁给了他。"东床坦腹"的典故即来源于此。

刘昞曾跟随郭瑀求学，郭瑀有个女儿已到了婚嫁的年龄，他想从五百名弟子中挑选一人做女婿，便设了一个座位，说道："谁能坐上这个座位，我就把女儿嫁给他。"刘昞抢先坐上座位，被选为女婿。

【当代阐释】

知足常乐

"祸莫大于不知足，咎莫大于欲得，故知足之足常足矣。"——《老子》

知足常乐，就是知道满足，安于已得到的一切，快乐地生活。快乐是人类生活的最高境界，君子之交淡如水，一个把名利看得太重的人，注定是不快乐的。所谓无欲则刚，即是说，一个人看淡尘世物欲，不贪恋世间名利，才能达到无欲无求至刚至强的最高境界。

乐山乐水各不相同，但人生苦短，岁月如流，乐天知命，世上没有完美无缺的事物，有缺憾的人生才是真实的人生。生活本来就是一个接着一个欲求，一个接着一个目标，一个接着一个行动。知道自己的欲求，知道如何满足欲求，既能享受成功的快乐，又能乐观地面对失败的痛苦，才能常乐。把“知足常乐”理解为一种过程，不是权宜之计，而是通向快乐生活之路的方向标。

【原文】

王勃①心织，贾逵②舌耕。

【注释】

①王勃（公元649—公元675）：字子安，绛州龙门（今山西河津）人，唐代著名诗人。王勃与于龙以诗文齐名，并称为“王于”，也称“初唐二杰”，又与杨炯、卢照邻、骆宾王齐名，齐称“初唐四杰”，其中王勃是“初唐四杰”之冠。

②贾逵（公元30年—公元101年）：字景伯，扶风平陵（今陕西咸阳西北）人，东汉经学家、天文学家。

【经典原意】

据传，王勃写文章时，并不急于提笔作文，而是先磨好墨，躺在床上，盖上被子，在脑中构思，想好后，立即起身，奋笔疾书，一篇美文即刻便写成，人们称之为“心织”，也即打腹稿。

贾逵未出仕时，曾在家教书授业，慕名前来的从学者众多，更有不远千里来学习的人，贾逵仓库里粮食越积越多，不久，就屯满了整间粮仓，世人道：“贾逵满仓的粮食都是舌耕而来。”

【原文】

悬河郭子①，缓颊②郦生③。

【注释】

①郭子：西晋郭象（约公元252年—公元312年），字子玄，河南洛阳人，玄学家，官至黄门侍郎、太傅主簿。

②缓颊：为人求情或婉言劝解。

③郦生：郦食（yì 易）其（jī 基），秦朝陈留县高阳乡（今河南开封杞县西南）人，刘邦的谋士。

【经典原意】

郭象很有才华，尤其喜好老庄，善于清谈，郭象讲学滔滔不绝，口若悬河，大臣王衍曾赞叹道："每听象语，皆如悬河泻水，久而不竭。"

郦食其少年时就嗜好饮酒，常在酒肆中混日，自称高阳酒徒。刘邦得知魏豹要起兵谋反，便命郦食其前去游说，并约定，若魏豹愿臣服刘邦，便将拥有万户人家的城池赏赐给他。

【原文】

书成凤尾，画点龙睛。

【注释】

①凤尾：凤尾诺，古代帝王批示奏章，表示认可，便签上"诺"字，字尾的形状如凤尾一般，因而得名。

【经典原意】

南齐萧锋自小便聪慧无比，四岁就能提笔写字，五岁时，高帝让萧锋学写凤尾诺，他一学即成，如信手拈来，高帝大悦，将玉麒麟赏赐给他，一时传为美谈。

张僧繇（yóu 由）在金陵安乐寺墙上画了四条龙，却没画眼睛，人们问他原因，张僧繇答道："眼睛是龙的精髓，只要画上眼睛，龙就会飞走。"众人大笑，都不相信他说的话，求他为龙点上眼睛。张僧繇刚提起笔为龙点好眼睛，乌云就滚滚而至，电闪雷鸣，蛟龙腾空而起，直冲云霄，在场之人无不惊得目瞪口呆，"画龙点睛"的成语就来源于此。

【原文】

功臣图阁，学士登瀛①。

【注释】

①瀛(yíng 赢):瀛洲,传说中的东海仙山。

【经典原意】

唐太宗贞观十七年(公元 643 年),唐太宗命画家阎立本绘画开国功臣长孙无忌、魏征、尉迟敬德、杜如晦、房玄龄等二十四人的肖像,挂在凌烟阁中,以示表彰,史称“凌霄阁二十四功臣”。

唐高祖武德三年(公元 620 年),唐太宗李世民为网罗人才修建文学馆,甄选杜如晦、房玄龄、虞世南等十八人入馆担任学士,探讨政事,著文论典,有时到了深夜才休息,世人都很仰慕这十八名学士,称他们入选为“登瀛”。

【原文】

卢携貌丑,卫玠[1]神清。

【注释】

①卫玠(jiè 介)(公元 286 年—公元 312 年):字叔宝,晋代河东安邑(今山西夏县)人,清谈名士,玄理学家。

【经典原意】

唐代卢携相貌极丑,说话也含混不清,常上疏尚书韦宙,韦氏子弟都很轻视他,常侮辱他,韦宙却说:“卢携虽其貌不扬,但文笔流畅,行文严谨,日后一定大有作为。”后果高中进士,并于乾符年间累进同中书门下平章事,拜为中书侍郎。

卫玠自幼聪颖,五岁时就很有名气,很早就开始研究《老》、《庄》,被视为神童。成年后,卫玠以善清谈名理著称,能言善辩,官至太子洗马。

【原文】

非熊[1]再世，圆泽[2]三生。

【注释】

①非熊：唐代著名诗人、画家、鉴赏家顾况（公元727年—公元815年）的儿子。

②圆泽：唐代僧人，与李源关系友善。

【经典原意】

顾况年迈时，儿子非熊突然死去，顾况悲痛欲绝，写诗哀悼爱子："老人丧爱子，日暮泪成血。老人年七十，不做多时别。"非熊在冥间听到父亲的哀悼，向阎王如实禀报，阎王对他也很是悲悯，便让他再次降生在顾家，他两岁时就向人诉说前生事，并把自己在冥间听到父亲苦吟、向阎王请求再生的事告诉了家人。

圆泽与李源同游峨眉山，圆泽主张从长安经斜峡谷穿过去，李源则坚持从荆州走水路前往。圆泽拗不过李源，只得从荆州走水路。行至南浦时，恰好遇到一个孕妇在河边洗衣，圆泽哀叹："我不想从这条路走，就是怕遇到她啊！她怀孕三年未生产，正是等我投胎啊！现在避不开了。三天后，你到女子家中看我，我以笑为信号，十三年后，你我相约天竺寺外再相见。"三天后，李源前往女子家中探视，婴儿果然对其微笑。十三年后，李源如期赴约，中秋月下，一牧童骑牛唱歌："三生石上旧精魂，赏月吟风不用论。惭愧情人远相访，此身虽异性尚存。"李源听到歌声，知是圆泽，上前问候，牧童却说："李公真信士也，我与君殊途，切勿相近，唯以勤修勉之。"说罢，又唱起歌来："身前身后事茫茫，欲话因缘恐断肠，吴越江山寻已遍，欲回烟棹上瞿塘。"唱罢，转身离去。

【原文】

安期[1]东渡，潘岳[2]西征。

【注释】

①安期：王承，字安期，晋代太原晋阳（今山西太原）人。

②潘岳（公元247年—公元300年）：字安仁，祖籍荥阳中牟（今属河南），西晋文学家。

【经典原意】

王承清虚寡欲，无所修尚，曾弃官东渡，路途艰险，旁人都很害怕，唯王承泰然处之，丝毫不畏惧。到了下邳，王承登山北望，才感叹："人们畏惧道路艰险，都是愁容满面，现在安全抵达，我却开始发愁了。"

潘岳出身书香门第，自小受到文学熏陶，被称为"奇童"，长大后更是才华冠世，名噪一时，著有《西征赋》、《闲居赋》等文章，借阐述古迹美德，来劝诫世人。

【原文】

志和[①]耽[②]钓，宗仪[③]辍耕。

【注释】

①志和：张志和（约公元730年—公元810年），字子同，初名龟龄，号烟波钓徒、浪迹先生、玄真子，婺州金华（今属浙江）人，唐代著名诗人。

②耽：沉溺，入迷。

③宗仪：陶宗仪（公元1329年—公元1412年），字九成，号南村，浙江黄岩人（今清陶乡）。

【经典原意】

父母去世后，张志和辞去官职，乘一叶扁舟，独自垂钓，祭三江，泛五湖，自称"烟波钓徒"，并著有《玄真子》一书，共十二卷三万多字，此后，便以玄真子为号。张志和垂钓不设鱼饵，志不在垂钓，而在修身养性，不愿将侠骨埋葬在尘土之中，有《渔歌子》一文传世。

元至正八年（公元1348年），陶宗仪赴考进士，因议论政事而没能考中，便以耕读为业，开馆授课，闲暇时间，想到好诗句，就写下投到瓮中，久而久之，瓮中积满，陶宗仪就将瓮中所写诗词整理成册，即为《南村辍耕录》。

【原文】

卫鞅①行诈，羊祜②推诚。

【注释】

①卫鞅：商鞅。

②羊祜（公元221年—公元278年）：字叔子，晋代青州泰山（今山东新泰羊流）人，战略家。

【经典原意】

商鞅任秦国宰相时，奉命攻打魏国，与魏公子卬（qióng穷）对峙，写信给魏公子，诈称："你我本为好友，现在归附不同国家，出兵对战，我不忍和你厮杀，想请你前来结盟，双方退兵，以使两国安宁。"魏公子信以为真，亲自前来结盟，宴会过后，商鞅将魏公子卬俘获，惠王大惊，不得不割地赎回卬。

羊祜镇守襄阳时，一面安抚百姓，一面屯兵储粮，为讨伐吴国作战略准备，但和吴国大将互通使节，以诚相待，从不偷袭。

【文化常识】

商鞅

商鞅（约公元前390年——公元前338年），卫国（今河南安阳市内黄梁庄镇一带）国君的后裔，公孙氏，故称卫鞅，又称公孙鞅，后被封于商，后人称其商鞅，战国时期政治家，思想家，著名法家代表人物。商鞅应秦孝公求贤令入秦，说服秦孝公变法图强，孝公死后，商鞅被贵族诬害，车裂而死。商鞅在位执政十年，秦国大治，史称"商鞅变法"。

商鞅变法

秦国自穆公称霸后，国力逐渐衰弱，时常受到霸主魏国欺凌。秦国素来尚武，而忽略治国之道，但周边诸侯强国林立，个个对秦国都是虎视眈眈。秦孝公开始意识到，穷兵黩武无疑会断送国家前途，便颁布招贤令重振秦国霸业，其中就有一条："如能助秦强盛者，将与君共享秦国"。于是各国士子纷纷入秦，其中法家士子商鞅也在此时正式登上历史舞台。

公元前356年至公元前350年，商鞅大规模地推行了两次变法，他深谙"攘夷必先安内"的道理，认识到秦国的当务之急应是加强国家内部整顿，为秦国翻开了变法图强的崭新篇章。

公元前356年，商鞅第一次变法。首先，颁布法律，制定连坐法，轻罪用重刑；其次，奖励军功，建立二十等军功爵制；再次，重农抑商，奖励耕织，特别奖励垦荒；第四，强调"以法治国"要求国家官吏学法、明法，百姓学习法律者"以吏为师"。改法为律，强调法律的普遍性，具有"范天下不一而归于一"的功能。最后，为加强中央对地方的全面控制，用法律手段剥夺了旧贵族特权。

公元前350年第二次变法，首先，"开阡陌封疆"，国家承认地主和自耕农的土地私有权，在法律上公开允许土地买卖。其次，普遍推行县制，在未设县的地方，把许多乡、邑，聚合并成县，共新建31县，设县令、县丞，由国君任免。

商鞅变法虽遭到一些利益集团和贵族集团的抵制，但顺应了历史发展潮流，并以法治作为立国之本，因为商鞅真正明白，如法外有情，则无法度可言。法律面前没有贵族及平民之分，法律面前人人平等，触犯法律就应按法严惩，为国家创造价值，就应获奖赏，以诚信立法，以公平执法。

商鞅的法治意识已达到当今所说的：有法可依，有法必依，违法必究的境地。这种超前意识在历史上是罕见的，这一意识的有效贯彻还得感谢一个人，那就是当时的领导阶级秦君主——秦孝公，一个开明的强势帝王和一位大刀阔斧的改革者。正是这样一位开明的领导者，使秦国在短短的十九年中得以中兴，进而逐鹿群雄，并为一百多年后，秦统一六国，奠定了坚实的基础。

【原文】

林宗[①]倾粥，文季[②]争羹。

【注释】

①林宗：郭泰（公元128年—公元169年），也作“郭太”，字林宗，太原介休人，东汉著名学者，博通经典，曾在家中教授弟子。

②文季：沈文季（公元442年—公元499年），南朝齐国人，曾任侍中。

【经典原意】

魏德公曾求学于郭泰，郭泰命他煮粥，粥成后，郭泰呵斥魏德公：“你为长者煮粥，粥里竟然有沙，怎么吃？”说罢，把粥倒掉，就这样连倒了三碗，魏德公仍丝毫没有怨言，对郭泰也愈加敬重。郭泰道：“开始只看到你的外表，现在才知你的真心。”从此，对魏德公倾囊相授。

齐高帝设宴款待众臣，命人作羹，大臣崔祖思道：“羹是北方食品，美味为南北方推崇。”沈文季道：“羹是吴地美味。”崔祖思说：“炰（páo袍）鳖脍鲤（指珍美的食物），似非勾吴之诗。”沈文季应道：“千里莼（chún纯）羹，岂关鲁卫！”齐高帝龙颜大悦。

【原文】

茂贞[①]苛税，阳城缓征。

【注释】

①茂贞：唐代李茂贞（公元856年—公元924年），原姓宋，名文通，深州博野（今河北蠡县）人。

【经典原意】

李茂贞因战功显赫，被唐僖宗封为凤翔和陇右节度使，并封为陇西郡王，赐名李茂贞，僖宗还亲自为他定字为正臣，从此，李茂贞带着官爵和雄厚的实力在凤翔割据一方。后李茂贞开设岐王府，辖地逐渐缩小，河东、后梁和蜀地政权都想侵占其领地，后梁末年，领地只剩七个州，成了一个小的独立王国。因地小府库空虚，便加重课税，更下令实行油品专卖，还禁止松枝入城，担心百姓用其点火代替油灯，而逃避油税，百姓则讥讽道："今天禁止松枝入城，明天还要禁月光。"

唐代阳城曾任谏议大夫，后迁任道州刺史，他爱民如子，治民如家，征收的赋税很少，而未能达到税收标准，观察使派判官前去查看，阳城和妻子一同隐匿而去。

【原文】

北山学士①，南郭②先生。

【注释】

①北山学士：徐天正，北宋瓯宁（今福建建瓯）人。

②南郭：宋代雍存，号南郭先生，宋代全椒（今属安徽）人。

【经典原意】

宋代徐大正和苏轼、秦少游等关系友善，在北山脚下建造房屋居住，取名"闲轩"，人称"北山学士"。

雍存隐居不仕，以文史自娱，住在城南，号"南郭先生"，又因城南有独山，又号"独山翁"。

【原文】

文人鹏举①，名士道衡②。

【注释】

①鹏举：温子升（公元495年—公元547年），字鹏举，太原（今山西太原）人，北魏、东魏时著名文学家、诗人，大将温峤之子。

②道衡：薛道衡（公元540年—公元609年），字玄卿，河东汾阴（今山西万荣）人，著名诗人，官至司隶大夫。

【经典原意】

梁武帝十分欣赏温子升的文笔，感慨："曹植、陆机复生于北土，恨我辞人，数穷百六。"当时文人均给予温子升极高的评价，王晖业曾说："江左文人，宋有颜延之、谢灵运，梁有沈约，我子升足以陵颜轹谢，含任吐沈。"

薛道衡曾作《人日》诗："入春才七日，离家已二年。人归落雁后，思发在花前。"人们称赞他为当时名士。

【原文】

灌园陈定①，为圃苏卿②。

【注释】

①陈定：字子终，春秋时期楚国的隐士。

②苏卿：苏云卿，宋代广汉（今属四川）人。

【经典原意】

楚王派使者携百两黄金，礼聘陈定入朝为官，陈定对妻子说："我今天当上楚国宰相，明天就能拥有驷马马车，生活与过去相比定有天壤之别。"妻子则说："驷马马车，只不过有容膝之地；生活优越，不过是锦衣玉食。一旦身为宰相，就要整日为国担忧，伴君如伴虎，生命也难以保全。"陈定便和妻子隐居以浇灌菜园为生。

宋高宗绍兴年间，苏云卿客居豫章东湖，以种菜、卖菜为生，闲暇时，闭门高卧，有时整日正襟危坐。时任宰相的张浚，派人带着金银珠宝等礼品和一封书信，请他入朝为官，苏云卿留下书信和礼聘，连夜离去。

【原文】

融①赋沧海，祖②咏彭城。

【注释】

①融：张融（公元444年—公元497年），字思光，吴郡（今江苏苏州）人，出身世族，南朝齐文学家。

②祖：祖莹，字元珍，南北朝时后魏人，时号“圣小儿”。

【经典原意】

张融文章中《海赋》最为著名，其中有名句“穷区没渚，万里藏岸。湍转则日月似惊，浪动则星河若覆。”徐凯看后，道：“这篇文章很好，但唯独未讲‘盐’作何解释。”张融接着写道：“漉沙构白，熬波出素，积雪中春，飞霜暑路。”

尚书令王肃在官府作诗《悲平城》：“悲平城，驱马入云中。阴山常晦雪，荒松无罢风。”彭城王勰赞叹不已，让祖莹吟诵这首诗，失口说成了《悲彭城》，王肃笑道：“怎么成了《悲彭城》？”王勰深感惭愧，祖莹却道：“有《悲彭城》这首诗，是您不知而已。”王肃命祖莹吟诵，祖莹信手拈来，道：“悲彭城，楚歌四面起，尸积石梁亭，血流淮水中。”在座之人无不惊叹祖莹思维敏捷，博学多才。

【原文】

温公①万卷，沈约②四声。

【注释】

①温公：司马光。

②沈约（公元441年—公元513年）：字休文，吴兴武康（今浙江德清）人，出身于门阀士族家庭，南朝史学家、文学家、政治家，官居宰相。

【经典原意】

司马光家中藏书万余卷，他每天都诵读诗书，从不间断，且十分爱惜，藏书虽已翻看多年，依旧如新。

沈约年少时，笃志好学，博通群籍，尤擅诗文，是“四声八病”学说的主要创立者，对古体诗向律诗的转变起到了很大的促进作用，著有

《四声韵谱》一书。

【原文】

许询胜具，谢[1]客游情。

【注释】

①谢：谢灵运（公元385年—公元433年），陈郡阳夏（今河南太康）人，东晋诗人，我国山水诗的开创者，被称为“山水诗鼻祖”。

【经典原意】

许询自幼聪颖无比，人称神童，长大后更是博学多才，尤擅诗文，与孙绰并称一时文宗。许询好游山玩水，登临涉险，时人称其：“询非徒有胜情，实有济胜之具。”意思是：许询不仅有喜好游山玩水的雅兴，更有强健的体魄去游玩。

谢灵运极好游览名山大川，又善于体味山中情致，他曾自制登山鞋，上山拿掉前跟，下山取下后跟，还常开路探险，走过许多前人未走过的路，直至绝顶。

【原文】

不齐[1]宰[2]单[3]，子推[4]相荆。

【注释】

①不齐：虙（fú浮）不齐，字子贱，春秋时期鲁国人，孔子弟子。

②宰：主宰，官名。

③单（shàn善）：单父，地名。

④子推：介子推，春秋时期人，与晋国介子推同名。

【经典原意】

虙不齐任单父宰时，重用五个比自己贤良的人才，辅助治理地方。他重视民心、士气和社会风气，尊重敦厚持重的长者，以礼乐来治理地方，不仅赋役较轻，灾年还发放救济粮，单父大治。

介子推十五岁时，官居荆国宰相，他重用二十五名壮士和二十五位老者辅助治理地方。孔子知道后，赞叹："二十五位老者的智慧聚集在一起，智慧便在汤武之上；二十五位壮士的力量集合起来，力量定会大过彭祖，用他们来辅助执政，定能大治！"

【原文】

仲淹①复姓，潘阆②藏名。

【注释】

①仲淹：范仲淹（公元989年—公元1052年），字希文，北宋名臣，政治家，文学家，苏州吴县（今属江苏）人。

②潘阆（làng 浪）：字梦空，一说字逍遥，自号"逍遥子"，大名（今属河北）人，北宋诗人。

【经典原意】

范仲淹两岁时，父亲范墉就去世了，母亲带着年幼的范仲淹改嫁山东朱家，范仲淹改姓朱，取名朱说。大中祥符八年（公元1015年），范仲淹高中进士，被任命为广德军司理参军，调任集庆军节度推官后，将母亲接来赡养，正式恢复范姓，改名仲淹，字希文。

潘阆擅长写诗，因卢多逊案而受到牵连获罪，逃遁到山谷寺中，剃度为僧，改用法名。

【原文】

烹茶秀实①，漉酒②渊明③。

【注释】

①秀实：陶谷（公元903年—公元970年），字秀实，本姓唐，为避后晋高祖石敬瑭名讳改姓陶，邠州新平（今陕西邠县）人。

②漉酒：滤酒。

③渊明：陶渊明（公元365年—公元427年）。

【经典原意】

宋太尉党进有名姬妾辟寒，后陶谷将避寒纳为妾。一次大雪过后，陶谷让辟寒煮雪水沏茶，问辟寒道："党家有此风范吗？"辟寒答："他们是粗人，怎能有这种风范呢？党家人只知在销金帐内，用羊羹、美酒浅酌低唱。"巧妙地讽刺了陶谷。

陶渊明嗜酒，每设宴款待宾客，都会说："我喝醉后定会睡觉，你们吃完饭就自己离开吧。"一次，邻居请他喝酒，陶渊明看酒中有渣，就用头巾滤酒，用完又重新戴上。

【原文】

善酿白堕[①]，纵饮公荣[②]。

【注释】

①白堕：刘白堕，南北朝河东（今属山西）人，擅长酿酒。

②公荣：刘昶，字公荣，晋代人。

【经典原意】

盛夏六月，刘白堕将所酿之酒放在太阳下，暴晒十天，味道也丝毫不变，依然十分香醇。喝了刘白堕酿的酒，便会整月醉酒不醒。京城官员调往外地，都会带上此酒作为礼品，有的行程超过千里，因这酒来自远方，所以又叫"鹤觞"。青州刺史毛鸿宾曾携此酒赴任，路上遇到强盗，盗贼喝酒后醉倒在地，都被缉拿归案，因此这种酒又称"擒奸酒"。当时世间流传着这样一句谚语："不畏张弓使刀，唯畏白堕春醪。"

刘昶嗜酒，曾说："酒量胜过我的，不能不和他对饮；酒量不如我的，也不能不和他对饮；酒量和我差不多的，更不能不和他对饮。"

【文化常识】

坐席次序

古人席地而坐。堂上座位以室的户牖之间朝南的方向为尊，因此，古书上常说“南面”。室内的座位则以朝东的方向为尊。《史记·项羽本纪》说：“项王、项伯东向坐。”《魏其安武侯列传》中，田蚡“常召客饮，坐其兄盖侯南乡，自坐东乡，以为汉相尊，不可以兄故私桡”，可见，汉代还是这种习俗。

【原文】

仪狄①造酒，德裕②调羹。

【注释】

①仪狄：夏禹时代司掌造酒的官员，我国最早的酿酒人。

②德裕：李德裕（公元787年—公元850年），字文饶，唐代真定赞皇（今河北省赞皇县）人，幼有壮志，苦心力学，尤其精通《汉书》、《左氏春秋》，官至宰相。

【经典原意】

相传仪狄酿造的酒非常醇美，大禹喝过后，感慨：“日后定会有因嗜酒而亡国的国君。”便从此戒酒，并疏远仪狄。

李德裕在京城做官时，从不喝京城水，而是饮惠山泉水，当时人称“水递”。李德裕每喝一次羹，都要花费三万钱，用珠玉、贝玉、朱砂同时煎炒，反复煎炒三次，滤去渣滓，只喝滤出的汁水，奢侈至极。

【原文】

印屏王氏①，前②席③贾生④。

【注释】

①王氏：唐玄宗宠妃。

②前：向前。

③席：席位，座位。

④贾生：贾谊（公元前200年—公元前168年），又称贾太傅、贾长沙、贾生，洛阳（今河南洛阳市东）人，西汉初政治家、文学家。

【经典原意】

王氏多次梦见有人请她喝酒，唐玄宗说："这定是道士做法，你设法留下他的记号。"王氏再次梦见那人请她喝酒，便将其手印留在屏风上，唐玄宗立即派人查办，后查出是东明观一位道士，道士已闻风而逃。

一次，贾谊和文帝谈到鬼神的事情，不知不觉已到深夜，文帝不自觉地移座向前。后梁怀王坠马而死，贾谊深感歉疚，痛苦欲绝，一年多便郁郁而终，终年33岁。

九　青

【原文】

经①传御史，偈②赠提刑③。

【注释】

①经：《三字经》。

②偈（jì 记）：佛经体裁之一，主要有两种：一是通偈，由梵文32个章节构成；另一种为别偈，共四句，每句四至七言不定，僧人常用这种四句韵文阐发佛理。

③提刑：官名，这里代指郭功甫，名祥正，宋代人。

【经典原意】

《三字经》是我国古代蒙学读物的代表，相传为南宋王应麟编著，明代蜀人梁应井画的插图，明代傅光宅侍御史曾为《三字经》写序。

郭功甫任提刑时，曾到山中，白云端禅师赠他偈语："上大人，丘乙已，化三千，七十士。尔小生，八九子，佳作仁，可知礼。"

【原文】

士安①正字，次仲②谈经。

【注释】

①士安：刘晏（约公元716年—公元780年），字士安，曹州南华（山东今东明县）人，历任吏部尚书同平章事、领度支、铸钱、盐铁等职，唐代著名经济改革家、理财家。

②次仲：戴凭，字次仲，汝南平舆（今属河南）人，东汉大臣、经学家。

【经典原意】

刘晏自幼天资颖慧，七岁被举荐为“神童”，八岁时唐玄宗封泰山，刘晏因进献《颂》一文，受到玄宗赞赏，授为太子正字，刘晏一时名噪京城。从此，他更加勤奋苦读，博览群书。一次，玄宗问刘晏：“爱卿被授予正字，正得几个字？”刘晏答道：“天下的字都是正的，唯有朋字不正。”刘晏的回答一语双关，借说“朋”字的字体结构，深刻指出了朋党相互勾结的现象。

戴凭16岁时，被郡守举荐为明经，拜郎中，光武帝曾召集群臣解经，戴凭与诸儒论难，解经最为精彩，拜侍中。光武帝令群臣能说经者互相诘难，戴凭议论恢宏，击败了所有对手，连讲了五十多场经席，从而名扬远近，京城人称“解经不穷戴侍中。”

【原文】

咸①遵祖腊②，宽③识天星。

【注释】

①咸：陈咸，字子康，西汉沛郡洨县（今属安徽）人。

②腊：我国古代农历十二月都要祭祀诸神，即为腊祭。

③宽：张宽，汉武帝时人，能识别天上星宿。

【经典原意】

陈咸因其父陈万年官居高位,而被任命为郎,他性情耿直,多次指责皇帝与近臣,数十次上书谏言,后又升任左曹。王莽篡权后,陈咸即辞官隐居,但依旧沿用汉朝礼仪祭祀祖神。问其原因,答:“我的祖宗怎会知晓王氏的腊祭呢?”

汉武帝在去往甘泉祭祀途中,经过渭桥,见一妇人在渭河中洗浴,那人乳有七尺长,武帝觉得很是奇怪,询问张宽,张宽答道:“这是天上主管祭礼的星宿,因人间斋戒不严,这颗女人星宿才会出现。”

【文化常识】

北斗七星

北斗由天枢、天璇、天玑、天权、玉衡、开阳、摇光七星组成,古人把这七星联系起来,想象成为古代舀酒的斗形。天枢、天璇、天玑、天权组成斗身,古时称“魁”;玉衡、开阳、摇光组成斗柄,古称“杓”。

古人很重视北斗,因可用其辨别方向,确定季节。古人把天璇、天枢连成直线,延长约五倍的距离,便可找到北极星,而北极星正是北方的标志。北斗星在不同季节和夜晚的不同时间,出现在天空的不同方位,人们能看到它围绕北极星转动,因此,古人又根据初昏时斗柄所指方向来决定季节:斗柄指东,天下皆春;斗柄指南,天下皆夏;斗柄向西,天下皆秋;斗柄指北,天下皆冬。

【原文】

景焕①垂戒,班固勒②铭③。

【注释】

①景焕:北宋成都人,隐居玉垒山,著有《野人闲语》。

②勒:雕刻,刻石。

③铭:铭文,我国古代一种文体。

【经典原意】

五代十国后蜀君主孟昶（chǎng 厂）立《戒石碑》，引用景焕的名句来作为戒语，被称为“景焕垂戒”。

永元初年，大将窦宪率领部队击败匈奴贵族，出塞三千多里，直追至燕然山，班固在山上雕刻铭文来记录功绩。

【文化常识】

班固与汉书

班固（公元 32 年—公元 92 年），字孟坚，东汉扶风安陵（今陕西咸阳）人，史学家班彪的儿子，史学家，文学家，著有我国第一部纪传体断代史——《汉书》。

《汉书》，又称《前汉书》，“二十四史”之一，开创了正史地理志的先例，书中大量的自然和人文地理资料，保存了宝贵的边疆地理资料，是继《史记》后我国古代又一部重要史书，与《史记》、《后汉书》、《三国志》并称“前四史”。

《汉书》记述了上起西汉高祖元年（公元前 206 年），下至新朝王莽地皇四年（公元 23 年）间 230 年的史事，包括纪十二篇、表八篇、志十篇、传七十篇，共一百篇，后人划分为一百二十卷，共八十万字。书中语言庄严工整，多用排偶、古字古词，遣辞造句颇有文辞，与《史记》平畅的口语化文字形成鲜明对照。

【原文】

能诗杜甫，嗜酒刘伶[①]。

【注释】

①刘伶：字伯伦，西晋沛国（今安徽宿州）人，“竹林七贤”之一。

【经典原意】

杜甫（公元 712 年—公元 770 年）一生写了一千四百多首诗，其中有很多都是传颂千古的名篇，如“三吏”、“三别”，有《杜工部集》传世，给后世文学发展带来了深远影响。

刘伶平生嗜酒，出门常带酒壶，作《酒德颂》一文，宣扬老庄思想和纵酒放荡的情趣，是对传统“礼法”的蔑视。

【原文】

张绰[①]剪蝶，车胤[②]囊萤。

【注释】

①张绰：唐代人，曾高中进士，传说他会道术。

②车胤（公元333年—公元401年）：字武子，晋代南平（今湖北公安）人。

【经典原意】

据传，张绰用纸剪出蝴蝶形，吹口气，纸蝴蝶就变化为真蝴蝶成群结队地飞走，旁人欲跟随其学习道法，都被婉言拒绝。

车胤自幼聪颖好学，勤奋刻苦，常白天干活，夜晚苦读，但家境贫寒，无油点灯，夏夜车胤就捕捉萤火虫，装在袋中用以照明，后终成知名学者。

【原文】

鸜鹆[①]学语，鹦鹉诵经。

【注释】

①鸜（qú渠）鹆（yù欲）：八哥鸟，在这里代指晋代司空桓豁镇守荆州时所养的八哥鸟。

【经典原意】

桓豁大宴宾客，八哥学众人说话，十分相像，唯独一个患了感冒的人，说话鼻音很重，不好学，八哥把头伸进瓮中模仿，惟妙惟肖，在座之人无不惊叹折服。

《法苑珠林》中记载，一僧人养了一只鹦鹉，训练其诵读经书，甚至可用佛语对话。鹦鹉也常一言不发、一动也不动地待在鸟架上，人们问它原因，鹦鹉答："身心俱不动，为求无上道。"鹦鹉死后，人们焚烧它，竟发现了舍利。

【文化常识】

舍利

舍利是指佛教祖师释迦牟尼佛，圆寂火化后留下的遗骨和珠状宝石样生成物，历来被视为佛教珍宝。2500年前释迦牟尼涅槃，弟子们在火化其遗体时从灰烬中得到一块头顶骨、两块肩胛骨、四颗牙齿、一节中指指骨舍利和84000颗珠状真身舍利子。佛祖的这些遗留物被信众视为圣物，争相供奉。

舍利子印度语叫驮都，也叫设利罗，译成中文为灵骨、身骨、遗身，是一个人往生，经火葬后留下的结晶体。不过舍利子跟一般死人的骨头是完全不同的，它的形状千变万化，有圆形、椭圆形，有的成莲花形，有的成佛或菩萨状；颜色有白、黑、绿、红的，也有各种颜色；有的像珍珠、有的像玛瑙、水晶；有的透明，有的光明照人，如同钻石一般。

佛经上说，舍利子是一个人透过戒、定、慧的修持、加上自己的大愿力所得，它十分稀有、宝贵。佛陀涅槃后，所烧出的舍利就有一石六斗之多，在当时有八个国王争分佛陀舍利，每人各得一份，他们各自将舍利带回，并兴建宝塔，供百姓瞻仰、礼拜。另外，修行有成的高僧及在家信徒，往生后也都能得到舍利，如中国的六祖惠能，近代的弘一、印光、太虚、章嘉等大师们，都留下了相当数量的舍利。

十　蒸

【原文】

公远①玩月，法喜②观灯。

【注释】

①公远:罗公远(公元618年—公元758年),又名思远,彭州九陇山(今四川彭县)人,唐代道士,与张果、叶法善齐名。

②法喜:叶法喜,唐代道士,有道术。

【经典原意】

传说,中秋夜,罗公远随从侍奉唐明皇(即唐玄宗)赏月,把手杖抛向空中,瞬间化为一座银白色通天大桥,光彩夺目,唐明皇与罗公远在桥上行走,至大城阙,罗公远禀报:"这就是月宫门。"旁边有匾额:广寒清虚之府。广寒宫中,有仙女身着素色皓衣,在桂花树下,翩翩起舞,罗公远又说:"这是霓裳羽衣曲。"唐明皇默记下了曲调,回宫之后,教梨园乐工演奏此曲。

传说,叶法喜曾在元宵夜变幻出虹桥,邀唐玄宗(公元712年—公元756年)过桥,到广陵胜景观灯。

【原文】

燕投张说[①],凤集徐陵[②]。

【注释】

①张说(公元667年—公元730年):字道济,另字说之,原籍范阳(今河北涿县),唐代文学家,曾任太子校书、中书令、兵部尚书、中书令,右丞相,尚书左丞相等职,被封为燕国公,谥号文贞。

②徐陵(公元507年—公元583年):字孝穆,东海郯(今山东郯城)人,南朝梁陈间诗人、骈文家,梁武帝时曾任东宫学士,入陈后历任尚书左仆射,中书监等职。

【经典原意】

传说,张说母亲梦到有玉燕投怀,而怀孕生下张说。

据传,徐陵母亲梦见五彩祥云幻化成凤凰落在左肩,生下徐陵。

【原文】

献之[①]书练，夏竦[②]题绫。

【注释】

①献之：王献之（公元344年—公元386年），字子敬，东晋琅琊（今山东临沂）人，著名书法家、诗人，王羲之第七子，官至中书令，为与后世书法家王珉区分，人称王大令，与父亲王羲之并称“二王”。

②夏竦（公元985年—公元1051年）：字子乔，北宋江州德安（今属江西）人。

【经典原意】

王献之任吴兴太守时，年仅十二岁的羊欣（公元370年—公元442年）已在书法界崭露头角，王献之对他很是欣赏。一天，王献之趁羊欣午睡，在他的白绢衣襟上写了几幅字，羊欣醒后，仔细研看衣服上的字迹，书法技艺有了显著提高。

夏竦年轻时，才华已显露，一位老宦官认为夏竦日后定成将相之才，便拿出手绢请他在上面题诗，夏竦提笔写道：“殿上衮衣明日月，砚中旗影动龙蛇。纵横礼乐三千字，独对丹墀日未斜。”杨徽之看到后，连声赞叹：“真是宰相之才啊！”后果受到朝廷重用，皇佑（北宋仁宗赵祯的年号，公元1049年—公元1054年）年间，拜为枢密副使。

【原文】

安石[①]执拗，味道[②]模棱。

【注释】

①安石：王安石。

②味道：苏味道（公元648年—公元705年），赵州栾城（今属河北栾城）人，初唐政治家、文学家，九岁便能赋诗作文，颇有才华，与李峤以文辞齐名，号“苏李”，20岁高中进士，累迁咸阳尉。

【经典原意】

北宋王安石个性很强，固执己见，被称为“执拗公”。

武后在位时，苏味道曾任宰相，优柔寡断，处事含糊，常说：“误则有悔，故模棱两可。”人称“苏模棱”，世号“模棱手”。

【原文】

韩仇良[①]复，汉[②]纪[③]备[④]存[⑤]。

【注释】

①良：张良（约公元前251年—公元前186年），字子房，汉初三杰之一，谋略家、政治家。

②汉：汉朝。

③纪：头绪，纲纪。

④备：刘备（公元161年—公元223年），字玄德，即蜀汉昭烈帝，三国时期蜀汉开国皇帝，涿郡涿县（今河北省涿州）人，谥号昭烈帝，史称刘先主，政治家。

⑤存：存留，存在。

【经典原意】

张良家中五代都曾任韩国宰相，后韩被秦所灭，张良广招天下豪杰，立志为国报仇，曾在博浪沙椎（chuí垂）击出外巡游的秦始皇，但误中副车。

东汉末年，群雄并起，战乱频繁，刘备是汉中山靖王刘胜后代，因而，被认为是正统，应继承刘家天下。公元221年，刘备在成都即位自称汉皇帝，年号章武。

【原文】

存鲁端木[①]，救赵信陵[②]。

【注释】

①端木：复姓，指端木赐，字子贡，春秋时期鲁国人，孔子得意门生，孔门七十

二贤之一，孔子曾称他为“瑚琏之器”。

②信陵：魏国公子无忌，号信陵君，战国时期魏国人，魏昭王之子，著名政治家、军事家，魏安釐王时官至魏国上将军，与赵国平原君赵胜、齐国孟尝君田文、楚国春申君黄歇并称“战国四公子”。

【经典原意】

端木赐能言善辩，利口巧辞，办事通达，曾任鲁、卫两国宰相。齐国攻打鲁国时，端木赐说服吴国讨伐齐国，又劝说越国辅助吴国，吴国和越国联手打败齐国，鲁国得以幸免。

信陵君为人仁爱宽厚，礼贤下士，士人都争相归附于他，门下有三千名食客。秦国围攻赵国，赵国向魏国求救，魏王不肯出兵，信陵君采用侯生的计谋，设法窃取兵符，夺得兵权，出兵解救赵国。“窃符救赵”的典故即出于此。

【原文】

邵雍①识乱，陵母②知兴。

【注释】

①邵雍（公元1011年—公元1077年）：字尧夫，谥号康节，北宋哲学家，从不入仕为官，而是隐居著学。

②陵母：汉代王陵之母。

【经典原意】

据传，邵雍在洛阳桥看到杜鹃鸟，说洛阳原无此鸟，这是天将有祸乱的征兆，后王安石任宰相，主张变法革新，天下开始祸乱不宁。

秦朝末年，群雄争霸，战乱频发，王陵辅佐刘邦，项羽认为王陵是个不可多得的人才，便想将他收于自己军中，屡次劝说都无功而返，项羽便派人抓住王陵的母亲，以此来要挟其归附于己。母亲深明大义，差人转告王陵，要忠心辅佐汉王刘邦，他定能成就霸业，夺得天下，说罢，自刎而死。

十一　尤

【原文】

琴高①赤鲤，李耳②青牛。

【注释】

①琴高：战国时期赵国人，善于弹琴，人称“琴高”。

②李耳：老子。

【经典原意】

《列仙传》中记载，琴高曾为宋康王舍人，后辞别宋康王，进入涿水取龙子，不久，骑着一条红色大鲤出来，成千上万人竞相观看这一奇观，一个多月后，琴高又投入水中而去。

老子博学多才，孔子周游列国时曾到洛邑向老子问礼，晚年时，老子骑乘青牛西去，在函谷关（今河南灵宝）写成五千字的《道德经》（又名《老子》）。

【文化常识】

老子李耳

李耳，即老子，姓李，名耳，字擑，春秋时期楚国苦县（今河南鹿邑）人，我国古代伟大的哲学家、思想家。老子又名老聃，相传老子的母亲怀孕八十一年才生下他，李耳一出生就是白发、白眉毛、白胡子，因而，称老子，又因在李树下出生，指树为姓，取名为耳，因此，为李耳。

老子的《道德经》含有丰富的辩证法思想，老子哲学与古希腊哲学一起构成了人类哲学的两个源头，老子也因其深邃的哲学思想而被尊为“中国哲学之父”。老子的思想被庄子传承，并与儒家和后来的佛家思想一起构成了中国传统思想文化的内核。道教出现后，老子被尊为“太上老君”；从《列仙传》开始，老子就被尊为神仙。《道德经》的国外版本有一千多种，是被翻译语言最多的中国书籍。

老子的思想主张是“无为”，理想的政治境界是“邻国相望，鸡犬之声相闻，民至老死不相往来”。《老子》以“道”解释宇宙万物的演变，“道”为客观自然规律，同时又具有“独立不改，周行而不殆”的永恒意义，书中包含大量朴素辩证法观点，如认为一切事物均具有正反两面，“反者道之动”，并能由对立而转化，“正复为奇，反复为妖”，“祸兮福之所倚，福兮祸之所伏”。老子的哲学思想和由他创立的道家学派，不仅对我国古代思想文化的发展作出了重要贡献，而且对我国2000多年来思想文化的发展产生了深远的影响。

【原文】

明皇①羯鼓，炀帝②龙舟。

【注释】

①明皇：唐玄宗李隆基（公元685年—公元762年），因谥号“至道大圣大明孝皇帝”，所以简称“唐明皇”。

②炀帝：隋炀帝杨广（公元569年—公元618年），有政绩，但又十分暴虐，挥霍无度。

【经典原意】

唐玄宗喜听胡人羯鼓声，而不喜听中原琴声。

隋炀帝在位期间，开拓疆土，畅通丝绸之路，三征高句丽，开创科举制度，但对人民奴役的征敛却十分苛重，滥用民力，使人们的生产生活遭到严重破坏，浩大的工程和连年的征战使人民不堪重负，从而引发了大规模的叛乱，公元618年，摇摇欲坠的隋王朝灭亡。

【文化常识】

隋炀帝的贡献

“统一中国”、“修通运河”、“西巡张掖”、“开创科举”、“开发西域”可以概括隋炀帝的一生所为。

统一中国

公元589年，杨广被拜为隋朝兵马都讨大元帅，统领51万大军南下进攻陈朝。隋军在杨广的指挥下，纪律严明、英勇善战，一举突破长江天堑，所到之处，所向披靡，对百姓则“秋毫无犯”，对于陈朝库府资财，“一无所取”，博得了人民的广泛赞扬，“天下皆称广以为贤”。20岁的杨广便完成了国家统一大业，结束了上百年来的分裂局面，也结束了三、四百年的战乱，从此我国进入和平盛世。

修通运河

隋炀帝下令修筑贯通南北的“大运河”，将钱塘江、长江、淮河、黄河、海河连接起来，如此浩大的工程，利于千秋万代。大运河不仅连接了黄河流域、长江流域，也融合了两个文明，使黄河流域与长江流域逐渐融为一体。修建大运河是凝聚中国之举，既满足了将已成为全国经济中心的长江流域同仍是政治中心的北方连接起来的迫切需要，又使我国水运畅通、发达，为后世繁荣富强打下了坚实的基础。

西巡张掖

大业五年（公元609年），隋炀帝率大军从京都长安（今陕西西安）出发到甘肃陇西，西上青海横穿祁连山，经大斗拔谷北上，到达河西走廊张掖郡。到达张掖之后，西域二十七国君主与史臣纷纷前来朝见，表示臣服，各国商人也都云集张掖进行贸易。隋炀帝亲自打通了丝绸之路，这是千古名君才能有的功绩。为炫耀中华盛世，隋炀帝杨广在古丝绸之路举行了万国博览会，为举世创举。

开创科举

随着士族门阀的衰落和庶族地主的兴起，魏晋以来选官注重门第的九品中正制已无法继续下去。隋文帝即位后，废除九品中正制，开始采用分科考试的方式选拔官员，隋炀帝时，正式设立进士科，科举制度正式形成。

开发西域

隋炀帝向四处用兵扩张的野心从即位时就激发了出来。这一年，北方的契丹族侵扰营州被击败后，杨广用兵的信心倍增。两年后，开始大规模地开发经营西域，并派兵做了一些统一的工作，如打败了西突厥的处罗可汗，扫除障碍；击败吐谷浑，将其领地建成四郡，派遣官员治理，保证了与西域联络的畅通。

【原文】

羲叔[1]正夏，宋玉[2]悲秋。

【注释】

①羲叔：传说尧帝时天文学家。

②宋玉：又名子渊，战国时鄢（今襄樊宜城）人，屈原学生，与屈原并称"屈宋"。

【经典原意】

《尚书·尧典》中记载，尧帝曾派羲叔与羲仲、和仲、和叔四人分别驻守四方，以观测星象，并据此判定季节，制作历法。羲叔执掌夏至，尧帝命他居住在南方交趾之地，根据天文和当地情况，确定夏至时间，指导百姓从事农耕。

屈原被流放后，宋玉很是悲伤，写作赋文《九辩》以抒发情怀，诗中有"悲哉秋之为气也，萧瑟兮草木摇落而变衰"的千古佳句。

【文化常识】

二十四节气

一年分为春夏秋冬四时（季），后又按夏历正月、二月、三月等十二个月依次分为孟春、仲春、季春，孟夏、仲夏、季夏，孟秋、仲秋、季秋，孟冬、仲冬、季冬。这些名称古人常用作相应的月份代码。《楚辞·哀郢》"民离散而相失兮，方仲春而东迁"，就是指夏历二月。但是在商代和西周前期，一年只分为春秋二时，所以，后来称春秋就意味着一年。《庄子·逍遥游》"蟪蛄不知春秋"，意思是蟪蛄的生命短促到不足一年。此外,史官所记的史料在上古也称春秋,这是因为“史之所记必表年以首事”。后历法日趋详密,由春秋二时再分出冬夏二时,所以有些古书所列的四时顺序不是“春夏秋冬”,而是“春秋冬夏”。

古人在长期生产实践中逐渐认识到季节更替和气候变化的规律,把周岁365又1/4日平分为立春、雨水、惊蛰、春分、清明、谷雨等二十四个节气,以反映四季、气温、降雨、物候等方面变化,这是我国古代劳动人民掌握农事季节的经验总结,对农业生产的发展贡献很大。二十四节气系统是我国旧历特有的重要组成部分,名称和顺序为:

正月,立春雨水;二月,惊蛰春分;三月,清明谷雨;四月,立夏小满;五月,芒种夏至;六月,小暑大暑;七月,立秋处暑;八月,白露秋分;九月,寒露霜降;十月,立冬小雪;十一月,大雪东至;十二月,小寒大寒。

【原文】

才压元白①,气吞曹刘②。

【注释】

①元白:唐代著名诗人元稹、白居易。

②曹刘:汉末曹植、刘祯。

【经典原意】

杨嗣大宴宾客,席间,宾客皆赋诗一首,元稹、白居易、杨汝士等均有上乘诗作,杨汝士的诗写的最为精妙,回家后,杨汝士对弟子说:“我今日之作,压倒元白。”诗中有“文章旧价留鸾掖,桃李新阴在鲤庭”的绝妙诗句。

唐代元稹曾评价杜甫的诗:“杜子美诗,上薄风骚,下该屈宋,志夺苏李,气吞曹刘,掩颜谢之孤标,杂徐庾之纤丽。诗人以来,未有如子美者。”

【文化常识】

诗圣杜甫

杜甫(公元712年—公元770年),字子美,自号少陵野老,世称杜工部、杜拾遗,河南巩县(今郑州巩义)人,我国盛唐时期伟大的现实主义诗人。

杜甫的诗文多涉及社会动荡、政治黑暗、人民疾苦等社会现实问题,被誉为"诗史",杜甫拥有忧国忧民的高尚人格,而且诗艺精湛,被后世尊称为"诗圣",与李白并称"大李杜"("小李杜"是指李商隐、杜牧)。杜甫诗篇流传数量是唐诗里最多最广泛的,对后世影响深远。

【原文】

信①擒梦泽②,翻③徙交州。

【注释】

①信:汉朝楚王韩信(公元前228年—公元前196年),淮阴(今江苏省淮安市淮阴区)人,西汉开国功臣,初属项羽,后归刘邦,伟大军事家、战略家、统帅和军事理论家。

②梦泽:云梦泽,古代一个湖泊的名字。

③翻:虞翻(公元164年—公元233年),字仲翔,三国时期扬州会稽余姚(今浙江余姚)人,官至骑都尉。

【经典原意】

有人私下向汉高祖刘邦进谗言,说韩信谋反犯上,刘邦信以为真,便设计在云梦泽逮捕韩信,在将韩信押解回京途中,韩信感慨:"人言狡兔死,走狗烹;飞鸟尽,良弓藏;敌国破,谋臣亡。天下已定,臣故当烹。"到了洛阳,刘邦不但赦免了他,更加封为淮阴侯。

虞翻为东吴孙权谋士,性情刚正不阿,直言敢谏,因触怒孙权,被流放交州,曾上疏道:"自恨疏节,体骨不媚,犯上获罪,当长没海隅,生无可与语,死以青蝇为吊客。使天下有一人知己,足以无恨。"

【原文】

曹参[①]辅汉，周勃[②]安刘。

【注释】

①曹参：字敬伯，沛（今江苏沛县）人，西汉名将，早年跟随汉高祖刘邦征战，以功被封为平阳侯。

②周勃：沛县（今江苏沛县）人，秦末汉初军事家、政治家，西汉开国功臣，忠于汉室，封为绛侯。

【经典原意】

继萧何后汉代第二位相国曹参在任期间，清静无为，延续了萧何制定的政策法令，不予改变。当时人称："萧何为法，顜若划一；曹参代之，守而勿失。载其清净，民以宁一。"史称萧规曹随。

刘邦曾评价周勃："厚重少文，然安刘氏者必勃也。"意思是：周勃虽不习经术，但为人憨厚刚正，可委以重任，安定汉朝基业必定要靠周勃。后周勃依照陈平计谋，平定吕氏之乱，天下安宁，深得刘邦器重。

【原文】

太初[①]日月，季野[②]春秋。

【注释】

①太初：夏侯玄（公元209年—公元254年），字太初，豫州沛国谯县（今安徽亳州）人，文学家、玄学家。

②季野：褚裒（póu）（公元303—公元349年），字季野，东晋河南阳翟（今河南禹州）人，谥号元穆。

③春秋：孔子的著作《春秋》。

【经典原意】

夏侯玄少时博学，才华出众，为人清静温和，待人和善，人称："夏侯太初朗朗如日月之入怀。"

桓彝曾说："褚季野有皮里春秋。"意思是：褚裒虽不外显，但心中自有褒贬。谢安也曾说："裒虽不言，而四时之气已备。"在这里"春秋"是比喻褚裒虽表面不露，但内心自有褒贬善恶。

【原文】

公超成市，长孺①为楼。

【注释】

①长孺：孙长孺，宋代学者，"孙氏五贤"之一，官至太子中允。

【经典原意】

汉代张楷博学多才，精通严氏《春秋》、古文《尚书》，学识渊博，深受世人敬仰，前来求学的人很多，以至于他的住所每天都像集市一样热闹。"门庭若市"即出自于此。

孙长孺博览群书，并嗜好藏书，专门修建藏书楼，人称"书楼孙氏"。

【原文】

楚邱始壮，田豫乞休。

【经典原意】

战国楚邱前去投奔孟尝君，第一次见面，孟尝君说："你年纪这么大了，能教我些什么呢？"楚邱答："如果是投石头，或者追赶马车，那我确实老了；但若是深谋远虑，出谋划策，我还正是壮年之时。"孟尝君听后，颇有感悟，便收楚邱为门下食客。

三国田豫因年老而上疏请求辞官归隐，但屡次不准，又上疏："我已年过七十，还官居高位，就像钟鸣漏尽，但夜行不休，是当世的罪人。"随后称病辞官离去，拜为大中大夫。

【国学故事】

高枕无忧

孟尝君派冯谖到薛地讨债，冯谖假借孟尝君之命，解除了所有债务，为孟尝君买了个“义”的好名声。后孟尝君被齐国君解除官位，回到薛地，当地人民由衷地欢迎。

过了不久，冯谖对孟尝君说：“狡兔都要有三个洞穴。您现在住在薛地，就好像兔子只有一个洞藏身，是很危险的。万一齐国君要杀您，您连躲的地方都没有，所以，现在，您还不能把枕头垫高，安心睡觉！”孟尝君一听，觉得很有道理，问他如何是好。冯谖去求见梁惠王，告诉他孟尝君是治世奇才，梁惠王听后，立即派人带着一千斤黄金、一百辆马车去请孟尝君到梁国担任宰相。这个消息传到齐国，齐国君马上命人以隆重的礼节请孟尝君重回齐国做相国。同时，冯谖又叫孟尝君在薛地建立宗庙，用来保证薛地的安全。薛地的宗庙建好后，冯谖对孟尝君说：“现在三个洞已经挖好了，从今天起，您就可以高枕无忧地安心睡觉了！”后来，人们就用“高枕无忧”来形容做任何事情准备周全，无所顾虑。

【原文】

向长①损益，韩愈斗牛。

【注释】

①向长：字子平，汉代朝歌（今河南汤阴南）人，隐居不入朝，性情温文尔雅。

【经典原意】

向长诵读《易》中的损、益二卦后，感慨：“我知贵不如贱，富不如贫，但不知死和生相比，哪个更好些？”于是，在儿女们办完婚事后，离家出游。临行前，向长嘱咐家人：“你们就当我死了吧。”说罢，游览五岳名山而去，不知所终。

韩愈在《三星行》中写道：“我生之辰，月宿南斗。牛奋其角，箕张其口。牛不见服箱，斗不挹酒浆。箕独有神灵，无时停簸扬。”意思是：韩愈出生时身宫（代表后天运势，由后天的努力，往往可以改造命运，为辅助命宫的宫垣）在斗星和牛星之间，所以才仕途多舛。

【文化常识】

古文运动

唐宋时期复兴儒学的文学革新运动，即为古文运动，形式就是反对骈文，提倡古文。又因其同时涉及文学的思想内容，所以兼有思想运动和社会运动的性质。

“古文”这一概念最早由韩愈提出，“古文”针对骈文而言，先秦和汉朝的散文，自由质朴，以散行单句为主，南北朝时，流于对偶、声律、典故、辞藻等形式的追求，华而不实，不适于用。

韩愈把六朝以来讲求声律及辞藻、排偶的骈文视为俗下文字，认为自己的散文继承了先秦两汉文章的传统。韩愈提倡古文，目的在于恢复古代儒学传统，将改革文风与复兴儒学变为相辅相成的统一运动，在提倡古文的同时，进一步强调文以明道。

韩愈、柳宗元提倡古文，在当时是经过一番斗争的。韩愈曾说：“仆为文久，每自测意中以为好，则人必以为恶矣。小称意，人亦小怪之；大称意，则人必大怪之也”。韩愈“奋不顾流俗，犯笑侮，收召后学”，不断壮大古文运动的队伍，他的学生李翱、皇甫湜、李汉等人，也推动了古文运动的开展。韩、柳等人注意汲取口语中的新鲜词汇，提炼为一种接近口语的新的书面语言，创作出许多优秀作品，扩大了书面语言的表达功能，开创了中国文学史上新的散文传统。唐末皮日休、陆龟蒙、罗隐等人写的一些讽刺现实的小品文，也都用古文体，可以说是承袭了古文运动的余风。

宋代欧阳修凭借其政治地位，大力提倡古文，推动了古文运动的进一步发展。与其同辈的苏洵，学生苏轼、苏辙、王安石、曾巩，苏轼门下的有黄庭坚、陈师道、张耒、秦观、晁补之等人，都是古文能手，各树旗帜，使宋代古文运动达到波澜壮阔的地步。

古文运动扭转了长期统治文坛的形式主义潮流，继承了早期散文的优良传统，并有所创新和发展，开创了散文写作的新局面，拨正了古代散文的发展方向。

【原文】

琎①除酿部，玄②拜隐侯。

【注释】

①琎(jīn 今)：李琎，初名嗣恭，又名淳，唐代汝阳王，后赠太子少师。

②玄：王玄，汉代人。

【经典原意】

李琎十分喜好音乐且姿容妍美，是当时皇族中的第一美男，又喜好饮酒，自称"酿王"、"酿部尚书"，杜甫《饮中八仙歌》中说他："汝阳三斗始朝天，道逢麹(qū 趋)车口流涎，恨不移封向酒泉。"

王玄隐居山中，品德高尚而不入朝为官，汉景帝多次征召，他都辞而不去，后景帝亲自到他隐居的山中，就地封侯，此山也改名为侯山。宋之问"王玄拜隐侯"的诗句说的就是这件事。

【原文】

公孙①东阁②，庞统③南州。

【注释】

①公孙：公孙弘(公元前200年—公元前121年)，字季，一字次卿，西汉淄川国(今山东寿光南纪台乡)人。

②东阁：古代宰相招致、款待宾客的地方。

③庞统(公元179年—公元214年)：字士元，襄阳(今湖北襄樊)人，东汉末年刘备麾下著名谋臣、将领，与诸葛亮齐名，号称"凤雏"。

【经典原意】

公孙弘家境贫寒，曾以为人在海边放猪来维持生计，但十分好学。武帝继位后，公孙弘被举荐贤良，后被任命为博士，元朔年间，又被封为御史大夫，后拜丞相，加封平津侯。公孙弘生活节俭，从不铺张浪费，曾开东阁，广揽天下贤者。

庞统很有才气，智勇双全，司马徽称他为“南州士之冠冕”。

【原文】

袁耽①掷帽，仁杰②携裘。

【注释】

①袁耽：字彦道，东晋陈郡阳夏今河南太康人，官至司徒从事中郎，善赌有名。

②仁杰：狄仁杰（公元630年—公元700年）。

【经典原意】

《世说新语》中记载，桓温赌博输了，便向袁耽求助，袁耽当时正在守丧，换了衣服就跟随桓温而去，到赌场后，隐去姓名，拿出十万钱赌博，只赢未输，累计的钱财直至百万，债主惊讶地问：“难道你就是袁耽？”袁耽把帽子向地上一扔，说道：“你今天认识我袁耽了吧？”

武则天曾赏赐张昌宗（武则天的男宠）集萃裘，又命狄仁杰和张昌宗以裘皮衣为赌注来打赌，张昌宗多局都败在狄仁杰手中，狄仁杰就得到了那件裘皮衣。

【原文】

子将①月旦，安国②阳秋。

【注释】

①子将：许劭（shào 绍）（公元150年—公元195年），字子将，汝南平舆（今河南平舆）人，东汉末年著名人物评论家。

②安国：孙盛（约公元302年—公元374年），字安国，晋代太原中都（今山西平遥）人，著名史学家，官至长沙太守、秘书监加给事中。

【经典原意】

许劭和他的堂兄许靖每月都对世人进行一次品评，称“月旦评”，借此向朝廷推荐了很多有才能但默默无闻的人才。许劭曾评价曹操为“治世之能臣，乱世之奸雄”。

孙盛写作史书，有董狐遗风，极重史德，他所写的《晋阳秋》因词直理正，而被称为良史。

【国学故事】

以实为据

孙盛曾为东晋征西大将军桓温帐下参军，深受桓温青睐，在记载桓温第三次北伐前燕时，将枋头的败绩，如实记载在《晋阳秋》中。

桓温得知此事后大怒，对孙盛的儿子说：“枋头之战是失利，怎么会像你父亲所说的那样呢？如果真的这样写的话，那就是事关你们家族存亡的大事了。”孙盛的儿子知道后，都十分害怕，跪求父亲删改，但孙盛拒不屈服于桓温淫威，坚持按事实记录在书中，不退让半步。孙盛的儿子为避免家族遭到灭顶之灾，便偷偷地把那部分做了修改，所以《晋阳秋》一书有两个版本存世。

【原文】

德舆①西掖，庾亮②南楼。

【注释】

①德舆：权德舆（公元759年—公元818年），字载之，天水略阳（今甘肃天水秦安）人，官至礼部侍郎同平章事。

②庾亮（公元289年—公元340年）：字元规，颍川鄢陵（今河南鄢陵北）人，东晋大臣，咸和九年（公元334年，咸和，东晋成帝司马衍的年号）曾任江、豫、荆三州刺史。

【经典原意】

权德舆因与李林甫不合，被贬为山南西道节度使，在西掖（yè 夜）（中书或中书省的别称）供职八年，风流蕴藉，为人诚恳。

庾亮镇守武昌时，曾在秋夜和部下同登南楼一起吟咏诗词，王羲之评价此事为“丘壑独存”。

【原文】

梁①吟傀儡②，庄③梦髑髅④。

【注释】

①梁：梁锽，唐代诗人。

②傀儡：用木头做成的偶像。

③庄：庄周，即庄子。

④髑髅：头骨，一般指死人的头骨。

【经典原意】

梁锽曾作《傀儡吟》：“刻木牵丝作老翁，鸡皮鹤发与真同。须臾弄罢寂无事，还似人生一梦中。”

庄子在楚国见到一个髑（dú 独）髅（lóu 楼），便对髑髅说：“夫子贪生失理而为此乎，将子有亡国之事，斧钺之诛而为此乎？”说罢，便枕着髑髅睡着了，梦中髑髅对庄子说：“子所言皆生人之累也，死则无此。无君于上，无臣于下，亦无四时之事，徒然以天地为春秋，虽南面王乐不能过也。”

【原文】

孟①称清发，殷②号风流③。

【注释】

①孟：孟浩然（公元 689 年—公元 740 年）。

②殷：殷浩，字渊源，晋代陈郡长平人。

③风流：才华出众，自成一派，不拘泥于礼教。

【经典原意】

孟浩然博学但不为成名为一代鸿儒，吟诗作赋不为入世为官，四处游历不为功名利禄。王士源赞叹："导漾挺灵，是生楚英。浩然清发，亦其自名。"

殷浩识度清远，二十岁时就享有盛誉，尤喜《老子》、《周易》，清谈善言，见识高远，为友人推崇。

【原文】

见讥子敬[①]，犯忌杨修[②]。

【注释】

①子敬：王献之（公元344年—公元386年）字子敬。

②杨修（公元175年—公元219年）：字德祖，弘农华阴（今陕西华阴东）人，东汉建安年间被举荐为孝廉，任郎中，后来归附曹操，任主簿。

【经典原意】

王献之儿时，看到父亲王羲之的学生在做游戏，南边的学生总是输，便说道："南风不竞。"学生们则笑道："此郎于管中窥豹，特见一斑。"意思是说，王献之只看到了他们做游戏时的输赢得失，看问题不全面。王献之十分恼怒，拂袖而去。

杨修才气很高，但恃才放旷，多次看透曹操的心事，遭到曹操的嫉恨，终被曹操设计杀掉。

【原文】

荀息累卵，王基[②]载舟。

【注释】

①王基：字伯舆，三国时期东莱曲城（今山东招远）人，官至司空、征南将军、东武侯，谥号景。

【经典原意】

荀息为人忠诚，足智多谋，深得历代晋国国君的器重。晋灵公为了贪图享乐，耗用大量人力物力，建造极尽奢华的九层高台，为了不让臣子们劝谏，便下令："劝谏者，格杀勿论！"荀息为国家前途担忧，冒死谏言，见到灵公时，闭口不提建造高台的事，而是对灵公说："臣能累十二枚围棋子，再在上面加九个鸡蛋。"灵公忙说："那太险了！"荀息则说："一点都不险，陛下建造九层高台，三年未建成，百姓男不耕，女不织，国库也已几近空虚。两相比较，哪个更险呢？"灵公听完顿悟道："这是我的过失啊！"随即下令停止高台建设。

魏文帝曹丕大兴土木，劳民伤财，王基谏言道："古人用水来比喻民众，水可以载舟，也可以覆舟。现在百姓因您大兴土木，劳苦不堪，男女离乡，不能正常地生产生活，民间怨声载道，希望您能借鉴水舟的比喻，安定民心，这样国家才能富强啊！"

【原文】

沙鸥可狎①，蕉鹿难求。

【注释】

①狎（xiá 侠）：玩，把玩。

【经典原意】

《列子》中记载，一个人常去海边与海鸥嬉戏玩闹，每次到海边，在他身边飞舞的海鸥数以百计。那人回家后，父亲让他捉几只回家玩。第二天，他再到海边，却发现海鸥都只在空中盘旋，而从不靠近海滩。这就是所谓的："至言去言，至为无为。"意思是：最高深的语言就是不需要用语言来表达，最高尚的行为就是什么也不需要去做。

《列子》中记载，一郑国人，在砍柴途中杀死一只鹿，为了怕人看到，便用芭蕉叶把鹿藏了起来，后再返回寻找那只鹿，却找不到了，便以为是自己做的一个梦，告诉了同行的人。同行人按照他的说明，找到了那只鹿，抬回自己家中。郑人回家后，梦到与他同行的那个人找到鹿并抬回家中，告到了官府，最后，官员判定他们二人一人分得一半鹿。官员断案后，自以为很公正，向列子炫耀，列子道："你是不是又在梦中为他们二人分的鹿？人生如梦，你怎知道是你白天做的事，还是晚上作的梦？"

【原文】

黄①联池上，杨②咏楼头。

【注释】

①黄：宋代黄镒（yì 易），官至台阁。

②杨：杨亿（公元 974 年—公元 1021 年），字大年，北宋建州浦城（今属福建浦城县）人，文学家，诗歌作家，"西昆体"诗歌主要作家，谥号文，人称杨文公、杨文忠公。

【经典原意】

黄镒七岁时还不会说话，祖父很是喜欢他的风骨之美，便常教他各种知识。一天，在池塘边，祖父说："水马池中走。"黄镒脱口而出："游鱼波上浮。"

据传，杨亿好几岁还不会说话，一次，家人抱他上楼，不小心碰到了杨亿的头，杨亿忽然念出了李白诗："危楼高百尺，手可摘星辰。不敢高声语，恐惊天上人。"杨亿七岁时便能写出文采斐然的文章，后高中进士，官至翰林学士。

【原文】

曹①兵迅速，李②使迟留。

【注释】

①曹：曹操（公元 155 年—公元 220 年）。

②李：李郃（hé 合），字孟节，东汉汉中南郑（今陕西汉中）人，官至司徒，被封

为涉都侯。

【经典原意】

东汉末年，曹操担心刘备占领江陵地区，便带领三千精锐骑兵急追刘备部队，一日一夜竟行进三百多里，在长坂坡打败刘备大军。

李郃任汉中府吏时，遇到当朝大臣窦宪娶妻，大小官员纷纷送礼祝贺，太守派遣李郃前往送礼道贺，李郃则认为，窦宪骄横乖戾，很快就会出事，所以故意拖延，到京城时，窦宪果被查办，送礼的官员也都遭到株连，唯独汉中太守未受牵连。

【原文】

孔明①流马，田单②火牛。

【注释】

①孔明：诸葛亮。

②田单：战国时期齐国临淄（今山东淄博）人，田齐宗室远房亲属，曾任齐都临淄市掾。

【经典原意】

诸葛亮智慧过人，又善用谋略，在征战中常以木牛流马等来运送粮草。

田单困守即墨城时，采用“火牛阵”，集中一千多头牛，在牛角缠上很锋利的大刀，牛身上披着五彩龙纹的外衣，牛尾缠上浸满油的芦苇。深夜，下令点燃绑在牛尾上的芦苇，牛群急速冲向燕军，在牛阵后面，紧紧跟随了五千多名英勇善战的勇士，城内军民击鼓助威，大破燕军，并乘胜追击，收复了七十多座城池。这是我国古代战史上以弱胜强的出色战例之一，田单也因此被封为安平君。

【原文】

五侯奇膳，九婢珍馐。

【经典原意】

西汉楼护任京兆吏时，结识了汉成帝母舅王氏五族，即王谭、王根、王立、王商、王逢，五位同时被封侯，史称“五侯”，但这五户人家从不往来，只有楼护与谷永（子云）同为五侯的上客，当时人曾说：“谷子云笔札，楼君卿唇舌。”五侯都很欣赏楼护，经常与他来往，并常赠送给楼护一些奇味珍膳，楼护把这些珍贵的菜肴杂烩在一起，做出了新的口味，世人称为“五侯奇膳”。

唐代段文昌（公元773年—公元835年）精通厨艺，擅长烹饪，还编写了《食经》五十卷，当时人们称“邹平公食宪章”。段家有百名婢女，仅有九人学得段文昌的烹饪技艺。

【原文】

光①安耕钓，方②慕巢由③。

【注释】

①光：严光，字子陵，本姓庄，后为避汉明帝刘庄讳而改姓，又名遵，汉代余姚（今属浙江）人。

②方：薛方，字子容，汉代人。

③巢由：古代隐士巢父和许由。

【经典原意】

严光少年时便很有名气，与刘秀一同游学。东汉建武元年（公元25年），刘秀即位为光武帝后，严光便隐姓埋名，避至他乡，刘秀多次征召他入朝为官，他都辞而不赴，后归隐富春山（今桐庐县境内）耕读垂钓。

王莽篡权后，四处笼络人才，请薛方出仕，薛方却推辞：“尧舜在上，下有巢由。”继续居家讲经授文，写诗作赋，保全了自己的清白声誉。

【原文】

适[①]嵇[②]命驾[③]，访戴[④]操舟。

【注释】

①适：去，往。

②嵇：嵇康。

③驾：车辆。

④戴：戴逵，字安道，东晋谯郡（今安徽亳州）人，艺术家，哲学家。

【经典原意】

吕安与嵇康是好朋友，常不远千里驾车互访。一次吕安前去拜访嵇康，刚好嵇康不在，嵇康的兄长嵇喜请吕安到家中作客，吕安辞而不去，在门上写下一个“鳳”字便离开，意思是讥笑嵇喜为凡鸟。“凤”的繁体字“鳳”即由“凡”字和“鸟”字组成。

一天夜里，下了雪，王徽之忽然想前去拜访戴逵，便命仆人驾舟前去，但到了戴逵家门口，却不见戴逵而返回，众人问他原因，王徽之答：“我乘着兴致而来，又兴尽而去，何必见戴逵？”

【原文】

篆[①]推史籀[②]，隶善钟繇[③]。

【注释】

①篆：汉字的一种书体，分为大篆和小篆。

②史籀（zhòu 咒）：周宣王时为史官，擅长书法。籀，汉字的一种文体，又称为大篆。

③钟繇（yóu 由）（公元 151 年—公元 230 年）：字元常，颍川长社（今河南长葛）人，三国时期曹魏著名书法家、政治家。

【经典原意】

传说大篆就是太史籀所创，所以大篆又称籀文。也有观点说，大篆为周元王时期所创制，并提出史籀并非人名，《史籀篇》首句“太史籀书”中“籀”为“读”的意思，即为太史读书，而非史籀创制大篆。

钟繇擅长书法，博取众家之长，自成一家，尤其精于隶书、楷书，后人评价钟繇的隶书极其入神，和大书法家胡昭并称“胡肥钟瘦”，与王羲之并称“钟王”。

【原文】

邵①瓜五色，李②橘千头。

【注释】

①邵：邵平，秦代广陵人，被封为东陵侯。

②李：李衡，汉末武陵人，曾任丹阳太守。

【经典原意】

秦亡后，绍平沦为平民，在长安种瓜为生，种出的瓜分五色，汁多味美，在长安颇有名气，人称“东陵瓜”，又叫“青门瓜”，青门即东门。

李衡多次要置办家业，妻子习氏都不同意，李衡无奈，只得私下在龙阳洲建了座家宅，在院中种下一千多株橘树。临终时，李衡对儿子们说：“你们的母亲不让我置办家业，所以家中才如此清贫。我在龙阳洲建了座宅子，院中种着千余株橘树，你们日后可以此为生。”

【原文】

芳①留玉带，琳②卜③金瓯④。

【注释】

①芳：李春芳（公元1511年—公元1585年），字子实，号石麓，江苏兴化人，官至宰相，谥号文定。

②琳：崔琳，唐玄宗年间任宰相。

③卜：占卜。

④瓯（ōu 欧）：盆子。

【经典原意】

宋代苏轼曾将玉带留在金山作为镇山之宝，佛印大师回赠裙衲，传为千古佳话。李春芳年少时曾在句容崇明寺读书，考中进士后，也将玉带留在寺中作为纪念，后寺僧建造楼阁来珍藏玉带，名为玉带楼。

唐玄宗将拟定好的宰相名字写在纸上，用金盆盖住，让太子猜是谁，太子猜中是崔琳。

【原文】

孙阳[①]识马，丙吉[②]问牛。

【注释】

①孙阳：伯乐（约公元前680年—公元前610年），本名孙阳，春秋中期郜国（今山东省成武县）人。

②丙吉：邴（bǐng 饼）吉，字少卿，鲁国（今属山东）人，为人深沉忠厚，官居相位。

【经典原意】

传说天上管理马匹的神仙叫伯乐，在人间，人们便把精于鉴别马匹优劣的人，尊称为伯乐，第一个被称为伯乐的人，便是孙阳。一天，孙阳在路上看到一匹拉着盐车的马，那马累得气喘吁吁，很艰难地在坡上行进，孙阳走进那匹马，马突然瞪大眼睛，大声嘶鸣起来，孙阳立即从马声中判断出是一匹难得的骏马，便买下马匹，献给楚王，精心喂养半年后，果是一匹世间罕见的千里马。后孙阳在秦国因相马立下汗马功劳，深得秦穆公器重，被封为“伯乐将军”，著有我国历史上第一部相马学著作——《伯乐相马经》。

邴吉外出遇到一起打架斗殴的事件，死伤者躺在路边，他经过却不闻不问，看到有人追赶牛，牛气喘吁吁，吐出舌头，邴吉便停下车子，让随员过去询问。掾史觉得丞相不问斗殴而问追牛的事，太不妥当，邴吉则说："老百姓争斗，相互杀伤，这是京兆尹的管辖范围，而时值春天，天气不应当很热，担心牛行走不远是因暑热而喘息，这就意味着气候不合节令、阴阳失调，担心会祸及全国百姓，因而询问此事。"

【原文】

盖①忘苏隙，聂②报严仇。

【注释】

①盖：盖勋，字元固，东汉敦煌广至（今属甘肃）人，曾担任汉阳长史。

②聂：聂政，战国时期魏国轵（今河南济源东南）人，当世侠客，以仁侠著称，为战国四大刺客之一。

【经典原意】

武威太守依仗权势，恣行贪横，而苏正和因案致罪，凉州刺史梁鹄畏惧贵戚，想杀掉苏正和，与盖勋商议，盖勋与苏正和有仇，但却说："不能杀苏正和。谋事杀害良臣，不忠；乘人之危，不仁。"梁鹄听从了盖勋的劝谏。苏正和因被赦免，十分感激，前来拜谢盖勋，但盖勋却不见他，说："我是为了梁鹄，而不是为了你苏正和。"盖勋和苏正和的仇恨一如从前。

韩大夫严仲子因与韩相侠累（名傀）结仇，潜逃到濮阳，听闻聂政的仁侠之名，便赠送巨金为聂震的母亲庆寿，因而与聂政结为好友，求他为自己报仇。当时，聂政因家中有老母而婉拒了严仲子的请求，后母亲亡故，聂政为母亲守孝三年后，为报严仲子的知遇之恩，独自一人持剑入朝都阳翟（今禹州），刺杀侠累，后自杀而死。

【原文】

公艺①百忍，孙昉②四休。

【注释】

①公艺：张公艺（公元578年—公元676年），唐代台前县孙口乡桥北张人，历仕北齐、北周、隋、唐四代。

②孙昉：字景初，自号四休居士，宋代太医。

【经典原意】

张公艺治家有方，九辈同居，全家共九百人，和睦相处。唐麟德二年（公元665年，麟德，唐高宗的年号），高宗与武则天率领文武大臣前去泰山封禅，途径张公艺家乡时，高宗问张公艺为何能九代同堂且如此和睦，张公艺答："臣自幼接受家训，做人要慈爱宽仁，没什么特殊才能，仅仅是以诚待人，一个'忍'字而已。"说罢，便拿出纸笔，写下一百个"忍"字，呈给高宗，高宗连连称赞，并赏赐给张公艺百匹缣帛，以示表彰。

孙昉崇尚四休，即：粗茶淡饭饱即休，补破遮寒暖即休，三平二满过即休，不贪不妒老即休。宋代诗人黄庭坚感慨："此为安乐之法也！"

【原文】

钱塘驿邸，燕子楼头。

【经典原意】

陶谷（公元903年—公元970年）出使江南，寓居钱塘驿站时，韩载熙命歌妓秦弱兰扮为驿站侍女侍奉陶谷，并向陶谷求词，陶谷作《风光好》赠她，词为："好姻缘，恶姻缘，奈何天，只得邮亭一夜眠，别神仙。琵琶拨尽相思调，知音少，再得鸾胶续断弦，是何年？"后南唐后主李煜延请陶谷，命歌妓唱这首词，陶谷大为沮丧，离席而去。

唐代张建封镇守徐州时，舞妓盼盼住在燕子楼，二人相恋，不久，张建封去世，盼盼一心思念张建封，誓不嫁人，十多年一直住在燕子楼。白居易作诗感叹："满窗明月满帘霜，被冷灯残拂卧床。燕子楼中霜月苦，秋宵只为一人长。今春有客洛阳回，曾到尚书冢上来。见说白杨堪作柱，争教红粉不成灰。"盼盼读了这首诗后，坠楼而死。

【当代阐释】

相濡以沫，不如相忘于江湖

《庄子·大宗师》："泉涸，鱼相与处于陆，相呴以湿，相濡以沫，不如相忘于江湖。与其誉尧而非桀也，不如两忘而化其道。"

相濡以沫这个成语，是说被困在车辙里的两条鱼，为了生存，彼此用嘴里的湿气来滋润对方。这样的情景令人动容，但这样的生存环境并不是它们真正想要的，只是迫于无奈；也许我们会羡慕鱼儿之间的恩爱与不离不弃，可对鱼儿来说，与其患难与共，倒不如水漫过车辙，重新游回水中，从此相忘，来得悠闲自在。

重回水中的鱼儿也许会忘记曾经的相濡以沫，忘记曾经的患难与共，但在水中的快乐与幸福，总要好过在车辙中干渴而死。"相濡以沫"，或许令人感动；而"相忘于江湖"则是一种境界，或许更需要坦荡、淡泊的心境吧。能够忘记，能够放弃，也是一种幸福。

十二 侵

【原文】

苏耽①橘井，董奉②杏林。

【注释】

①苏耽：传说中的仙人，又称"苏仙公"，汉末桂阳（今属湖南）人，修道仙去。

②董奉：又名董平，字君异（一说字君平），号拔墘，侯官县董墘村（今福建长乐古槐镇青山村）人，东汉建安时期名医。

【经典原意】

苏耽升仙前，留给母亲一个柜子，敲击柜子便可得到日常所需之物，并告诫母亲："明年天下将有一场瘟疫，从庭院井中取出一升水，再放入檐边的一枚橘叶，便可治疗病患。"第二年，当地果然爆发瘟疫，母亲按照苏耽的方法，救活了很多人。

董奉医术高明，但治病从不收取钱物，只要求病人在山中栽种杏树，久而久之，杏树郁然成林，春天，杏成熟时，董奉摘杏换粮，后再将所得拿去赈济灾民，帮助穷困的行人。称颂医德的“杏林春暖”便源于此，“杏林”也逐渐成为中医药行业的代名词。

【文化常识】

中药“堂”

很多历史悠久的中药店都称作“堂”。比如，北京的同仁堂，天津的达仁堂，长沙的九芝堂，宁波的寿仁堂，济南的宏济堂，沈阳的天益堂，贵阳的同济堂等，这个称谓源自医圣张仲景。

东汉建安七年至十年(公元202年—公元205年)，张仲景官至长沙太守。当时战乱频繁，民不聊生，瘟疫流行，作为父母官的张仲景看在眼里，急在心里。他打破阶层界限，放下官架，工作之余，就在大堂上为人治病，并规定每月农历初一、十五，停止公务，专门在大堂之上设案为百姓治病，这种行为在当时等级森严的社会是何等的胸怀、勇气和爱心。后来人们为了学习这位名医的高尚品德，就沿用“堂”这个名称，一些行医者也把自己的中药店称作“某某堂”，意为像医圣那样不计名利，救死扶伤。

【原文】

汉宣续令，夏禹①惜阴。

【注释】

①禹：大禹。

【经典原意】

汉宣帝采纳魏相谏言，任用四位精通经书、知晓阴阳的人，分别主持四季时令，明言所识，调和阴阳，以利百姓农耕。

夏禹常劝诫世人珍惜寸阴，晋代陶侃感慨道：“大禹是圣人，尚且珍惜寸光阴，而我等平凡之辈，更应珍惜时光，怎能逸游荒醉呢？活着对当世没有益处，死后也没留下任何名声，这是自暴自弃啊！”

【国学故事】

夸父逐日

传说远古时候，天气异常炎热，火辣辣的太阳直射到大地上，树木都被烤焦了，河流也被晒干。人们不堪其苦，夸父族不断有人耐不住干渴而死去。首领夸父看到后非常难过，他仰望太阳，对族人说：“我一定要追上太阳，抓住它，让他听从我的指挥。”族人听了，纷纷劝阻，但夸父决意已定，便告别了族人，迈开大步，像风一样朝着太阳升起的地方追去。太阳在空中飞快地移动，夸父在地上拼命地奔跑。他穿过一座座大山，跨过一条条河流，大地也被他的脚步震得“轰轰”作响，夸父跑累了，就将鞋里的土抖落在地上，于是，地上形成一座大土山。夸父煮饭时，用三块石头架锅，这三块石头就成了三座鼎足而立的高山，耸入云霄。

夸父追着太阳跑了很久，离太阳越来越近，但灼热的阳光也烤得他口渴难耐，他脚步慢了下来，但坚强的意志支撑着他。夸父喝干了黄河水，又喝干了渭河水，继续追逐太阳。终于，在太阳落山的地方，夸父追上了它，张开双臂想抱住太阳，但炙热的太阳烤得夸父越来越干渴，他抬头看到北面千里外有个大湖，夸父大跨步向湖边奔去，但还没到湖边，就倒下了。

夸父临死时，还牵挂着自己的族人，于是将手中的木杖奋力扔出去，木杖落地的地方，顿时生长出一片郁郁葱葱的桃林，浓密的树荫，为人们遮挡烈日，甜美的鲜桃，为人们解除疲劳，让人们精力充沛地踏上旅程。

夸父逐日的故事，告诉人们，只有珍惜时间，和太阳赛跑的人，才能走得快。越是走得快的人，才越能感觉到腹中的空虚，这样才需要并能接受更多的水（这里的水就是知识的象征），也只有获得更多的水，才能和时间赛跑，才不致落后于时间。

【原文】

蒙恬[①]造笔，太昊[②]制琴。

【注释】

①蒙恬：出生于世代名将之家，秦始皇时著名将领，被誉为"中华第一勇士"。

②太昊：金天氏，即伏羲氏，又作宓羲、庖牺、包牺、伏戏，也称牺皇、皇羲、太昊，《史记》中称为伏牺，是中华民族人文始祖，所处的时代约为新石器时代早期，相传为中国医药鼻祖之一，也是我国古籍中记载的最早的王。

【经典原意】

传说，蒙恬改良毛笔的制作工艺，是我国西北的最早开拓者，也是古代开发宁夏第一人。

伏羲曾用桐木来制作琴身，用絚丝来做琴弦，制成了我国第一把琴，音乐由此而兴。

【文化常识】

五帝

五帝，传说中的上古帝王。有三种说法：其一，皇帝、颛顼、帝喾、唐尧、虞舜；其二，太嗥（伏羲）、炎帝（神农）、皇帝、少嗥、颛顼；其三，少昊（嗥）颛顼、高辛（帝喾）、唐尧、虞舜。

【国学故事】

蒙恬造笔

公元前223年，秦国大将蒙恬带领兵马在中山地区与楚国交战，为让秦王及时了解战场情况，蒙恬定期写战况报告递送秦王。那时，人们通常是用分签蘸墨，然后再在丝做的绢布上写字的，书写速度很慢。

一天，蒙恬打了几只野兔子回军营，一只兔子尾巴拖到地上，血水在地上拖出了弯弯曲曲的痕迹。蒙恬见了，心中不由一动："如果用兔尾代替普通的笔来写字，不是更好吗？"

回到营房，蒙恬立刻剪下兔尾，插在竹管上，试着用它来写字，但兔毛不吸墨水，在绢上写出来的字断断续续，不像样子。蒙恬又试了几次，还是不行，好端端的一块绢也给浪费了。一气之下，就把那支“兔毛笔”扔进了门前的山石坑里。

但蒙恬并不甘心失败，仍抽时间琢磨别的改进方式。几天过去了，还是没有找到合适的办法。这一天，他走出营房，经过山石坑时，他又看到了坑里那支被自己扔掉的“兔毛笔”，他用手指捏了捏兔毛，发现兔毛湿漉漉的，毛色变得更白更柔软了。蒙恬马上跑回营房将它往墨汁里一蘸，兔尾竟吸足了墨汁，写起字来非常流畅，字体也十分圆润。原来，山石坑的水中含有石灰质，经碱性水的浸泡，兔毛变得柔顺起来。由于这支笔是由竹管和兔毛组成的，蒙恬就在当时流行的笔名“聿”字上加了个“竹”字头，把它叫做“筆”，今日简写作“笔”。

【原文】

敬微①谢馈，明善②辞金。

【注释】

①敬微：宗测，字敬微，一字茂深，南朝齐国代南阳涅阳（今河南镇平）人。

②明善：元代明善（公元1269年—公元1322年），字復初，清河（今属河北）人，谥号文敏。

【经典原意】

宗测性情静退，不与人交往，在江陵闲居时，想去游览名山大川，便带上《老子》、《庄子》两本书而去，子孙拜地痛哭为他送别，他却不为所动，长啸而去；有人馈赠给他东西，他也谢而不受。

明善作为副使跟随蒙古人出使交趾国，交趾国王赠金，蒙古国正使接受馈赠，而元明善却辞而不受，国王问他原因，他答道：“正使接受礼物是为了安小国的心，而我不接受是为了全大国之体。”

【原文】

睢阳①嚼齿，金藏②披心。

【注释】

①睢（suī 虽）阳：地名，这里代指张巡（公元 708 年—公元 757 年），唐代河南南阳邓州人。

②金藏：安金藏，唐代长安（今陕西西安）人，时任太常寺乐工。

【经典原意】

安史之乱时，张巡誓死守卫睢阳（今河南商丘睢阳县），虽为文官，但精通兵法，屡次击败叛军，每次大战，都大声呼喊，牙齿都震碎了，后终因寡不敌众，战死睢阳，据说，他死时，嘴里只剩三四颗牙齿。

有人向武则天进谗言，说皇太子谋反，安金藏知道后，疾呼："皇太子不会谋反，我可剖心作证。"说罢，便拿出佩刀自剖腹部，五脏都显露出来，武则天立即命太医前来诊治，后安金藏痊愈，太子也得以免遭诬陷。

【原文】

固言①柳汁，玄德②桑阴。

【注释】

①固言：李固言（公元 782 年—公元 860 年），字仲枢，唐代赵郡（今河北赵县）人。

②玄德：刘备（公元 161 年—公元 223 年）。

【经典原意】

传说，李固言在柳树下听到琴声，便问琴声从哪里传来，有声音答："我是柳神九烈君，已用柳枝染蓝了你的衣服。你以后若果真能穿得蓝袍（蓝袍，指状元穿的蓝袍），一定要用枣糕来答谢我。"不久，李固言果然高中状元，后官至同平章事。

刘备少年丧父，家中十分贫困，与母亲相依为命，以编织草鞋、草席为生。刘备家中院子里有棵桑树,五丈多高,枝繁叶茂,往来的人都觉得这棵树非同寻常,此家必出贵人。后刘备在蜀国称帝,自称汉皇帝,年号章武。

【原文】

姜桂①敦复②,松柏世林③。

【注释】

①姜桂:生姜和肉桂。

②敦复:晏敦复(公元1075年—公元1145年),字景初,宋代临川文港沙河村(今属江西南昌进贤县)人,宰相、著名词人,晏殊的曾孙,官至吏部尚书。

③世林:宗世林,东汉末南阳人。

【经典原意】

晏敦复直言敢谏,任左司谏时,不屈于秦桧等人权势,短短两个月时间就驳斥了秦桧的二十四件事,且语言犀利,秦桧便派人致意晏敦复,让他谏言时委婉些,晏敦复则说:“姜桂之性,老而愈辣,我怎能为了自身安危而置国家利益于不顾呢?”

宗世林和曹操是同一时代的人,但他非常瞧不起曹操的为人,从不愿与他交往,后曹操官至司空,总揽朝政大权,对他说:“现在你愿意和我交往了吧?”宗世林毅然拒绝,并道:“松柏之志犹存。”

【原文】

杜预①传②癖③,刘峻④书淫。

【注释】

①杜预(公元222年—公元284年):字元凯,京兆杜陵(今陕西西安东南)人,西晋著名政治家、军事家和学者。

②传(zhuàn 转):《春秋左氏传》,也称《左氏春秋》。

③癖(pǐ 匹):积久成习的嗜好。

④刘峻(公元463年—公元522年):字孝标,平原(今属山东)人,以注释刘义庆等编撰的《世说新语》而闻名于世,南朝梁学者、文学家。

【经典原意】

杜预出生于官宦世家,从小便勤奋刻苦,博览群书,并勤于著述,在政治、军事、经济、历法、律令、工程等各方面都有所建树,被誉为"杜武库"。杜宇尤好研读《春秋左氏传》,并参考众家之言,著有《春秋左氏经传集解》,自称有《左传》癖。

刘峻十分喜好读书,常埋头夜读,通宵达旦,听闻哪里有好书,必定前去借阅,崔慰社曾说他是"书淫"。

【原文】

钟会①窃剑,不疑②盗金。

【注释】

①钟会(公元225年—公元264年):字士季,颍川长社(今河南省长葛市)人,三国时魏国谋士、将领,曹魏大臣、书法家钟繇的儿子。

②不疑:直不疑,汉代南阳(今河南南阳)人。

【经典原意】

钟会自幼才华横溢,尤擅书法,上至皇帝、下至群臣都对他十分欣赏,但和堂侄荀勖(xù 续)不和。荀勖将宝剑存放在母亲那里,钟会模仿他的笔迹写信,将宝剑取走不还,荀勖知道后,怀恨在心,想伺机报复。后钟会建了所新的宅邸,荀勖擅长绘画,便画了幅钟会父亲钟繇的画像,十分传神,将画像挂在大堂上,钟会看后,悲痛之情油然而生,弃宅不住。

汉文帝在位时,直不疑曾任郎官,一次,他同房郎官有人请假回家,但这人错拿了另外一个郎官的黄金,黄金的主人发现丢失后,便怀疑是直不疑偷的,而直不疑丝毫没有辩解,而是买了同等的黄金,交给失主。后请假回家的郎官返回,把错拿的黄金交还失主,那个丢失黄金的郎官羞愧难当，向直不疑道歉，而直不疑则十分大度，丝毫没有怨言，从此以后，人们都称赞直不疑是位忠厚贤良的人。

【原文】

桓伊①弄笛，子昂②碎琴。

【注释】

①桓伊：字叔夏，小字子野，谯国铚县（今安徽宿州）人，东晋名将桓宣之子，军事家、音乐家。

②子昂：陈子昂（约公元661年—公元702年），字伯玉，梓州射洪（今四川省射洪县）人，唐代文学家，初唐诗文革新人物之一，因曾任右拾遗，后世尊称他为陈拾遗。

【经典原意】

桓伊不仅有文韬武略，且音乐素养颇为深厚，《晋书》上说他："善音乐，尽一时之妙，为江左第一。"桓伊最擅长的是吹笛，据说他使用的竹笛，就是东汉著名作家兼音乐家蔡邕亲手制作的"柯亭笛"。

陈子昂初到京城时，并不为人所知，京城有人卖琴，人们并不知道琴质量的好坏，陈子昂买了一把琴后，对路人说他非常擅长演奏琴乐，并和大家约定第二天早上在此地演奏。次日晨，来听陈子昂演奏的人很多，陈子昂猛然将琴摔碎，说道："这是低贱的乐器，我的文章更高雅"。随即拿出一百多轴文章赠给大家，仅此一天，陈子昂便名震京城。

【原文】

琴张①礼意，苏轼文心。

【注释】

①琴张：琴牢，字子张，一字子开，人们以字配他的姓，称他为"琴张"，孔子弟子，春秋时期卫国人。

【经典原意】

琴牢和子桑户、孟之反关系十分友好。后子桑户死去，琴牢、孟之反两人鼓琴而歌："嗟来桑户乎！嗟来桑户乎！而已反其真，而我独为人。"子贡问孔子，他们二人这样做是否合乎礼数，孔子答："他们二人是方外之人，而我们是方内之人。"

苏轼认为写文章在于用心尽力，曾说："我生平没做什么快意的事，唯独喜好写文作赋，意思所到之处，笔力曲直，无不尽心尽意，世间再快乐的事，也没有能与尽心竭力写文章相提并论的。"

【国学故事】

孔子施教

孔子注重启发，善于选择人容易接受的机会给以提醒。他说："如果一个人不发愤求知，我是不会开导他的；如果一个人不是到了自己努力钻研、百思不得其解而感觉困难时，我也不会引导他更深入一层。譬如一张方桌在这里，假使我告诉他，桌子的一角是方的，但他一点也不用心，不能悟到那其余的三只角也是方的，我就不会再和他废话了。"

孔子对弟子使用的语言往往是含蓄而富有形象的，让人可以咀嚼，却又很具体。孔子看到有些人虽然不是不可教育，但根本不努力，又有些人却努力而不得其道，因而也没有成就，便对弟子们说："庄稼是庄稼，可是光有苗头，长不出穗儿来的，有的是；长了穗儿却是个空壳，不结米粒的，也有的是！"

【原文】

公权①隐谏，蕴古②详箴。

【注释】

①公权：柳公权（公元778年—公元865年），字诚悬，唐代京兆华原（今陕西耀县东南）人，官至太子太师，世称"柳少师"，由于他被皇帝封为河东郡公，因此

后人也称他为“柳河东”。

②蕴古:张蕴古,字不祥,唐代相州洹水人,曾任大理寺丞。

【经典原意】

唐穆宗询问柳公权怎样才能像他那样练得一手好字,柳公权答道:“用笔在于心正,心正则笔正,笔正才可以开始学习写字的技法。”穆公感悟到了柳公权的言外之意,他是以书法来谏言。

太宗初即位时,张蕴古上呈《大宝箴》,劝谏帝王要“以一人治天下,不以天下奉一人。”言辞恳切,太宗赏赐他束帛,并封为大理丞,以示嘉奖。

【原文】

广平①作赋,何逊②行吟。

【注释】

①广平:宋璟(公元663年—公元737年),字广平,史称“唐世贤相,前称房杜,后称姚宋”,宋璟因政绩卓著被誉为“四大名相”之一。

②何逊:字仲言,东海郯(今山东郯城)人,南朝梁诗人。

【经典原意】

宋璟文章文辞富丽,存文集行世,皮日休认为他的《梅花赋》与南朝庾信类似,与他的政治作风大相径庭。

南北朝何逊在梁担任扬州法曹时,常在府中梅花下吟咏,后迁居洛阳,因思念梅花而不得,上疏请求再次调任扬州。到任当天,刚好赶上梅花盛开,何逊便在东阁延请名士饮酒赏花,笑谈终日。杜甫作诗盛赞道:“东阁观梅动诗性,还如何逊在扬州。”

【原文】

荆山泣玉,梦穴唾金。

【经典原意】

春秋时期楚国卞和在荆山得到一块璞玉，认为是玉中极品，便将它进献给楚厉王，但却被认为是在耍诈，而失去左脚。后来，卞和又将其献给楚武王，武王也认为是块石头，以欺君之罪砍去了卞和的右脚。文王即位后，卞和抱着璞玉在荆山下哭泣，悲叹道："我不是为失去双脚而悲痛，而是为宝玉被当做石头，忠贞之士被错认骗子而悲伤。"文王知道后，命人雕琢这块璞玉，果然是块罕见的美玉，做成璧，即为"和氏璧"。文王因卞和献宝有功，加为零陵侯，卞和却辞而不就。

任昉《述异记》中记载，南康雩都县西江边有个石洞，名叫"梦口穴"。曾有黄衣人乘船，下船后不给钱，而向船上啐了口唾液，后进入石洞，船夫看到那人的唾液全部变成了黄金。

【原文】

孟嘉[①]落帽，宋玉[②]披襟。

【注释】

①孟嘉：字万年，东晋江夏鄂（今湖北武汉）人，著名文人。

②宋玉：又名子渊，战国时鄢（今湖北襄樊宜城）人，屈原的学生。

【经典原意】

重阳节时，桓温在龙山大宴幕僚，饮酒作诗为乐。正当大家酒意正酣，诗兴勃发时，忽然起了一阵大风，把孟嘉的官帽吹落到地上，孟嘉本人却毫无察觉。桓温看到这个情形，便秘令孙盛作文加以嘲笑，孟嘉回来一看，当即提起笔来，从从容容作了一篇文章来回答。孟嘉才思敏捷，文采斐然，文章写成后，在座宾客都啧啧称赞，莫不叹服，当天的宴会也极欢而散。

宋玉侍奉楚王游览兰台时，一阵大风吹来，楚王披襟挡风，并说："这风吹得真畅快啊，我愿和百姓共享此风。"宋玉则说："这是大王的雄风，平民百姓怎能和您共享呢？吹入乡间巷中的风是平民百姓的雄风罢了。”宋玉作《风赋》，为千古名篇。

【原文】

沫[①]经三败，获[②]被七擒。

【注释】

①沫：曹沫，春秋时期鲁国人，以力大勇猛而著称，为当时鲁国勇士，鲁公对他很是器重。

②获：孟获，三国时期蜀国南方少数民族的首领。

【经典原意】

齐国伐鲁，鲁公任命曹沫为将军，同齐国大战，但却三战皆败，鲁公只得商议割地求和，但并未责怪曹沫，仍任用他为大将军。齐国和鲁国在柯地会盟，正当鲁公与桓公即将达成割地停战协议时，曹沫手执匕首冲上前去，劫持了齐桓公，桓公顾及性命，无奈只得答应归还侵夺鲁国的城池。

蜀国讨伐南疆少数民族战乱时，孟获被诸葛亮七擒七纵，最后终于诚心归附蜀国，后官至御史中丞，蜀国再无南疆战乱的忧患。

【原文】

易牙[①]调味，钟子[②]聆音。

【注释】

①易牙：名巫，春秋时期人，擅长烹调，是专门负责齐桓公饮食的御厨。

②钟子：钟子期，春秋楚国（今湖北汉阳）人，精通音律。

【经典原意】

齐桓公说：“你擅长调味吗？我尝尽天下美味，但唯独蒸婴儿的味道没尝过。”易牙便将自己的儿子杀了蒸给齐桓公吃，博得了齐桓公的欢心，深得器重。

俞伯牙善于抚琴，曾跟随于成连先生学习鼓琴。钟子期能听出俞伯牙琴声中所蕴含的深意，伯牙弹奏高山曲调时，子期感慨道："巍巍乎若泰山！"伯牙演奏流水曲风时，子期叹道："荡荡乎若流水！"俞伯牙称钟子期为世间难得的知音。子期死后，伯牙悲痛欲绝，将琴摔断，从此不再抚琴，认为世上再无知音可寻。

【原文】

令狐①冰语，司马②琴心。

【注释】

①令狐：令狐策，晋代人。

②司马：司马相如（公元前179年—公元前117年），字长卿，四川蓬州（今南充蓬安）人，西汉文学家，有多篇赋流传至今，如《子虚》《上林》等传世名作。

【经典原意】

令狐策曾梦见自己站在冰面上，和冰下的人说话。解梦人道："冰上为阳，冰下为阴，这是阳语与阴语，即是令狐策即将为人做媒。"后果然太守田豹求令狐策为媒人，向张公徵的女儿提亲。从此，媒人也被称为"冰人"。

司马相如曾在卓王孙家做客，酒意正酣时，鼓琴自娱，美妙的琴声随即吸引了同样喜好音乐的卓王孙的女儿卓文君，卓文君当时寡居家中，被司马相如的才华深深吸引，与他私奔，后二人在成都当垆卖酒为生。

【原文】

灭明①毁壁，庞蕴②投金。

【注释】

①灭明：澹（tán 谈）台灭明，姓澹台名灭明，字子羽，春秋时期鲁国（今属山

东)人。

②庞蕴:字道玄,又称庞居士,衡州衡阳县(今湖南衡阳县治)人,中唐时代禅门居士,与梁代傅大士并称为"东土维摩"。

【经典原意】

传说,澹台灭明拿着宝璧过河,河神想要璧,便泛起大波浪,并命两条蛟龙挟船,澹台灭明一手拿宝璧,一手拿剑斩杀蛟龙,并说:"可用义来求此宝璧,而不可用威严来抢夺。"后蛟龙死去,波浪平息,澹台灭明将宝璧投入河中离去。

《金刚科仪》中记载,庞蕴将家中财物全都装到船上,将船沉入水中,全家修行而去。

【原文】

左思①三赋,程颐②四箴。

【注释】

①左思(约公元250年—公元305年):字太冲,临淄(今山东淄博)人,西晋文学家。

②程颐(公元1033年—公元1107年):字正叔,人称伊川先生,洛阳人,北宋哲学家、教育家,"程朱理学"代表人物。

【经典原意】

左思用十年时间写成了魏、蜀、吴三国的《三都赋》,这部著作体制宏大,事类广博,一时间,人们竞相传抄,洛阳的纸竟因此而涨价。"洛阳纸贵"的成语即源于此。

程颐少年时曾和兄长程颢一道师从周敦颐,程颐作视、听、言、动四种箴言,来告诫自己要谨言慎行,加强修养。

十三　覃

【原文】

陶母[①]截发，姜后[②]脱簪。

【注释】

①陶母：晋代陶侃的母亲湛氏，新喻人。

②姜后：周宣王的皇后。

【经典原意】

陶侃家境贫寒，一天，范逵来访，正赶上大雪，陶母便把平时睡觉铺的草垫垄碎了喂范逵的马，又剪掉自己的头发，换来酒招待客人。范逵知道后，感慨道："非此母不生此子。"后范逵举荐陶侃孝廉助其进入仕途，陶侃先后征讨王敦、张昌、苏峻有功，官拜太守，被封为长沙郡公。

一次，周宣王起床晚了，姜后取下簪珥，在后宫待罪，并对宣王说："是臣妾的过错，使您贪恋美色而晚起，耽误朝政，祸乱由奴婢引起，所以取下簪子，请求陛下责罚。"宣王听后深受感动，从此勤勉政事，国家大治。

【原文】

达摩[①]面壁，弥勒[②]同龛[③]。

【注释】

①达摩：又称菩提达摩。

②弥勒：佛名，佛教大乘菩萨之一。

③龛（kān 刊）：供奉佛像、神像的石室或柜子。

【经典原意】

菩提达摩原是印度王子，从水路到广州，又到北魏洛阳，后隐匿嵩山少林寺，面壁打坐九年，终日静默，悟通佛理，成为我国佛教禅宗创始人。

唐代褚遂良的侄子为至乘法师，褚遂良称赞道："法师道体安居，深以为慰耳。复闻久弃尘滓，与弥勒同龛，一食清斋，六时禅诵，得果以来，将无退转也。"

【文化常识】

菩提达摩

菩提达摩，简称达摩或达磨，是南天竺香至国国王的第三子，本名菩萨多罗，与佛祖释迦牟尼一样，也属于刹帝利种姓。菩提达摩幼年时拜释迦牟尼的大弟子迦叶的后裔般若多罗大师为师，般若多罗看他志向远大，立志功成远游传法，于是为他起了法名"菩提达摩"。

达摩从般若大师学习大乘佛教教义，按时闭关养性，从不懈怠。功成后，般若大师叫他外出度人，他问道："应去何处教化？"大师道："应去震旦（即中国）。"于是，菩提达摩便来到了中国，成为我国佛教禅宗的创始人。

【原文】

龙逄①极谏，王衍②清谈。

【注释】

①龙逄（páng 旁）：关龙逄，夏朝末年人，夏桀时大臣，直言敢谏。

②王衍：（公元 256 年—公元 311 年）公字夷甫，晋代人，官至尚书令、太尉。

【经典原意】

龙逄的死因说法不一，一种说法是，因夏桀荒淫暴虐，瞿山地裂，夏桀命人凿山，进谏的人都被杀掉，龙逄直言敢谏，此次又进言，被杀；另一说法是由于夏桀建造的酒池中可运船，堆起的酒糟足有十里长，池中之酒可供三千多人共饮，龙逄极力谏言要爱民钱财，才能使国家长治久安，而被杀；还有一说法是，夏桀为长夜饮，龙逄多次向夏桀进谏，要他关心百姓与国家，但夏桀完全不予理会。经长期思考后，关龙逄决定以献黄图进谏。所谓黄图就是一种地图，关龙逄想借此说明形势危急，夏桀应多关心朝政。关龙逄献了黄图，故意立而不去。夏桀看到关龙逄的样子，很不耐烦，就说："你还有什么惑众的妖言要说?"关龙逄怒目而视。夏桀便把黄图烧毁，又囚禁关龙逄，不久龙逄便被杀了。

王衍外表清明俊秀，风姿安详文雅，善于玄谈，而不以国家大事为重，更喜谈论老、庄。

【原文】

青①威漠北，彬②下江南。

【注释】

①青：汉代卫青，本姓郑，字仲卿，西汉河东平阳（今山西临汾西南）人，汉武帝时期重臣，军事家。

②彬：曹彬（公元931年—公元999年），字国华，真定灵寿（今属河北）人，北宋初年大将，因大败契丹、北汉云功，而任枢密承旨，灭后蜀任都监。

【经典原意】

匈奴贵族不断侵扰汉边境，卫青率军七次出征，击败匈奴主力，威震漠北，后被封为长平侯。

曹彬曾率军南下平定南唐，从不妄杀一人，迫使南唐李煜投降，官至忠武节度使。

【原文】

遐①福郭令②，上③寿童参④。

【注释】

①遐：长久。

②郭令：郭子仪（公元697年—公元781年），武举出身，唐代著名军事家。

③上：皇上，即宋仁宗。

④童参：宋代瓯宁人，性情淳朴，隐居躬耕。

【经典原意】

郭子仪身材魁梧，体魄健壮，相貌秀杰，不仅武艺高强、阵法娴熟，且公正无私，不畏权贵。郭子仪戎马一生，屡建奇功，84岁高龄才告别沙场，天下安宁长达二十年之久，享有崇高的威望和声誉。郭子仪因平定安史之乱有功，被封为汾阳王，时人称郭令公。德宗时，又赐号尚父，进官太尉中书令，郭子仪的儿子、女婿全在朝中为官，家人三千，有数十个孙子，享寿九十多岁，乃大福大贵之人。

仁宗元年（公元1023年）时，童参已一百零三岁，仁宗派人前去为他祝寿，并拜他为承务郎。

【原文】

郗愔[①]启箧[②]，殷羡投函。

【注释】

①郗愔（yīn 阴）（公元313年—公元384年）：字方回，高平金乡人，东晋时任临海太守，谥号文穆。

②箧（qiè 切）：小箱子。

【经典原意】

郗愔的儿子郗超参与桓温谋反，把往来的信件都藏在一个箱子里，并对朋友说："我死后，若父亲十分悲伤，就把这个箱子给他吧。"郗超死后，父亲郗愔悲痛欲绝，友人便照郗超遗愿，将箱子交给了郗愔，郗愔看后，大怒道："死得晚了！"便不再哀伤。

建元（公元343年—公元344年，建元，东晋康帝司马岳的年号）年间，殷羡迁任豫章太守时，郡中很多人都托他带信，走到南京城下时，殷羡把所有的信件都投到水中，并说："沉者自沉，浮者自浮，我不为人作致书邮。"

【原文】

禹偁①敏赡，鲁直②沉酣。

【注释】

①禹偁：王禹偁（chēng 撑）（公元954年—公元1001年），字元之，济州巨野（今山东巨野）人，晚年被贬为黄州知府，世称王黄州，宋代诗人、散文家。

②鲁直：黄庭坚。

【经典原意】

王禹偁家中以磨面为生，一次，他给士安送面粉时，正好赶上士安家在对对联，上联是："鹦鹉能言争似凤。"王禹偁脱口而出："蜘蛛虽巧不如蚕。"士安听后赞叹道："你满腹经纶，日后必定会成为当今名士。"后王禹偁果然高中进士，被封为右拾遗，后迁任翰林学士。

黄庭坚酷爱诵读经书，整日沉酣经史之中，曾说："三天不读经史，则义理不交于心中。"

【原文】

师徒布算，姑妇手谈。

【经典原意】

一次，张遂前往天国台清寺求师访友，来到寺庙门前，听到寺内有用筹码排列演算之声，又听到有人说："今天会有徒弟前来。"便走进寺庙，前去磕头拜师，研习佛法，法号"僧一行"。

王积薪，我国唐代棋坛上第一国手，性情豁达，不拘小节，但在棋艺方面却精益求精，勤勉好学。一次，王积薪深夜投宿到深山中一户人家，家中仅有婆媳两人，二人关灯下盲棋，并对谈输赢，第二天，王积薪向婆媳二人请教棋艺，棋艺日益精妙。

十四　盐

【原文】

风仪李揆[①],骨相吕岩[②]。

【注释】

①李揆(kuí 葵)(公元 711 年—公元 784 年):字端卿,唐代荥阳(今河南荥阳)人,乾元(唐肃宗年号)年间进士,被封为姑臧县伯,官至国子监祭酒,礼部尚书,谥号恭。

②吕岩:吕洞宾,姓吕,名岩,字洞宾,唐代道士,道教奉他为神仙,是“八仙”中传闻最广的一位仙人。

【经典原意】

李揆风度儒雅,仪态优美,博学多才,擅长作文与奏对,肃宗曾慨叹:“李揆门地、人物、文学都为当世第一啊!”所以当时人称他为“三绝”。

传说,吕洞宾还在襁褓之中时,马祖见到他,便说:“这个孩子骨相不凡。”后果然得道成仙,号“纯阳子”,并与铁拐李、汉钟离、蓝采和、张果老、何仙姑、韩湘子、曹国舅并称为“八洞神仙”,即传说中的八仙,道教又尊称他为“吕祖”。

【文化常识】

老子的神化过程

老子从历史人物演变为神话人物,首先是作为长寿之人受到民众的膜拜。东汉时,对老子较为普遍的看法,即把他视为长寿人物。《老子》一书,养生论乃其主要内容,它本身就含有长生的思想,其中“谷神不死”,“长生久视之道”等语,极易同神仙方术联系起来。《史记·老子韩非列传》中,老子年寿长达一百六十余岁或二百余岁,且跟修道与养性相连,这更使得他作为长寿之人有了文献上的依据。可见东汉时,老子在人们心目中已变为长生之神仙与真人。

东汉明章之际，王阜作《老子圣母碑》："老子者，道也。乃生于无形之先，起于太初之前，行于太素之元，浮游六虚，出入幽冥，观混合之未别，窥清浊之未分。"在这里，老子出生于开天辟地、宇宙形成之前，是道的化身，可见他已由人性人物演变为神性人物。不过，东汉时期将老子视为道体，似还只是为了强调其无始无终，与天地同存。但这种观念衍化出独特的道教之宇宙观，对以后的道教哲学之发展有着很大的影响。

在老子为历代圣帝之师的基础上，原本归功于三皇五帝等历代圣君的上古文化创造与发明都归于老子，此时，有关老子的传说就完全神话化了。

【国学故事】

八仙过海

相传，白云仙长于蓬莱仙岛牡丹盛开时，邀请八仙及五圣共襄盛举，回程时铁拐李建议不搭船而各自想办法，就是后来"八仙过海，各显神通"、"八仙过海，各凭本事"的起源。

此时李铁拐抛下自己另一项法器铁拐，汉钟离扔了芭蕉扇，张国老放下坐骑"纸驴"，其他神仙也各掷法器下水，横渡东海。由于八仙的举动惊动龙宫，东海龙王率领虾兵蟹将前往理论，不料发生冲突，蓝采和被带回龙宫，之后八仙大开杀戒，怒斩龙子，而东海龙王则与北海、南海及西海龙王合作，一时之间惊涛骇浪。曹国舅拿出玉板开路，将巨浪逼往两旁，顺利渡海。最后由南海观音菩萨出面调停，要求东海龙王释放蓝采和，双方才停战。

【原文】

魏牟①尺縰②，裴度③千缣④。

【注释】

①魏牟：魏公子牟，战国时期人。

②縰(xǐ 喜):古时用来束发的布帛。

③裴度(公元 765 年—公元 839 年):字中立,河东闻喜(今山西闻喜)人,唐代后期杰出的政治家。

④缣(jiān 兼):双经双纬的粗厚织物的古称。

【经典原意】

魏牟前去拜见赵王,刚好看到赵王命人制皇冠。赵王询问他如何治国,魏牟答:"您能把治国看成和制皇冠一样就可以了。"赵王迷惑不解,魏牟解释道:"赵王您制作皇冠不用亲近的人,而是命真正能胜任的工匠来做,您治理国家,任人唯亲,而不是任人唯贤,那不是将治国看得没有制作皇冠重要吗?""尺帛之谏"或"尺縰之谏"的典故就出自于此。

唐代文学家裴度(约公元 777 年—公元 830 年)曾主持修建福先寺,前去请求白居易来题写碑文,皇甫湜知道后,说道:"舍弃身边的皇甫湜不用,而去求远的白居易来题写,我请求离开。"裴度便让皇甫湜来写碑文,文三千字,写完后,裴度赠给皇甫湜一架马车,而皇甫湜则提出要一个字一匹缣。裴度道:"不羁之徒,当以足付。"

【原文】

孺子①磨镜,麟士②织帘。

【注释】

①孺子:徐稚,字孺子,汉代人。

②麟士:沈麟士,字云祯,吴兴武康(今属浙江)人,南朝齐教育家。

【经典原意】

徐稚家贫,亲自躬耕为生,曾任黄琼下属,黄琼死后,他前去吊唁,但因无钱作路费,就拿上磨镜工具,一路上为人磨镜赚钱作为路费,前往吊祭。

沈麟士家境贫寒,靠织帘为生,边织帘边读书,人称"织帘先生"。

【原文】

华歆[1]逃难，叔子[2]避嫌。

【注释】

①华歆（公元157年—公元231年）：字子鱼，冀州平原高唐（今山东省禹城西南）人。

②叔子：颜叔子，战国时期鲁国人。

【经典原意】

华歆曾与王朗一同乘船逃难，有一人想搭船离开，王朗十分为难，华歆则说："船这么大，还有空余的地方，有什么不可以的呢？"后贼人追了上来，王朗想丢下那人逃命，华歆又阻拦道："既然已让他与我们同船，怎能因情势紧急而丢下他不管呢？"于是三人同行，全部脱险。

颜叔子独居，夜里突降暴雨，邻居家屋子坍塌，邻居家一女子前来投宿，他为了避男女之嫌，就让那名女子举着蜡烛照明，蜡烛燃尽，颜叔子又为她拿来木柴，让她点燃木柴照明，直到天亮。

【原文】

盗知李涉[1]，虏惧仲淹[2]。

【注释】

①李涉：自号清溪子，洛（今河南洛阳）人，唐代诗人。

②仲淹：范仲淹（公元989年—公元1052年）。

【经典原意】

晚唐范摅《云溪友议》中记载，长庆二年（公元822年，长庆，是唐穆宗李恒的年号），担任太学博士的李涉前往九江，去看望时任江州刺史的弟弟李渤，船行到浣口时，遇到一群盗贼。贼人知道船上是李涉时，便立刻说道："如果真是李博士，那我们就不劫他的财了，不过我辈早就听说他的诗名，望他能写首诗给我们。”李涉听后，提笔写道：“暮雨潇潇江上村，绿林豪客夜知闻。他时不用逃名姓，世上于今半是君。”（诗名为：《井栏砂宿遇夜客》）盗贼拿到诗后，十分喜悦，随即离开。

范仲淹率兵镇守延安，治理军队严格依法，军威大振，当时西夏人相互劝诫道：“毋以延安为意。小范老子胸中有数万甲兵，不比大范老子可欺也。”范仲淹和韩魏公在军中名重一时，称为“韩范”。民间有歌谣：“军中有一范仲淹，西贼闻之惊破胆。”范仲淹在任期间，边境安宁，敌军丝毫不敢前来进犯。

【原文】

尾生①岂信②，仲子③非廉。

【注释】

①尾生：名高，即尾生高或微生高，鲁国人。

②岂信：岂能失信，怎能失信。

③仲子：陈仲子，也即田仲，战国时期齐国人，与齐王同姓。

【经典原意】

一次，尾生高和一名女子约在桥下见面，尾生高到后，那名女子迟迟未到，但河水暴涨，尾生高因不愿食言，便抱住桥柱等候，最后淹死在桥下。西汉东方朔曾写道：“信如尾生。”即是对他的赞赏。

陈仲子因同宗人犯上作乱非常气愤，弃兄离母，逃避而去。赵威曾评价他说：“视其为人也，上不臣于王，下不治其家，中不索交诸侯，是率民而出于无用者。”晋代桓温也说他：“溪刻自处，不得为廉。”

【原文】

由①餐藜藿②，卨③贩鱼盐。

【注释】

①由：仲由（公元前542年—公元前480年），字子路，又字季路，春秋时期鲁国卞（今山东泗水县泉林镇卞桥村）人，孔子得意门生，以政事见称，孔门七十二贤之一。

②藜（lí 离）藿（huò 获）：两种野菜，可食用，在这里代指粗劣的饭菜。

③鬲：胶鬲，商末人。

【经典原意】

子路自幼家境贫寒，只能以藜藿等野菜来充饥，子路为了能让父母吃上米饭，便到百里之外去买米回来奉养父母。“子路负米”的典故即出自于此。

胶鬲原为商纣王朝中大臣，后为躲避战乱，便以贩卖鱼盐为生，后辅佐武王灭商，孟子称为“举于鱼盐之中”。

【原文】

五湖①范蠡②，三径陶潜③。

【注释】

①五湖：太湖流域的湖泊。

②范蠡（公元前536年—公元前448年）：字少伯，楚国宛（今河南南阳）人，春秋时期越国大夫，政治家、军事家和经济学家。

③陶潜：陶渊明（公元365年—公元427年），又名陶潜，字元亮，自号五柳先生，浔阳柴桑（今江西九江市）人，东晋末期南朝宋初期诗人、辞赋家、散文家，世称靖节先生。

【经典原意】

传说，范蠡带着西施畅游五湖，并在定陶定居，改名陶朱公，范蠡凭借惊人的才干，经商致富，成为了一代名贾。

陶渊明的《归去来兮辞》中，以“三径就荒”来形容自己住宅的荒凉，同时，下一句“松菊犹存”，则表明了诗人对于松和菊的喜爱，借松菊来表明自己高尚的节操和不与世俗同流合污的高傲之情。

【原文】

徐邈[①]通[②]介[③]，崔郾[④]宽严。

【注释】

①徐邈(公元172年—公元249年)：字景山，三国时期魏人，谥号穆侯。

②通：通达。

③介：介直，刚直。

④崔郾(公元768年—公元836年)：字广略，唐代人，曾任太守一职。

【经典原意】

徐邈官至尚书郎，颇有盛名，但从不趋时合污，时人评价他说："天下变换车服以求名高，他却不改常态，可以说是通达；天下奢靡，互相效仿，他却雅尚若素，不合时俗，极为介直。"

崔郾在任期间，为政松弛有度，政令能够随机应变，治理虢州时，政令宽松，施行仁政；而治理鄂州时，严于执法，政令严谨。人们问他原因，崔郾答道："陕地土地贫瘠，但百姓勤劳，我施行仁政，他们也很顺服；但鄂州地区土地肥沃，人民却富足狡黠，不采取严格的政令是不能治理好的。为官制定政策，贵在能够因时因地而制宜。"

【原文】

易[①]操[②]守剑，归罪遗[③]缣[④]。

【注释】

①易：改变，变化。

②操：操守，品行。

③遗(wèi 胃)：赠送。

④缣：双经双纬的粗厚织物的古称。

【经典原意】

王烈（公元141年—公元218年）少年时师从陈寔，闻名遐迩，乡间只要有了争议，都去请他排难解纷，断定是非曲直。一次，有个偷牛的人被主人抓住，盗犯向牛主认罪，说道："判刑杀头我都心甘情愿，但求您不要将这件事告诉王烈。"王烈知道后，便派人去看望他，还送给他半匹布。有人问这是为什么，王烈则说："盗牛的人怕我知道他的过错，说明他有羞耻之心。既然心怀羞耻，就定能改正错误，我这样做，是为了促使他改过自新。"后有个老汉在路上丢了一把剑，路人见到后就守候在剑旁，直到傍晚，老汉回来找剑，得到了遗失的剑，惊奇地询问他的姓名，并将此事告诉王烈，原来就是那个盗牛的人。

陈寔（公元104年—公元187年）在乡里颇有声望，对人动之以情，晓之以理，以高尚的德行而受到乡里人的一致尊重。乡间有了争讼，都要求他来判定是非曲直，当时人们感叹地说："宁为刑罚所加，不为陈君所短。"一次，有个小偷躲在了陈寔家的房梁上，陈寔看到了，没有叫家人抓贼，而是把子孙叫到跟前，说道："恶人的本性不一定就是恶的，是后天的环境和习性造就的，梁上的君子就是这样。"小偷听后立即下来投地服罪，但陈寔不但没将他送官法办，还送给他一些财物，小偷感激涕零，发誓洗心革面，重新做人，以报答陈寔的恩德。"梁上君子"的典故即出自于此。

十五　咸

【原文】

深情子野①，神识阮咸②。

【注释】

①子野：桓伊，字叔夏，小字子野，谯国铚县人（今安徽宿州），东晋前期名将桓宣之子，著名军事家、音乐家。

②阮咸：字仲容，晋代陈留尉氏人，阮籍的侄子，和阮籍齐名，"竹林七贤"

之一。

【经典原意】

桓伊不仅有文韬武略,且音乐素养颇为深厚,《晋书》上说他:“善音乐,尽一时之妙,为江左第一。”桓伊每次听到有人清唱,便发出感慨:“奈何! 奈何!”谢安曾评价他道:“桓伊真可谓是一往情深啊!”

阮咸善弹琵琶,精通音律。当时中书监荀勖也通音律,常与阮咸讨论音律,自叹不如,每次用自制的乐器弹奏乐曲,阮咸都说音准有问题,荀勖因此嫉恨在心,贬黜阮咸为始平太守,所以后人称他为阮始平。后荀勖得到了一把周代传下来的校音玉尺,用它校对音准后,发现自己制作的乐器,每个音都有问题,便对阮咸在音律方面的成就非常佩服。

【原文】

公孙①白纻②,司马③青衫。

【注释】

①公孙:公孙侨,字子产,又字子美,春秋时期郑国贵族,因是郑穆公的孙子,所以人们又称他为公孙侨、郑子产,著名政治家。

②白纻(zhù 助):也作“白苎”,即用白纻所织的布。

③司马:唐代的一种级别较低的官员,这种官员的衣衫是青色的,在这里代指白居易。

【经典原意】

吴国使者季礼出使郑国,公孙侨接见,二人相见,交谈甚欢,好像旧相识一般,有种相见恨晚的感觉。为表示友好,季礼向公孙侨赠送了吴国所产的缟带,而公孙侨则回赠给他郑国生产的白纻。

白居易被贬黜到江州担任司马氏,写有《琵琶行》一诗,脍炙人口,流传千古,诗中有“座中泣下谁最多,江州司马青衫湿”一句。

【文化常识】

琵琶行

唐宪宗元和十一年(公元816年)秋,白居易四十五岁,被降职到江州担任司马。第二年,白居易便写下了《琵琶行》一诗,诗中借叙述琵琶女的高超技艺和她凄凉的身世,来抒发自己在政治上受到打压、遭到贬斥的抑郁之情,道出了"同是天涯沦落人,相逢何必曾相识"的心声。

诗文运用了优美鲜明,极富音乐感的语言,借用通感的写作手法,用视觉的形象来表现听觉所感受到的美妙与动听。诗人将自己的宦海浮沉与乐伎的悲惨遭遇融为一体,写人写己,悲人悲己,赋予了作品不同寻常的感染力。

【原文】

狄梁①被谮②,杨亿③蒙谗。

【注释】

①狄梁:狄仁杰(公元630年—公元700年)。

②谮(zèn):无中生有地说人坏话。

③杨亿(公元974年—公元1021年):字大年,北宋建州浦城(今属福建浦城县)人,文学家,诗歌作家,"西昆体"诗歌的主要作家,谥号文,人称杨文公,杨文忠公。

【经典原意】

武则天曾对狄仁杰说:"有人在我面前诋毁你,你知道吗?"狄仁杰则说:"陛下认为臣有罪,臣就改正;您要认为臣没有过错,那就是我的万幸了。那些进谗言的人,我不想知道。"

杨亿性情耿直,崇尚气节,官至工部侍郎,在政治上支持丞相寇准抵抗辽兵入侵的主战政策,又反对宋真宗大兴土木,求仙祀神的迷信活动,遭到大臣嫉恨,因而常有人向宋真宗进谗言,诋毁杨亿。

【原文】

布[1]重一诺，金[2]慎三缄[3]。

【注释】

①布：季布，汉代人，曾为河东太守。

②金：用青铜铸造的铜人。

③三缄：用三条封条封口。缄（jiān 兼），封。

【经典原意】

季布原为西楚霸王项羽帐下五大将之一，后归附刘邦，担任郎中。季布以仁义侠气而闻名，有义气，讲诚信，重承诺，楚人有“得黄金百斤，不如得季布一诺”的谚语。“一诺千金”就出自于此。

孔子到周后稷庙中，看到金人三缄其口，背部有铭文：“古之慎言人也，无多言，多言多败；无多事，多事多患。”

【原文】

彦升[1]非少，仲举[2]不凡。

【注释】

①彦升：任昉（公元460年—公元508年），字彦升，小字阿堆，乐安博昌人。

②仲举：陈蕃，字中举，汉代汝南人，官至太尉、太傅，被封为高阳侯。

【经典原意】

梁武帝在位时，任昉曾担任黄门侍郎，为官清正廉洁，又擅长写诗作赋，当时就有“任笔沈（指沈约）诗”之称。褚彦回曾对任昉的父亲说：“你有这样一个优秀的儿子，真是值得庆贺的事情。真所谓百个不为多，一个不为少啊！”从此，任昉的名声更大了。

陈蕃十五岁时，曾替父亲送书信给郡功曹薛勤，薛勤看他相貌不凡，便亲自到陈蕃家中拜访，看到庭院中杂草丛生，便问陈蕃为何不除草。陈蕃答道:“大丈夫应扫除天下,怎能只扫一室?”薛勤听了他的回答,更加惊讶,和他谈论了一天。后陈蕃果为当时名臣,为人刚正不阿,气节高尚,深得人们仰慕。

【原文】

古人万亿①,不尽兹②函③。

【注释】

①万亿:约数,表示古代人数众多。

②兹:这,这个。

③函:即书函。

【经典原意】

古代的人物有很多,单是这本书是讲不完,说不尽的,意思是,学问知识是无穷无尽的,人们应当博览群书,而不仅仅局限于这一本书。